2018年教育部人文社会科学研究一般项目《工业遗产的文化价值挖掘与传承研究》
（项目批准号：18YJA710027）
湖北省高等学校马克思主义中青年理论家培育计划（第五批）
（项目编号：18ZD123）

湖北省工业文化遗产保护与利用研究

李睿 著

·北京·

内 容 提 要

本书对湖北省工业文化遗产的分布、特点进行分析和梳理，总结当前湖北省工业文化遗产保护和利用的主要模式，通过调研访谈、问卷调查和数据分析，分析当前湖北省工业文化遗产保护和利用存在的主要问题，并提出对策建议。全书共分七个部分，内容包括绪论、核心概念与理论分析、湖北省工业发展历程与工业文化遗产的形成、湖北省工业文化遗产保护现状、湖北省工业文化遗产保护利用模式、湖北省工业文化遗产保护与利用的突出问题、国内外工业文化遗产保护与利用经验借鉴、湖北省工业文化遗产多中心协同保护与利用的基本思路与政策建议、结论与展望。

本书可供从事工业文化遗产保护研究的相关人员参考阅读。

图书在版编目（CIP）数据

湖北省工业文化遗产保护与利用研究 / 李睿著. -- 北京：中国水利水电出版社，2022.11
ISBN 978-7-5226-0921-8

Ⅰ.①湖… Ⅱ.①李… Ⅲ.①工业－文化遗产－保护－研究－湖北 Ⅳ.①F429.63

中国版本图书馆CIP数据核字(2022)第148125号

书　　名	**湖北省工业文化遗产保护与利用研究** HUBEI SHENG GONGYE WENHUA YICHAN BAOHU YU LIYONG YANJIU
作　　者	李睿　著
出版发行	中国水利水电出版社 （北京市海淀区玉渊潭南路1号D座　100038） 网址：www.waterpub.com.cn E-mail：sales@mwr.gov.cn 电话：（010）68545888（营销中心）
经　　售	北京科水图书销售有限公司 电话：（010）68545874、63202643 全国各地新华书店和相关出版物销售网点
排　　版	中国水利水电出版社微机排版中心
印　　刷	天津嘉恒印务有限公司
规　　格	184mm×260mm　16开本　10.25印张　249千字
版　　次	2022年11月第1版　2022年11月第1次印刷
印　　数	0001—1500册
定　　价	**78.00元**

凡购买我社图书，如有缺页、倒页、脱页的，本社营销中心负责调换
版权所有·侵权必究

前言

工业乃立国之本、兴国之器、强国之基。工业文化是伴随工业化进程形成的、渗透到工业物质发展中的物质文化、制度文化和精神文化的总和，对推动工业由大变强具有基础性、长期性、关键性的影响。工业文化在工业化进程中衍生、积淀和升华，是中国特色社会主义文化的重要组成部分，时刻影响着人们的思维模式、社会行为及价值取向，是工业进步最直接、最根本的思想源泉，是制造强国建设的强大精神动力，是打造国家软实力的重要内容。推进工业文化建设是贯彻落实党中央、国务院决策部署的重要举措，是新时代建设社会主义文化强国的职责所在。

工业文化遗产是近现代工业文明的一座丰碑，也是近现代工业发展史的记忆和传承，不仅记录了城市现代化的进程，也是人类社会文化记忆无法割弃的整体。工业文化遗产作为我国工业实践发展所形成的特殊的文化资源，有着鲜明的时代性和现实性，对其记录研究、价值认定以及保护与利用对于我国工业文化的传承与发展，提升工业软实力具有重要作用。

《中共中央关于制定国民经济和社会发展第十四个五年规划和二〇三五年远景目标的建议》明确提出繁荣发展文化事业和文化产业，提高国家文化软实力，健全现代文化产业体系。2021年6月，工业和信息化部、国家发展和改革委员会、教育部、财政部、人力资源和社会保障部、文化和旅游部、国务院国有资产监督管理委员会、国家文物局八部联合印发的《推进工业文化发展实施方案（2021—2025年）》，明确"提高工业遗产保护利用水平"作为未来五年的重点任务之一。近年来，工业文化遗产的保护与利用问题逐步成为工业化、城镇化进程中面临的重要症结之一。当前，中国社会经济正处于加速转型升级的关键时期，许多传统的老旧工业正处在淘汰和消失的边缘，使得宝贵的工业遗产资源无法得到有效保留和利用。同时，由于一味追求经济效益，导致对待工业文化遗产缺乏理性的标准和正确的价值观，工业文化遗产的核心价值和外延不能够有效地保留和传承，人们正在经历一场集体的"工业失忆"。

湖北省是中国近现代工业的发祥地之一，也是近现代中国制造业的重要聚集区，具有深厚的工业文化积淀和丰富的工业文化遗产资源。近代中国的

"洋务运动"使湖北省成为了中国产业中心，并逐渐形成了以钢铁产业为依托，兵工、造船、纺织、建材等为支柱的近代工业体系。新中国成立后，在近代中国工业史上占据重要位置的湖北，被国家赋予建设南方工业基地的光荣使命。无论从远古铜冶炼到近代工业发源地，还是"一五""二五"及"三线建设"时期，各个时代湖北省工业都有代表当时国内外先进水平或划时代的产业。这些工业文化遗产历史内涵丰富，是不可再生的宝贵文化资源。近年来，随着社会经济结构和城市产业结构的变化、调整以及城市工业外迁步伐的加快，湖北省各地（市、州）遗留下诸多工业文化遗产。如何评估这些遗产并将其妥善保存、永续利用，成为当前湖北省各级政府面临的紧迫问题。与此同时，保护和合理开发利用工业文化遗产以及由此带来的如何与城市发展相互协调，成为地方政府决策与管理中遇到的新的、不可回避的现实问题。当前，湖北省一些具有历史价值的工业文化遗产正在遭到破坏和损毁，而这些老建筑、老工业区见证了湖北工业时代艰辛的发展历程，承载了人们对湖北城市发展和城市文化的记忆。在经济转型阶段，尽管湖北省传统工业的优势不复存在，但其雄厚的工业基础依然是湖北省经济发展重要的依托和资源。因此，如何充分利用湖北良好的现代制造业基础，探索工业文化遗产保护利用与城市发展的最佳结合模式，结合湖北省科教、区位等综合优势，实现湖北省的跨越式发展具有重要的理论价值和现实意义。

  本书主要内容包括：绪论；第一章厘清核心概念和理论基础；第二章对湖北省工业发展历程和工业文化遗产的形成进行了历史梳理，主要从传统手工业时期、近代工业时期和社会主义工业时期湖北工业的发展和代表性工业文化遗产进行梳理和总结；第三章对湖北省武汉市、黄石市、襄阳市、宜昌市和十堰市的工业文化遗产保护现状进行调查和分析；第四章总结并讨论当前湖北省工业文化遗产保护和利用的三种模式；第五章对湖北省工业文化遗产保护与利用存在的突出问题进行分析和讨论，并通过问卷调查等手段对数据进行了分析和处理；第六章通过分析国内外其他城市对工业文化遗产保护和利用的先进经验，得到启示与借鉴；第七章通过上述研究，对湖北省工业文化遗产多中心协同保护与利用提出政策建议。

作者

2022 年 6 月

目录

前言

绪论 ·· 1
第一节 选题缘起与研究意义 ·· 1
一、选题缘起 ·· 1
二、研究意义 ·· 2
第二节 国内外研究与简要评述 ··· 2
一、国内外研究综述 ·· 2
二、简要评述 ·· 8
第三节 研究思路与研究方法 ··· 9
一、研究思路 ·· 9
二、研究方法 ·· 9
第四节 研究内容与创新点 ··· 10
一、研究内容 ·· 10
二、创新点 ·· 10

第一章 核心概念与理论分析 ··· 12
第一节 工业文化遗产 ··· 12
一、工业文化遗产的概念 ·· 12
二、工业文化遗产的价值构成 ·· 13
三、我国工业文化遗产的主要特点 ·· 14
第二节 多中心治理理论 ·· 16
一、多中心治理的概念 ··· 16
二、多中心治理的应用 ··· 18
第三节 多中心治理与工业文化遗产保护利用的契合性分析 ·· 19

第二章 湖北省工业发展历程与工业文化遗产的形成 ·· 21
第一节 传统手工业时期 ·· 21
第二节 近代工业时期 ··· 23
一、近代工业的起源 ·· 23
二、洋务运动与官办工厂 ·· 24
三、民族资本主义工厂的兴建 ·· 26
第三节 社会主义工业时期 ··· 27
一、过渡时期（1949—1956 年） ·· 27

  二、发展时期（1956—1978年）……………………………………… 28
  三、巩固时期（1978年至今）……………………………………… 29
 第四节 当前湖北省工业文化遗产概况 ………………………………… 29
  一、湖北省工业文化遗产的地域分布 ……………………………… 30
  二、湖北省工业文化遗产的保护级别 ……………………………… 31

第三章 湖北省工业文化遗产保护现状 ………………………………… 38
 第一节 武汉市工业文化遗产保护现状 …………………………………… 38
  一、交通工业文化遗产保护现状 …………………………………… 38
  二、能源工业文化遗产保护现状 …………………………………… 40
  三、军事工业文化遗产保护现状 …………………………………… 42
  四、近代厂矿文化遗产保护现状 …………………………………… 43
 第二节 其他地（市、州）工业文化遗产保护现状 …………………… 44
  一、黄石市工业文化遗产保护现状 ………………………………… 44
  二、襄阳市工业文化遗产保护现状 ………………………………… 46
  三、宜昌市工业文化遗产保护现状 ………………………………… 47
  四、十堰市工业文化遗产保护现状 ………………………………… 50

第四章 湖北省工业文化遗产保护利用模式 …………………………… 55
 第一节 工业博物馆保护利用模式 ………………………………………… 55
  一、张之洞与武汉博物馆 …………………………………………… 55
  二、中国武钢博物馆 ………………………………………………… 57
 第二节 景观公园改造利用模式 …………………………………………… 59
  一、武汉青山江滩 …………………………………………………… 59
  二、宜昌809工业遗址公园 ………………………………………… 59
 第三节 创业园区保护利用模式 …………………………………………… 62
  一、江城壹号文化创意产业园 ……………………………………… 62
  二、汉阳造文化创意产业园 ………………………………………… 63
  三、宜昌715文化创意产业园 ……………………………………… 63

第五章 湖北省工业文化遗产保护与利用的突出问题 ………………… 65
 第一节 法律法规缺位，政策不足 ………………………………………… 65
  一、国家层面 ………………………………………………………… 65
  二、湖北省级层面 …………………………………………………… 66
  三、地（市、州）级层面 …………………………………………… 67
 第二节 体制机制不顺，规划滞后 ………………………………………… 68
  一、政府职能方面 …………………………………………………… 68
  二、管理体制方面 …………………………………………………… 69
  三、保护机制方面 …………………………………………………… 69
  四、其他问题 ………………………………………………………… 70

第三节　市场开发有限，活力不足 ·· 72
　　一、市场开发力度不足，企业缺乏与政府间的有效合作 ··················· 72
　　二、商业模式不够成熟，功能定位不明确 ··································· 73
　　三、媒体宣传力度不够，缺乏持续有效报道 ······························· 73
　　四、市场监管不到位，相关法律法规亟待完善 ···························· 74
第四节　公众认知缺乏，宣传缺位 ··· 74
　　一、相关理论研究尚浅，认识有待深化 ····································· 74
　　二、高校缺乏工业文化教育和人才培养机制 ······························· 75
　　三、缺乏宣传主体意识，获取信息渠道较窄 ······························· 76
　　四、公众参与积极性不高，保护意识不强 ··································· 76

第六章　国内外工业文化遗产保护与利用经验借鉴 ······························ 77
　第一节　国内工业文化遗产保护和利用经验借鉴 ······························ 77
　　一、北京："798"模式 ··· 77
　　二、天津："租界改造"模式 ·· 78
　　三、上海："弄堂"模式 ·· 78
　　四、南京："生活秀带"模式 ·· 79
　　五、重庆："创意集市"模式 ·· 80
　　六、西安："校园"模式 ·· 80
　　七、台湾："科技博物馆"模式 ··· 81
　　八、其他 ·· 82
　第二节　国外工业文化遗产保护和利用经验借鉴 ······························ 83
　　一、美国："综合商业区"模式 ··· 83
　　二、英国："旅游文化模式" ·· 84
　　三、德国："整体性规划"模式 ··· 84
　　四、日本："社会教育"模式 ·· 85

第七章　湖北省工业文化遗产多中心协同保护与利用的基本思路与政策建议 ······ 87
　第一节　完善法律法规，探索长效机制 ·· 87
　　一、尽快制定并颁布《湖北省工业文化遗产保护与利用管理条例》 ····· 87
　　二、将工业文化遗产保护与城市发展规划有机结合，探索长效保护和利用机制 ·· 88
　第二节　加强政府规划，成立保护专班 ·· 88
　　一、建立常态工作机构和工作机制，理顺"横向"权责体系 ·············· 88
　　二、成立湖北省工业文化遗产专家委员会 ··································· 89
　　三、建立湖北省工业文化遗产数据库 ··· 89
　第三节　引入市场机制，鼓励社会参与 ·· 90
　　一、建立"政府引导＋市场运作"的保护开发机制 ·························· 90
　　二、引入多元主体协同参与湖北省工业文化遗产的保护和利用 ········· 91
　第四节　提高公众认知，加强宣传教育 ·· 91

一、将工业文化遗产保护的宣传融入学校教育中 …………………………………… 92
　　二、将企业、科普场馆作为湖北省工业文化遗产保护与利用的主体宣传力量 …… 92
　　三、利用各类信息技术平台拓宽湖北省工业文化遗产宣传的途径和手段 ………… 93
　　四、加强工业文化遗产保护与利用的国内外交流 …………………………………… 93
结论与展望 …………………………………………………………………………………… 94
附录 …………………………………………………………………………………………… 95
　　附录一　工业和信息化部　财政部关于推进工业文化发展的指导意见 …………… 95
　　附录二　《关于推进工业文化发展的指导意见》解读工业和信息化部工业文化发展
　　　　　　中心 ……………………………………………………………………………… 99
　　附录三　工业和信息化部关于印发《国家工业遗产管理暂行办法》的通知 ……… 101
　　附录四　工业和信息化部　国家发展和改革委员会　教育部　财政部　人力资源和
　　　　　　社会保障部　文化和旅游部　国务院国有资产监督管理委员会　国家文物
　　　　　　局关于印发《推进工业文化发展实施方案（2021—2025 年）》的通知 …… 104
　　附录五　工业和信息化部关于公布第一批国家工业遗产名单的通告 ……………… 109
　　附录六　工业和信息化部关于公布第二批国家工业遗产名单的通告 ……………… 111
　　附录七　工业和信息化部关于公布第三批国家工业遗产名单的通告 ……………… 115
　　附录八　工业和信息化部关于公布第四批国家工业遗产名单的通告 ……………… 120
　　附录九　工业和信息化部关于公布第五批国家工业遗产名单的通告 ……………… 126
　　附录十　关于印发《推动老工业城市工业遗产保护利用实施方案》的通知 ……… 130
　　附录十一　国家文物局关于加强工业遗产保护的通知 ……………………………… 134
　　附录十二　国家文物局关于工业遗产保护和利用导则（征求意见稿） …………… 136
　　附录十三　武汉市工业遗产保护与利用规划 ………………………………………… 140
　　附录十四　黄石市工业遗产保护条例 ………………………………………………… 145
参考文献 ……………………………………………………………………………………… 150

绪　　论

第一节　选题缘起与研究意义

一、选题缘起

工业是强国之本，文化是民族之魂。习近平总书记指出："体现一个国家综合实力最核心的、最高层的，还是文化软实力，这事关一个民族精气神的凝聚。"世界工业化三百多年的历史证明，文化元素对工业化进程和产业变革具有基础性、长期性、决定性的影响，工业文化在工业化进程中衍生、积淀和升华，也必将在未来现代化发展中发挥越来越重要的作用。工业文化遗产是近现代工业文明的一座丰碑，也是近现代工业发展史的记忆和传承，不仅记录了城市现代化的进程，也成为人类社会文化记忆无法割弃的整体。工业文化遗产作为我国工业实践发展所形成的特殊的文化资源，有着鲜明的时代性和现实性，对它的记录研究、价值认定，以及保护与利用对于我国工业文化的传承与发展，提升工业软实力具有重要作用。

党的十九届五中全会就社会主义文化强国建设作出系统谋划和战略部署，《中共中央关于制定国民经济和社会发展第十四个五年规划和二〇三五年远景目标的建议》明确提出繁荣发展文化事业和文化产业，提高国家文化软实力，健全现代文化产业体系。工业文化是中国特色社会主义文化的重要组成部分，推进工业文化建设是贯彻落实党中央、国务院决策部署的重要举措，是新时代建设社会主义文化强国的职责所在。2016年12月，工业和信息化部、财政部联合印发《关于推进工业文化发展的指导意见》（工信部联产业〔2016〕446号）（简称《意见》），提出发扬中国工业精神、夯实工业文化发展基础、发展工业文化产业、加大工业文化传播推广力度、塑造国家工业新形象等重点任务。《意见》指出，工业文化是伴随着工业化进程形成的、渗透到工业发展中的物质文化、制度文化和精神文化的总和，对推动工业由大变强具有基础性、长期性、关键性的影响。《意见》还指出，工业文化在工业化进程中衍生、积淀和升华，时刻影响着人们的思维模式、社会行为及价值取向，是工业进步最直接、最根本的思想源泉，是制造强国建设的强大精神动力，是打造国家软实力的重要内容。事实上，工业文化的价值很重要的一部分来自于工业遗产的延伸，如果不对工业遗产进行合理的保护与利用，不仅会使得宝贵的工业遗产资源流失，同时也会影响到工业行业的发展和工业文化价值的有效传承。2018年，工业和信息化部办公厅出台《关于开展工业遗产、工业博物馆摸底调查的通知》（工厅产业〔2018〕114号），要求普查1980年前建成，具有重要或较高历史价值、科技价值、社会文化价值和艺术价值的厂房、车间、矿区等生产和储运设备，以及其他与工业相关的社会活动场所。近年来，各地各部门积极推动工作落地落实，政策引领得到加强，工业遗产保护扎实推进，工业文化全方位发展格局初步形成。2021年6月，工业和信息化部、国家发展和改革委员会、教育部、财政部、人力资源和社会保障部、文化和旅游部、国务院国有资产监督管理委员会、国家文物局等八部门联合印发《推进工业文化发展实施方案（2021—2025年）》（工信部联政法〔2021〕54号），明确"提高工业遗产保护利用水平"作为未来五年的重点任务之一。

近年来，工业文化遗产的保护与利用问题逐步成为工业化、城镇化进程中面临的重要症结之一。当前，中国社会经济正处于加速转型升级的关键时期，许多传统的老旧工业正处在淘汰和消失的边缘，使得宝贵的工业遗产资源不能得到有效保留和利用。同时，由于人们一味地追求经济效益，导致人们对待工业遗产时，缺乏理性的标准和正确的价值观，工业遗产的核心价值和外延不能够有效地保留和传承，使得人们正在经历一场集体的"工业失忆"。

二、研究意义

湖北省是中国近现代工业的发祥地，也是近现代中国制造业的重要聚集区，具有深厚的工业文化积淀和丰富的工业文化遗产资源。近代中国的"洋务运动"使湖北成为了中国的产业中心，并逐渐形成了以钢铁产业为依托，兵工、造船、纺织、建材等为支柱的近代工业体系。新中国成立后，在近代中国工业史上占据重要位置的湖北，被国家赋予建设南方工业基地的光荣使命。可见，无论从远古铜冶炼到近代工业发源地，还是"一五""二五"及三线建设时期，湖北工业都有代表当时国内外先进水平或划时代的产业。这些工业文化遗产历史内涵丰富，是不可再生的宝贵文化资源。近年来，随着社会经济结构和城市产业结构的变化、调整，以及城市工业外迁步伐的加快，湖北省各地（市、州）遗留下不少工业文化遗产。如何评估这些遗产并将其妥善保存、永续利用，成为当前湖北省工业文化遗产保护中一个极为紧迫的问题。与此同时，保护和合理开发利用工业文化遗产以及由此带来的如何与城市发展相互协调，成为地方政府决策与管理中遇到的新的、不可回避的现实问题。当前，湖北省一些具有历史价值的工业文化遗产正在遭到破坏和损毁，而这些老建筑、老工业区见证了湖北工业时代艰辛的发展历程，承载了人们对湖北城市文化的记忆。在经济转型阶段，尽管湖北省传统工业的优势不复存在，但其雄厚的工业基础依然是湖北经济发展重要的依托和资源。因此，如何充分利用湖北良好的现代制造业基础，探索工业文化遗产保护利用与城市现代化建设的最佳结合模式，结合湖北省科教、区位等综合优势，实现湖北的跨越式发展具有重要的理论价值和现实意义。

第二节　国内外研究与简要评述

一、国内外研究综述

工业遗产是具有历史学、文化学、社会学、建筑学及科研价值的工业遗存，是世界文化遗产的重要组成部分。它不仅生动地记录了工业化发展的历史进程，而且承载了特定时代人们的情感记忆和城市发展的精神内涵。当前国内研究主要集中在以下几个方面。

（一）对工业文化遗产价值的研究

工业遗产是不同时期工业文明的产物，是一个国家、一个地区工业发展的真实记录，它是一种文化符号,是所在城市的工业印记,是工业人的"集体记忆"。所以在我们对工业遗产价值进行研究时,要考虑到它的价值多样性。最早以英美为代表的西方发达国家通常称这些工业遗迹残留的地区为"棕地"。郑晓笛(2011)阐述了各国对"棕地"的不同定义❶。例如,英国对"棕地"的定义是"被开发过的土地,这类用地上现有或曾经有永久性的建构筑物及相关的地表基础设施"。美国将"棕地"定义为:"一块真实存在的地产,且因为潜在的污染物而变得复杂"。从这些定义可以看出,工业遗产的存在是具有历史科学价值的,而且应该被合理利用再开发,但是由此造成的土地污染、民生等社会遗留问题也不容忽视。

随着时代的进步和研究程度的深入,学者在研究工业遗产所具有的价值时开始尝试从不同领域进行阐述。学者阙维民(2008)运用地理学的观念与方法阐述了传统工业遗产研究的价值所在❷。骆高远(2008)从旅游价值的角度出发,认为建立在保护利用基础上的工业旅游是对工业遗产价值的重新认定,是能够吸引现代人了解工业文明且具有独特的观光、休闲和旅游功能的场所❸。这些研究对我国工业遗产旅游的发展有着很大意义。

工业遗产的价值主要包括历史、社会、经济、审美等多个方面。学者邢怀滨、冉鸿燕、张德军(2007)就指出,任何遗产其价值一般都可以分为"本征价值"和"功利价值"两部分❹。学者陈凡、吕正春、陈红兵(2013)在探讨工业遗产的价值向度时,就将工业遗产的价值表征归纳为历史、技术、经济、教育宣传及精神承载这四方面❺。另外,刘伯英、李匡(2006)还构建出了相应的工业遗产的价值评价方法❻。

但是,工业遗产的核心价值在何处?学者刘光明(2015)在工业文化的研究中认为工业遗产本身属于工业文化的表层文化。而工业遗产的价值认定、记录和研究等是属于工业文化的行为层、核心文化在于工业生产过程中形成的文化精神❼。学者寇怀云(2007)认为工业遗产的本质具有作为工业的技术上的延续进步性的特质,工业遗产有别于其他文化遗产的关键特质就在于技术❽。学者林崇熙(2012)认为工业遗产的核心价值是对其保存与再利用的主轴,如何发掘一个产业的灵魂与文化价值,就成为判定其是否应作为文化遗产的关键❾。不论是工业遗产的物质、制度,还是精神价值,都是当今工业社会不可或缺的。

(二)工业遗产保护与利用主体的研究

由于工业遗产价值的多样性和保护资源的有限性,工业遗产保护与利用的主体也不再是单一的政府机构,而是体现出了多元性的特点,其中主要包括政府、市场、民众三个主

---

❶ 郑晓迪. 论棕地开发与工业建筑遗产保护的关系[J]. 北京规划建设,2011(1)。
❷ 阙维民. 世界遗产视野中的中国传统工业遗产[J]. 经济地理,2008,28(6)。
❸ 骆高远. 我国的工业遗产及其旅游价值[J]. 经济地理.2008(1)。
❹ 邢怀滨,冉鸿雁,张德军. 工业遗产的价值与保护初探[J]. 东北大学学报(社会科学版),2007(1)。
❺ 陈凡,吕正春,陈红兵. 工业遗产价值向度探析[J]. 科学技术哲学研究,2013(5)。
❻ 刘伯英,李匡. 工业遗产的构成与价值评价方法[J]. 建筑创作.2006(9)。
❼ 刘光明. 工业文化[M]. 北京:经济管理出版社,2015。
❽ 寇怀云. 工业遗产技术价值保护研究[D]. 上海:复旦大学,2007。
❾ 林崇熙. 工业遗产的核心价值与特殊利基[J]. 城市建筑,2012(3)。

要方面。清楚了解工业遗产保护与利用的治理主体以及他们各自的特征和特性,有助于在工业遗产保护与利用中,分清主次,明确责任主体,合理进行权责划分,从而构建高效、合理、协同的工业遗产保护与利用机制。

一是以政府为主体的工业遗产保护与利用。英国学者 Marilyn Palmer(1998)在1995年就提出主张:"国家应该设立相关机构和相关章程来保护人类工业遗迹。"❶ 1966年,美国国会颁布了《国家历史保护法》,成为包括工业遗产保护工作在内的历史保护工作的专门法律。❷(王高峰,2014);英国作为工业遗产保护与利用的发源地,关于工业遗产的保护主要是以国家立法体系为核心,对各种不同层级的保护对象建立不同的保护方法,并对保护机构团体、地方政府职能都给予详尽的规定。德国作为工业强国,也同样具有丰富的工业遗产资源,其工业遗产的保护法律和管理权限是由各州负责,这十分值得借鉴。日本则是文化部门和城市规划部门作为相对独立的、平行的行政体系分管历史文化遗产的保护。

当前,国内学者的研究主要集中在政府的地位、应当承担的责任和相关立法工作等方面。如学者王慧、韩福文(2009)指出:"政府在工业遗产保护与利用过程中有着不可替代的重要作用,政府应当加大调控力度,合理运用调控手段,从而获得最大的社会效益与经济效益的结合。"❸ 学者李爱芳、叶俊丰、孙颖(2011)认为做好国家层面的工业遗产立法工作迫在眉睫,应该尽快制定国家层面的工业遗产保护法规,明确工业遗产的保护主体和行政管理机构❹。学者刘红婴(2016)认为:"在保护工业遗产的过程中,政府行政机制的优劣,决定着整体的保护效果。"❺ 这就突出了在工业遗产保护与利用当中以政府为主体的行政管理部门的职责和要求。虽然近年来,特别是《无锡建议——注重经济高速发展时期的工业遗产保护》之后我国的工业遗产从理论和实践上都取得了一定进步。

二是以市场为主体的工业遗产保护与利用研究。发达的国家和地区通常利用市场机制来加强工业遗产的保护和利用,市场不仅可以有效地配置资源,还可以实现资源利用的效益化,从而弥补政府"看的见的手"所固有的缺陷与不足。研究发现,以市场为主体的工业遗产保护与利用的途径主要是以企业为主体,通过与政府间有效合作,对工业遗产进行开发和再利用,从而产生经济效益和社会效益。学者李蕾蕾(2002)介绍了德国鲁尔区工业遗产旅游的实践及"工业遗产旅游"的起源与概念;随后,李蕾蕾又撰文对我国缺乏工业遗产保护意识的原因及工业遗产的旅游开发潜力进行了初步探讨❻;学者季玉群(2006)认为:"将工业遗产的保护与利用与市场有效结合,可以最终实现工业遗产保护与工业遗产旅游的可持续发展。"❼ 学者兰会晗(2013)指出:"工业遗产旅游的产业价值涉

---

❶ Marilyn Palmer & Peter Neaverson. Industrial Archaeology: Principles and Practice [M]. London: Routledge, 1998.
❷ 王高峰. 美国工业遗产保护体系形成的若干因素探讨 [J]. 科学技术哲学研究, 2014 (3).
❸ 王慧, 韩福文. 试论政府在东北工业遗产保护与旅游利用中的作用 [J]. 城市发展研究. 2009 (7).
❹ 李爱芳, 叶俊丰, 孙颖. 国内外工业遗产管理体制的比较研究 [J]. 工业建筑, 2011 (1).
❺ 刘红英. 论"国家遗产制度"的建立 [J]. 遗产与保护的研究. 2016 (2).
❻ 李蕾蕾. 逆工业化与工业遗产旅游开发:德国鲁尔区的实践过程与开发模式 [J]. 世界地理研究, 2002 (3).
❼ 季玉群. 中国工业遗产旅游开发的市场机制分析 [J]. 东南大学学报. 2006 (1).

及资源、产品、销售渠道、旅游等环节,依托市场机制,发展工业文化创意产业和旅游业能够实现经济效益、社会效益、环境效益的多重效果。"❶ 同样,在创业园区的改造与利用上,市场主体也发挥着主要作用。学者范晓君、徐红罡(2013)在研究广州工业遗产的再利用时指出:"旧工业改造成创意产业园是商业化的再利用,从而以文物保护之外的一种遗产形式保存下来。"❷ 可以看出,充分利用市场机制对工业遗产进行保护与再利用可以带来一举两得的效果。但是值得注意的是,政府必须同时加强对市场主体的引导和支持,寻求政府公共利益与企业自身利益的平衡,才真正有利于工业遗产保护与利用的可持续发展。

三是以民众为主体的工业遗产保护与利用研究。工业遗产的保护与传承是人类共享价值的分享,同时也注入了那一代人情感的"集体记忆"。学者刘靖(2007)指出:"遗产保护的利益主体应该具体包括居住生活在遗产所在地及其周围地区的居民个体、社会团体。政府在法律、政策上必须保障民众参与,社会大众可以以组织或个人的身份参与到维护遗产、监督遗产保护等相关活动中来。"❸ 同时她还指出:"居民参与遗产保护的重要条件都是将保护的决策权下放,居民理应直接参与到遗产保护实施的全过程中。"❸ 例如,纽约苏荷区的保护运动就是民众参与的案例代表:"在城市更新浪潮中苏荷区一直面临着被拆除的命运,正是由于居民、社会团体的不断斗争和努力,使得苏荷区成为世界上首个由工业区转变而来的保护区。"❹ (陆地,2004)民众参与到工业遗产的保护与利用意义何在?单霁翔指出:"公众的关注和兴趣是做好工业遗产保护工作最可靠的保证。"这就充分说明了民众作为工业遗产保护与利用主体的重要性。从实践层面看,民众可以通过工业遗产的宣传活动、学术讲座等多种形式参与其中,工业企业退休员工也可以通过现身说法帮助更多的人了解、参与到工业遗产的保护与利用中来,从而形成保护与利用工业遗产的良好氛围。

(三)工业遗产保护与利用模式的研究

综合学界以往的研究来看,对于工业遗产利用模式探索,实证的案例分析较为普遍,理论探索还存在不足。学者张京成、刘利永、刘光宇(2013)将工业遗产的保护与利用模式大致分为:"博物馆保护模式、景观公园改造模式、创意园区利用模式和综合物业开发模式。"❺ 这几类模式为我国众多城市工业遗产的保护与利用提供了新的思路。但是,我国目前的工业遗产利用模式普遍存在只知其然,不知其所以然的问题:其一,工业遗产保护与利用模式较为成熟的案例多为国外实践探索的经验总结,本身缺乏充分的理论依据和支撑;其二,这些国际模式只是对接了我国的部分工业遗产,我们必须要学会"中西结合,辨证施治"。

第一,工业博物馆模式。关于工业博物馆模式的研究国内外学者都取得了较为丰富的

---

❶ 兰会晗. 文化创意视角下的河南工业遗产旅游开发研究[D]. 洛阳:河南科技大学,2013。
❷ 范晓君,徐红罡. 广州工业遗产保护与再利用特点及制度影响因素[J]. 中国园林. 2013(9)。
❸ 刘靖. 历史文化遗存保护中的公众参与[D]. 重庆:重庆大学,2007。
❹ 陆地. 建筑的生与死:历史性建筑再利用研究[M]. 南京:东南大学出版,2004。
❺ 张京成,刘利永,刘光宇. 工业遗产的保护与利用——"创意经济时代"的视角[M]. 北京:北京大学出版社,2013。

成果。对于西方的工业博物馆模式，学者单霁翔（2006）研究了英国的铁桥峡谷博物馆群，认为："这里的博物馆是工业革命的发源地的象征，是英国工业传统的展示厅。"❶ 郭凤典、朱鸣（2004）研究了德国鲁尔区的工业博物馆，认为："其真实地反映了德国150年的工业发展历史。"❷ 学者王清（2005）在研究以德国为代表的博物馆化进程时指出："德国工业博物馆的兴起是工业化、后工业化和博物馆化的综合产物，给德国工业遗产保护起到了重要的助推作用。"❸ 美国学者卡尔·艾伯特研究了美国西部城市矿物博物馆，认为："由此衍生的服务性行业给当地民众带来了更多的就业机会。"❹ 总体来说，这些国外工业博物馆的建立时间较早且较为成熟，是我国借鉴和学习的重要经验。

就国内工业博物馆模式的研究而言，由于我国地域的广阔性和差异性，不同地区的博物馆也展现出了不同区域文化的特点。如学者苏小涵（2015）研究发现："中国沈阳工业博物馆通过在原有厂房基础上的改造再利用，一方面注重工业文化内涵，另一方面也注重与观众的互动与沟通。"❺ 学者刘庆（2011）研究了青岛啤酒博物馆，这是国内企业博物馆的经典案例❻。对于工业博物馆模式的分析，学者王雷、赵少军（2013）以中国工业博物馆为例认为："工业博物的保护与利用模式首先要明确其自身定位，其次需要加强工业遗产的实体性保护，最后需要整合资源，形成工业遗址的配套体系。"❼ 总体来说，工业博物馆模式在国内运用广泛，是保护工业遗产经典的手段。但是，我们还需要进一步使其与中国国情相结合，明确工业博物馆利用模式的内涵和外延，从而发挥这一模式更大的价值。

第二，景观公园改造模式。工业生产活动的直接后果是工业废弃地的形成，而景观公园正是依托这些工业遗产，对工业废弃地进行设计、改造、再生。学者陆邵明（2006）提出："可以根据工业遗址改造与保护程度的不同分为保护改造型和改造保护型。"❽ 学者刘抚英、邹涛、粟德祥（2007）❾通过对德国鲁尔区北杜伊斯堡景观公园的研究，重点分析了其公园设计者在工业景观整体布局、生态对策、尊重自然演化进程等方面的设计思想及具体措施，具有很好的参考价值。同样，学者许健（2007）通过对北杜伊斯堡景观公园的研究，认为这种景观公园的开发模式促进了当地的就业问题，改善了地区经济发展❿。针对国内案例而言，岐山公园具有很好的代表性，学者葛平发、王树栋（2010）从环境保护和生态主义的观点对其进行了详细的研究，认为："只有立足于环境保护和生态主义的景观设计才更有生命力。"⓫ 总体来说，景观公园模式折射了人与自然在工业文明时期的对抗状态，

---

❶ 单霁翔. 关注新型文化遗产——工业遗产的保护. [J]. 中国文化遗产. 2006（4）。
❷ 郭凤典，朱鸣. 德国鲁尔工业区整治经验及启示. [J]. 理论月刊. 2004.（7）。
❸ 王清. 二十世纪德国对技术与工业遗产的保护及其中博物馆化进程中的意义. [J] 科学文化评论. 2005（3）。
❹ [美] 卡尔·艾博特. 大都市边疆——当代美国西部城市. [M]. 王旭，译. 北京：商务印书馆，1998。
❺ 苏小涵. 中国沈阳工业博物馆工业遗产的保护利用及发展前景浅析 [J]. 辽宁工业大学学报. 2015（1）。
❻ 刘庆. 青岛啤酒博物馆刍议. [J]. 兰台世界. 2011（17）。
❼ 王雷，赵少军. 浅谈工业遗产的保护与再利用——以中国工业博物馆为例 [J]. 中国博物馆. 2013（3）。
❽ 陆邵明. 关于城市工业遗产的保护和利用 [J]. 规划师. 2006（10）。
❾ 刘抚英，邹涛，粟德祥. 后工业景观公园的典范——德国鲁尔区北杜伊斯堡景观公园考察研究 [J]. 华中建筑. 2007（11）。
❿ 许健. 时空中的色彩变换——北杜伊斯堡景观公园工业遗产改造 [J]. 城市环境设计. 2007（5）。
⓫ 葛平发，王树栋. 从环境保护和生态主义的观点探讨景观设计——以中山岐山公园为例 [J]. 中国环境管理. 2010（3）。

如何将两者和谐共存，特别是在城市化建设当中有效协调，也是今后学者应该重点研究的方向。

第三，创意园区利用模式。关于这一模式的研究也较为广泛，例如国际上的典型代表有美国纽约曼哈顿岛西南端的苏荷区、英国的立太德现代艺术馆等，国内典型的代表有北京的798艺术区、上海的因子坊、杭州的文化创意产业园等，这些创意园区的利用模式引起了国内外学界的广泛关注。例如，学者李镭（2009）通过大量798艺术区的剖析，找出了北京工业遗产保护与利用矛盾的和解方法，并对未来的趋势和途径进行了展望❶。学者楼小燕（2012）以杭州市为例，分析了工业遗产保护与文化创意产业发展的互动效应❷。

第四，综合物业开发模式。综合物业开发模式能够集旅游、购物、娱乐、休闲为一体，在生态保护、环境保护等方面产生较为理想的效果，这种模式在推动地区经济发展上面具有独特的优势。学者张松、李宇欣（2012）对上海杨树浦地区工业遗产利用案例进行了分析，认为这种模式在保护过程中应当注重维护生态和生活的多样性，在人、经济、城市环境中找到平衡❸。另外，学者崔向东、于富业（2011）探讨了阜新海川露天矿山的综合物业开发模式，认为这种模式改善了城市环境，提升了城市知名度，同时产生了经济效益、社会效益、环保效益，是城市转型的重生之路和必然选择❹。

（四）工业遗产保护与利用机制的研究

我国对工业遗产保护与利用体制机制的研究还有待进一步深化。学者王星光、贾兵强（2008）认为："首先，在于其投入机制；其次，政府、非政府组织、社会团体、慈善机构及个人多方参与的运作机制保证了资金投入的持续充足；再次，科学、精简、完备的管理网络体系，在保护遗产中发挥了主导作用。"❺ 当然，还有学者从其他不同机制来探讨工业遗产的保护与利用，如学者单路（2016）以南京1865晨光文化创意产业园为例，从制度机制和价值机制两个方面对工业遗产的保护现状进行了研究并给出了建议❻；学者张琪（2016）以美国洛厄尔工业遗产为案例归纳了基于价值共享理念的遗产实践多边框架，体系社会多元的实践原则和方法❼。

国外对工业遗产的研究主要集中在以下几个方面：一是研究领域主要集中于工业遗产治理（Imrie R，2006）和工业文化旅游（Bloxam，2007），主要根植于工业考古学，并构建了学科体系和理论体系，研究包括由工业进程或为工业进程而产生的有关物质与非物质的总和。研究对象主要集中在以英国、德国、法国和西班牙为代表的欧洲地区，以美国、加拿大为代表的美洲地区和以日本为代表的亚洲地区。二是研究重点主要围绕夯实理论基础、保护生态环境和延续社会记忆三个方面展开（Curtis，2016）。基于工业考古学的相关文献研究，提出工业考古学正在面临严峻的"身份危机"（Orange Hilary，2008）。

---

❶ 李镭. 从798工厂的变迁谈工业遗产的保护与再利用[J]. 山西建筑. 2009（12）。
❷ 楼小燕. 工业遗产保护与文化创意产业发展互动效应研究——以杭州为例[J]. 东方企业文化. 2012（17）。
❸ 张松，李宇欣. 工业遗产地区整体保护规划策略探讨——以上海市杨树浦地区为例[J]. 建筑学报. 2012（1）。
❹ 崔向东，于富业. 阜新工业遗产与保护利用创新模式研究[J]. 中国名城. 2001（4）。
❺ 王星光，贾兵强. 国外历史文化遗产保护机制及其对我国的启示[J]. 广西民族研究. 2008（1）。
❻ 单路. 工业遗产保护机制的浅层分析——以1865晨光文化创意产业园为例[J]. 建筑与文化. 2016（6）。
❼ 张琪. 工业遗产的价值共享机制探索——以美国洛厄尔保护实践为例[J]. 国际城市规划，2016（3）。

此外，还有学者认为当前研究的对象是工业技术和工业景观，忽略和掩盖了与人的劳动相关的问题（Shackel P. A，2004），提出在工业遗产保护框架内，为工业遗产赋予地方身份文化属性，使之更好地体现当地特色，并由此增强社区居民的遗产保护、环境保护意识以及地方身份认同感（Versaci，2012）。三是研究成果较之于国内表现出纵向研究强于横向研究的特点。一方面，主要是为了便于研究某种特定工业遗产或者开发保护情况进行简易划分；另一方面，较为重视特定工业遗产的纵向研究，重点讨论对工业遗产的管理计划，提出对照片、电影、办公记录、口述史、模型、网站数据、学术成果、艺术项目以及历史出版物等全方位安全的管理（Romeo，2015）。

二、简要评述

上述研究无疑极具启发意义，也是后续研究的基础，但是现有研究也存在明显不足。主要体现在以下几个方面：

一是缺乏系统的工业遗产保护与利用的理论支持。当前，我国工业遗产的保护与利用实践是超前于理论研究的，理论研究的滞后导致工业遗产的认定、保护规划和价值评定标准都缺乏科学合理的理论依据，也使得政府部门无法制定合理科学的保护政策，当工业遗产的保护与各方利益主体冲突时，没有合理妥善的解决机制和法律保障，也缺乏政策的有效支撑。特别是在实践层面，如何明确工业遗产保护与利用主体、多元利益主体又如何协调分工、怎样构建合理科学的协同机制和制度保障，对这些关键问题都缺少理论的研究和支持，所以我们在今后的研究中，必须抓住理论与实践的相互结合，才能够更好地完善工业遗产的保护与利用体系。

二是缺少对权责机构的研究。工业文化遗产有着与其他文化遗产研究不同的特性。当前工业文化遗产的研究仍旧大多附属于建筑、美学、旅游文化等研究的需要，并没有针对政府主管部门和管理部门的详细研究，从而使得工业遗产的责任主体不明确，治理方式还停留在以前的传统模式，因此，从政治学的相关理论视角出发，运用多中心治理理论对工业遗产的保护与利用做进一步研究，特别以权责机构为主体，并与其他保护利用主体协同推进。

三是综合学科研究的不足。目前针对工业遗产的科学研究还没有形成有效的研究系统和科学范式，总体来说依旧是从景观、建筑、艺术、文物、历史等方面入手，研究范围广，这往往容易忽略工业遗产本身的特性和独有的价值特征，从而很难找出适合工业遗产的保护与利用的治理方式。所以在研究工业遗产保护与利用的过程中，我们应该形成统一科学的研究方式和研究手段，这样会使得类似的研究更具有对比性和科学性。

四是案例多于理论。当前，我国对工业文化遗产保护与利用的案例研究沿用的是许多早年的实证材料，对当前工业企业和工业化遗产的现状和问题把握不够，实证调查研究明显不足，我们更应该结合当前的实际情况，深入实际发现问题，及时找出问题的根源所在，并结合相关理论的研究前沿，寻求合理的对策和方法，这是我们在后续工业遗产保护与利用研究中亟待加强和补充的。

此外，在工业文化遗产保护过程中，应当如何挖掘其"文化"内核？如何将"人""文"精神理念贯彻到工业文化遗产的保护和利用之中？这在目前的研究中未予涉及。更重要的是，系统研究湖北省域内的工业文化遗产与保护，尚无相关文献，如果不曾为之建立独立的理论基础，则无法在法律、政策层面给予全面的保护，也是本书的学术价值和应用价值的重要体现。随着工业遗产受关注程度越高，我们认为今后的研究趋势主要表现在从个体层面研究上升到城市层面来研究；从案例研究上升到理论研究；从单一学科研究上升到多学科融合研究；从技术手段的研究上升到整体性方法的研究。

第三节 研究思路与研究方法

一、研究思路

本书首先在文献回顾和理论梳理方面，从理论上分析和讨论工业文化遗产的文化价值和文化内核；其次，运用实证调查方法，开展工业文化遗产的普查和典型调查，通过对政府部门、企业、工人、居民的访谈和座谈，讨论对工业文化遗产的保护现状和利用模式；再次，分析和借鉴国内外工业文化遗产保护和利用的经验及其教训；最后，讨论提出多中心治理视阈下湖北省工业文化遗产保护与利用的政策建议。具体研究思路如图 0.1 所示。

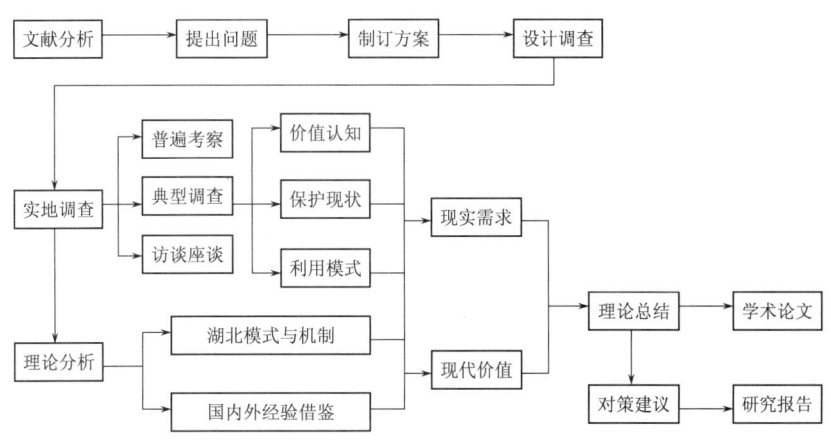

图 0.1 研究思路图

二、研究方法

第一，文献分析。检索和分析国内外相关研究成果，充分了解关于湖北省工业文化遗产保护与利用的最前沿文献。

第二，实地调查。项目立足实证调查，根据课题研究的需要，分别对武汉、黄石、襄阳、宜昌、十堰等地进行实地考察，重点对铜绿山古铜矿遗址、汉冶萍煤铁厂矿旧址、华新水泥厂旧址、大冶铁矿露天采场、武汉钢铁厂、汉阳钢铁厂、青山"红房子"、汉阳兵工厂等地进行实地考察和调研，主要采取查阅资料、深度访谈、问卷调查和参与式观察等方式展开。

第三，比较研究。项目比较和借鉴国内外其他城市，如北京 798 艺术区、上海田子坊、南京 1865 晨光文化创意产业园等在工业文化遗产保护与利用方面的成功经验，进行比较研究，并分析、借鉴、学习美国、英国、德国、日本、中国台湾等国家及地区在工业文化遗产保护和利用方面的经验及教训。

第四,案例研究。结合实地调查和比较研究,对重点案例进行分析。

第四节 研究内容与创新点

一、研究内容

第一,近代以来湖北省工业文化遗产的形成及其演变。湖北省是中国近现代工业的发祥地,也是近现代中国制造业的重要聚集区。本书通过梳理近代早期的湖北工业的形成和新中国成立后武汉工业的发展,总结当前湖北工业文化遗产的概况。

第二,湖北省工业文化遗产的保护现状。通过对武汉、黄石、襄阳、宜昌、十堰等地的实地考察和调查,概括和总结当前湖北省工业文化遗产保护和利用的现状和特点。

第三,湖北省工业文化遗产的利用模式。近年来,随着我国在工业文化遗产保护与利用上的不断探索和实践,并结合国际上相关研究的经验,基本上形成了一些较为典型与成熟的利用模式。通过对湖北省工业文化遗产利用情况的调查,总结当前湖北省工业文化遗产利用的几种模式。

第四,当前湖北省工业文化遗产保护与利用存在的突出问题。通过对湖北省工业文化遗产保护利用的现状分析和模式总结,讨论当前湖北省工业文化遗产保护和利用存在的突出问题。

第五,湖北省工业文化遗产保护与利用的基本思路与政策建议。通过研究,探索工业文化遗产保护利用与城市现代化建设的最佳结合模式,实现湖北省经济、政治、社会的跨越发展,并提出政策建议。

湖北省工业文化遗产保护与利用研究框架如图0.2所示。

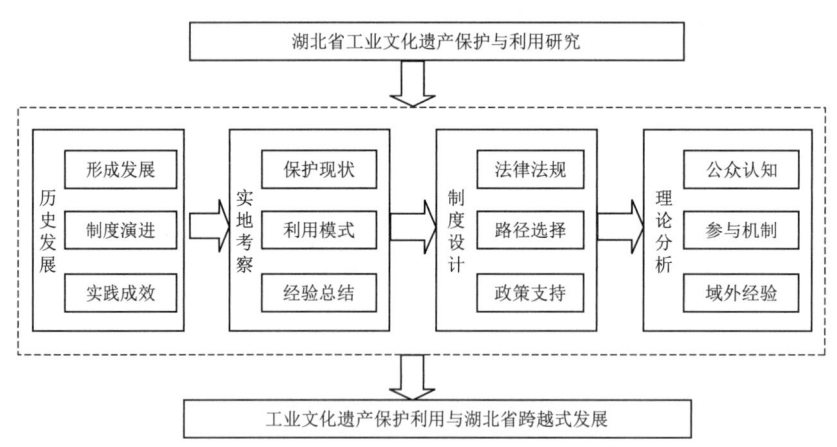

图0.2 研究框架图

二、创新点

第一,研究视角。本书从政治学、公共管理学的视角,讨论工业文化遗产保护的内在动力、发展理念及战略意义。工业文化遗产已然成为世界文化遗产研究领域的热点和我国的社会热点,但目前主要是建筑学、文化与考古等相关学科。本书从工业文化遗产保护利用的价值与基本理念，探索工业文化遗产保护利用与城市现代化建设的最佳结合模式，讨论湖北省工业文化遗产保护的体制、机制创新及实现路径问题，研究视角具有一定的创新。

第二，研究内容。学界对工业文化遗产的研究主要是保护技术层面的讨论，本书尝试从地方发展与体制机制、城市文化与历史记忆、工业精神与工人地位等方面分析工业文化遗产保护利用的重要性。尤其是立足于湖北社会经济发展实际，在经济转型阶段，如何依托湖北丰富的工业文化遗产资源，依托湖北良好的现代制造业基础，以城市产业结构升级和产业布局为契机，结合湖北科教、区位等综合优势，谋划工业文化遗产的保护和创新再利用，并转化为新的经济增长点，实现湖北省经济的跨越式发展。

第一章 核心概念与理论分析

第一节 工业文化遗产

一、工业文化遗产的概念

什么是工业文化？辞海中的"文化"是指人类社会历史实践过程中所创造的物质财富和精神财富的总和。工业文化（industry culture）是指整个人类社会在实现工业化进程中不断积累下来的物质财富和精神财富的总和，是各个行业优秀企业文化的概括与结晶。从精神文化的角度解读，敢为人先的开拓精神、重视科技的创新精神、开放吸纳的进取精神、脚踏实地的务实精神、为国分忧的兼济精神、勇往直前的奋进精神等是工业文化的主要内涵。王正林（2006）认为，工业文化不仅指工业社会的精神生产，也不只是工业社会的物质生产，而是包括了物质与精神财富的方方面面，以及社会发展与进步的水平。从哲学和人类社会发展的视野解读，工业文化的核心是不同于农业社会的意识形态，亦即工业社会的价值观念、思维方式和行为准则，以及与此相适应的制度和组织体系，它反映的是一定的工业时代以物质生产为基础的上层建筑。赵学通（2013）认为工业是各种产业、各个行业和不同类型企业组成的集合体。工业文化包括产业文化、行业文化和企业文化三个层次。余祖光（2010）主要从行为和制度文化的角度阐释工业文化的内涵，认为工业文化应包括合格公民的意识与行为规范、合格劳动者的意识与行为规范、合格企业法人的意识与行为规范、环境生态意识与行为规范、多元文化理解与行为规范等。工业文化是工业化进程中所创造和提炼的文化价值观念的集合，它往往与特殊的时代、特定的人物和特色的行业活动密切相关，有着比较丰富的精神和文化内涵，体现着地域性和时代性。但是由于工业文化资源的多元化和历史局限性，其中也掺杂着一些腐朽和落后的文化成分。因此，对于传统工业文化资源，要剔除其糟粕，保留其精华，使其适合时代要求，焕发新的活力。因此，工业文化指人类社会在实现工业化进程中个体和集体不断积累下来的物质生产、制度生产和精神生产的总和，其内容包含三个层次：器物层次（包括工具零件、机械设备、厂房等）、制度层次（包括单位的考勤制度、绩效考核制度等）和理念层次（包括机械化大生产普惠民众、强调效率等）。三个层次相互关联，缺一不可。

什么是工业遗产？从人类发展历程来看，工业遗产的产生是在继原始文化、农业文化发展之后的工业文化时代的必然产物，是生产力发展到一定阶段的产物，同时它与社会科学、科学技术相互结合，不断催生新的产物。工业文化具有文化的共同属性，但是本质上揭示了人类自工业革命以来，在工业化进程中不断创造的社会财富，工业遗产具有其独特的功能价值。基于以上分析，本书所讨论的工业遗产是指具有重要或较高历史价值、科技价值、社会文化价值和艺术价值的厂房、车间、矿区等生产和储运设施，以及其他与工业相关的社会活动场所。1978年,国际工业遗产保护委员会成立以来,相继颁布了一系列重要文件,其中通过的《下塔吉尔宪章》对工业遗产的概念进行了界定:"工业遗产是指工业文明的遗存,它们具有历史的、科技的、社会的、建筑的或科学的价值。这些遗存包括建筑、机械、车间、工厂、选矿和冶炼的矿场和矿区、货栈仓库,能源生产、输运和利用的场所,运输及其基础设施,以及与工业相关的社会活动场所。2006年,国家文物局颁布《无锡建议——注重经济高速发展时期的工业遗产保护》,进一步结合中国国情明确规定了我国工业遗产的保护内容、责任、途径等。就工业遗产的概念而言,学者刘光明指出:"工业遗产通常是指具有历史学、社会学、建筑学及科研价值的工业文化遗存。工业遗产是由工业文化遗留物组成,这些遗留物拥有历史、技术、社会、建筑、审美或者是科学上的价值。它包括建筑物,机器设备,车间制造厂和工厂,矿山和处理精炼遗址,仓库和储藏室,能源生产、传送、使用运输和所有与工业相联系的社会活动场所,以及工业非物质文化遗产如生产工艺、流程、手工技能、企业精神、企业文化等。"[1] 这对工业遗产有了一个更为明晰的解读,强调了在工业文化领域中构成的物质文化遗产以及非物质文化遗产构成的工业遗产的总和。

因此,我们认为,工业文化遗产是具有历史学、文化学、社会学、建筑学及科研价值的工业遗存,是世界文化遗产的重要组成部分,它不仅生动地记录了工业化发展的历史进程,而且承载了特定时代人们的情感记忆和城市发展的精神内涵。

二、工业文化遗产的价值构成

工业文化遗产的形成要素包罗万象,不同的工业类型有着其独特的性质、特征、功能价值,所以说工业遗产本身是具有多重价值内涵的,正确地认清工业遗产的价值构成是对其进行保护与利用的前提。

工业遗产的历史价值。英国工业革命的开始是人类历史上一次重大的经济、社会变革,是人类工业文明产生的开始。在拥有了大批廉价劳动力以及积累的资金后,英国逐渐从手工工业阶段过渡到大工业阶段,这不仅彻底改变了英国的经济结构,使得英国的社会结构也发生了根本性的变化,同时也影响了世界工业化的进程。就中国工业化发展而言,自1840年的鸦片战争之后,西方侵入中国,在中国设立厂房,这是中国近代工业之路的开始。可以看出,中国近代以来受到世界工业革命浪潮的影响,又有其独特的历史进程,而工业遗产正是此最好的见证。工业遗产中的历史价值,是一个国家、民族和城市重要的记忆,是历史的一块"活化石"。

工业遗产的科学价值。学者刘伯英指出:"工业遗产的科学价值蕴含了工业的生产方式和技术能力,是从科学革命到技术革命的转换。"[2] 这种科学价值的核心是技术,这也是工业遗产最独具特色的一点,能够呈现出中国工业历史长河中人与技术的互动,也是新时代工业技术的传承,是当代工业技术升级转型的基石。

工业遗产的社会价值。这种价值具有综合性的特点,包括文化、美学、经济等诸多要

---

[1] 刘光明,高静,黄克凌,等. 工业文化 [M]. 北京:经济管理出版社,2015。
[2] 刘伯英. 对工业遗产的困惑与再认识 [J]. 建筑遗产. 2017 (1)。

素。工业文化改变了我们的社会面貌,改变人们的衣食住行,记载了广大民众的生产生活,能够产生社会认同感与归属感,能够形成一个城市的文化底蕴,形成一代人的"集体记忆"❶,这些具有"集体记忆"的建筑反映社会所重视的价值观,并能够反映出文化遗产所具有的社会价值,是一个城市、国家和民族所共同拥有的。

这些工业遗产的价值不断被挖掘出来,同时也逐渐在向外延伸,例如工业遗产与文化产业的合作,打造工业文化创意产业园,或是改造成景观公园。我们必须全面和有区别地去分析,这有助于城市管理者有针对性地对当地工业遗产进行保护与利用。

三、我国工业文化遗产的主要特点

为加强工业遗产保护和利用,培育和发展有中国特色的工业文化,工业和信息化部、财政部联合印发《关于推进工业文化发展的指导意见》(工信部联产业〔2016〕446号)。工业和信息化部于2017年开始在全国范围部署开展了国家工业遗产认定工作。至今,已认定五批国家工业文化遗产,这些国家工业遗产工业特色鲜明、工业文化价值突出、遗产主体保存状况良好、产权关系明晰,主要特点有:一是在中国历史或行业历史上有标志性意义,见证了本行业在世界或中国的发端、对中国历史或世界历史有重要影响、与中国社会变革或重要历史事件及人物密切相关,具有较高的历史价值;二是具有代表性的工业生产技术重大变革,反映某行业、地域或某个历史时期的技术创新、技术突破,对后续科技发展产生重要影响,具有较高的科技价值;三是具备丰厚的工业文化内涵,对当时社会经济和人文发展有较强的影响力,反映了同时期社会风貌,社会公众中对其有强烈的认同感和归属感,具有较高的社会价值;四是规划、设计、工程代表特定历史时期或地域的工业风貌,对工业后续发展产生重要影响,具有较高的艺术价值;五是具备良好的保护和利用工作基础。中国不同时期工业文化遗产的主要特点和代表见表1.1。

表1.1　　　　　中国不同时期工业文化遗产的主要特点和代表

名　称	时　期	主　要　特　点	主　要　代　表
传统手工业时期的工业文化遗产	1840年以前	中国传统手工业曾长期领先于世界,部分手工业在近代出现了工业化变革,形成了具有传统文化特色的工业文化遗产	自贡井盐、南京龙江船厂等
晚清洋务运动时期的工业文化遗产	19世纪60—90年代	晚清洋务派大臣开办的企业拉开了中国工业化的序幕,在此时期形成的工业文化遗产具有特殊性	福州船政、金陵机器制造局、开滦煤矿、汉冶萍等
近代民族工业时期的工业文化遗产	1860—1949年	此时期除洋务官办企业外,中国的民间资本也开始进入工业领域。民国时期,无论是国家资本还是民间资本,均创设了一批重要的工业企业并形成了工业文化遗产	张裕酿酒公司、南通张謇实业群、昆明石龙坝电厂等
近代外资工业时期的遗产	1840—1949年	鸦片战争后,外国资本进入中国并创办了一批工业企业,其中部分形成了工业文化遗产	汉口和平打包厂、青岛啤酒厂等

---

❶ 郑培凯,李磷.文化遗产与集体记忆[M].桂林:广西师范大学出版社,2014.

续表

名称	时期	主要特点	主要代表
156 工程时期的工业文化遗产	20 世纪 50 年代	"一五"计划时期,中国依靠苏联等国的技术,大规模建立了一批以重工业为主的工矿企业,以此形成的工业文化遗产具有特殊性和重要性	宝成铁路、洛阳第一拖拉机制造厂、武汉重型机床厂等
社会主义建设时期的工业文化遗产	20 世纪 50—70 年代	包括 1978 年一起中国社会主义工业建设时期遗留的各类工业文化遗产,种类多样	718 联合厂、酒泉卫星发射中心
三线建设时期的工业文化遗产	20 世纪 60—70 年代	1978 年以前的工业文化遗产中,三线建设时期的工业文化遗产具有一定的特殊性	816 工程、水城钢铁厂、67503 地下战备电厂

随着国家对工业遗产的重视度不断提升,工信部先后发布五批《国家工业遗产名单》(参见附录)。按国民经济行业分类标准进行划分,主要为制造业,采矿业,电力、热力、燃气及水生产和供应业,科学研究和技术服务业,交通运输、仓储和邮政业,建筑业六个行业门类和若干大类(表 1.2)。

表 1.2　　　　　　　　工业文化遗产按国民经济行业分类标准进行划分

行业门类	所属大类	主要代表
制造业	酒、饮料和精制茶制造业	张裕酿酒公司、李渡烧酒作坊遗址、青岛啤酒厂、安化第一茶厂、泸州老窖窖池群及酿酒作坊、五粮液窖池群及酿酒作坊、茅台酒酿酒作坊、洋河老窖窖池群及酿酒作坊、绍兴鉴湖黄酒作坊、绍兴鉴湖黄酒作坊、贵池茶厂
	黑色金属冶炼和压延加工业	鞍山钢铁厂、本溪湖煤铁厂、重钢型钢厂、大冶铁厂、汉阳铁厂、合肥钢铁厂、昆明钢铁厂、攀枝花钢铁厂
	专用设备制造业	太原兵工厂、金陵机器局、第一拖拉机制造厂、洛阳矿山机器厂、福建红旗机器厂、兴国官田中央兵工厂、湖北 5133 厂
	非金属矿物制造业	景德镇明清御窑厂遗址、景德镇国营为民瓷厂、吉州窑遗址、华新水泥厂旧址、南风古灶、景德镇国营宇宙瓷厂
	纺织业	宝鸡申新纱厂、菱湖丝厂、大生纱厂、青岛国棉五厂、高平丝织印染厂、常州恒源畅厂
	通用设备制造业	济南第二机床厂、大连冷冻机厂铸造工厂、一重富拉尔基厂区、原子能"一堆一器"制造业、沈阳铸造厂
	化学原料和化学制品制造业	国营庆阳化工厂、永利化学工业公司铔厂、北京珐琅厂、"刘伯承工厂"旧址、重庆长风化工厂
	铁路、船舶、航空航天和其他运输设备制造业	旅顺船坞、北京卫星制造厂、黎阳航空发动机公司、红光沟航天六院旧址
	石油、煤炭及其他燃料加工业	中核四〇四厂、中核二七二厂铀水冶纯化生产线及配套工程、核工业 816 工程、中核 504 厂
	食品制造业	恒顺镇江香醋传统酿造区、泉州源和堂蜜饯厂

续表

行业门类	所属大类	主要代表
制造业	造纸和纸制品业	泾县宣纸厂、营口造纸厂
	印刷和记录媒介复制业	度支部印刷局、上海造币厂
	计算机、通信和其他电子设备制造业	成都国营红光电子管厂、国营738厂
	烟草制品业	潍坊大英烟公司
	医药制造业	东阿阿胶厂78号旧址
	农副产品加工业	茂新面粉厂旧址
	文教、工美、体育和娱乐用品制造业	歙县老胡开文墨厂
	石油加工、炼焦和核燃料加工业	延长石油厂
采矿业	煤炭开采和洗选业	安源煤矿、井陉煤矿、开滦唐山矿、阳泉三矿、王石凹煤矿、可可托海矿务局、开滦赵各庄矿、石圪节煤矿、嘉阳煤矿老矿区、六枝矿区
	非金属矿采选业	温州矾矿、大安盐厂、东源井、燊海井、定边盐场
	有色金属矿采选业	西华山钨矿、铜绿山古铜矿遗址、贵州万山汞矿
	石油天然气开采业	铁人一口井、大港油田港5井、抚顺西露天矿、隆昌气矿圣灯山气田旧址
电力、热力、燃气及水生产和供应业	电力、热力生产和供应业	开滦矿务局秦皇岛电厂、石龙坝水电站、刘家峡水电站、洞窝水电站、羊八井地热发电试验设施
	燃气生产和供应业	国营751厂等
科学研究和技术服务业	研究和试验发展	中国工程物理研究院院部机关旧址、核工业受控核聚变实验旧址
	专业技术服务业	中国科学院国家授时中心蒲城长短波授时台
交通运输、仓储和邮政业	铁路运输业	龙江森工桦南森林铁路
	水上运输业	秦皇岛港西港
建筑业	土木工程建筑业	山海关桥梁厂

第二节 多中心治理理论

一、多中心治理的概念

20世纪70—80年代，在全球化、分权化和市场化潮推动下，西方国家开始了"治理革命"。冷战结束后，治理问题在全球范围内已经由一种单纯的政治理论演变成为一个紧迫的实践问题。[1] 20世纪90年代以来，多中心治理理论是公共管理研究领域出现的一种

---

[1] 俞可平. 全球治理引论［J］. 马克思主义与现实. 2002（1）。

新的理论，并成为一种具有广泛影响的理论主张。以埃莉诺·奥斯特罗姆为代表的制度分析学派提出的多中心治理理论，同时也表明了一种新的治理理念和新的制度安排。

"多中心"的概念首先是在迈克尔·博兰尼的著作《自由的逻辑》中提出的，他倡导科学进步与经济发展应当以自由的实现为基本前提，认为真正的自由在于自发的秩序，进而提出了"多中心"的存在❶。美国学者迈克尔·麦金尼斯则将"多中心"定为一种组织模式，在这一模式中若干独立要素相互调适，以一般性规则体系调整其相互间的关系❷。多中心治理理论的创建者埃莉诺·奥斯特罗姆通过研究集权制和分权制，并基于长期的社会实践，指出公共事务的治理应当摆脱传统市场或政府的"单中心"的治理方式。他们认为，决策权不过是在等级制的命令链条中组织起来的，只具有一个单一的、终极权力的中心，因此，应建立政府、市场、社会三维框架下的多中心治理模式，克服单一依靠政府和市场的不足，以便在不同公共事务管理过程中，相互独立的决策中心能够从事合作性的活动，或者利用核心机制来解决冲突，并论证了在大城市地区实行多中心自主治理的可行性和必要性。❸中国学者王兴伦认为在"多中心"治理机制中正是需要借助多样化的权力和政府单位以解决不同范围的公共治理问题。❹

多中心治理具有以下特征：第一，多元治理是核心成了一个由多个权力中心组成的治理体系，以承担供给公共管理与公共服务的职责。因此，以支持"权力分散、管理叠加和政府市场社会多元共治"为特征的多中心理论就变成了既满足民众需求，又提高服务质量和效率的理想模式。多中心理论强调公共部门、私人部门和社区组织均可成为公共物品的供给者，从而将多元竞争机制模式引入到公共物品供给的过程中来。第二，自主治理是关键自主治理理论的中心问题，就是相互依存的一类人群，他们围绕着特定的公共问题，按照一定的规则，把自己组织起来。采取灵活的、弹性的、多样性的集体行动组合，寻求高绩效的公共问题解决途径，并进行自主性治理。同时，他们通过自主性努力以克服搭便车行为、回避责任或机会主义诱惑，以此取得持久性共同利益的实现。埃莉诺·奥斯特罗姆在通过大量经验研究的基础上，提出了在公共管理领域颇具影响的公共池塘资源治理理论，即公共事物自主组织与治理的集体行动理论。第三，主体参与是保障。多中心治理是通过主体的参与实现的。因此，必须强化民间的主体意识和参与意识，目的是形成政府与社会的联动，并使得公共机构以较低的成本提供良好的公共服务。此外，为促进公共服务社会化，实现更高的管理目标和绩效，就必须培育和增强参与主体对公共服务的主体意识，实现并建立政府与民间主体的良好互动。第四，制度安排是约束。多中心治理更加注重"游戏规则"。重点在于多中心集体组织的建设和行动规则的确立上，建立相适应的制度安排。多中心的制度安排涉及组织和规则的渐进过程，也就是治理制度的设计、运作、评价和变更的循序过程。科学的多中心治理制度表现为，在治理过程中提供了操作、集体和立宪三个层次的制度分析框架，这就发现了公共领域里的"看不见的手"。也主要包括

---

❶ 迈克尔·博兰尼. 自由的逻辑 [M]. 冯银江，李雪茹，译. 长春：吉林人民出版社，2002。
❷ 于水. 多中心治理与现实应用 [J]. 江海学刊. 2005 (5)。
❸ (美) 埃莉诺·奥斯特罗姆. 公共服务的制度建构 [M]. 宋全喜，伍睿，译. 上海：上海三联书店，2000。
❹ 王兴伦. 多中心治理：一种新的公共管理理论 [J]. 江苏行政学院学报. 2005 (1)。

了相应的分析框架、分析单位、经验研究方法等一系列知识。

参照制度分析的观点，可以具体表述为，如果在把政府事务等同于提供公共物品与服务的前提下，那么"单中心"意味着政府是唯一的一个决策单位，政府作为唯一的主体对社会公共事务进行排他性管辖，形成一体化的管理体制。从现实意义而言，只有政府一家是公共物品的供给者，那么，与此对应的是：多中心治理表现在社会公共事务的管理过程中，不仅只有政府一个主体参与，还包括各种私人机构、各种非政府组织及公民个人构成的多中心主体，同决策。上述这种主体上多元、方式上多样的公共事务管理体制就是多中心治理体制❶。

结合协同学相关理论，所谓的"多中心协同治理"，就是指在治理过程中，政府、民间组织、企业、公民个人等多元主体能够充分利用各自的资源、知识、技术等优势，通过协调分工、相互协作，发挥出对社会公共事务整体大于部分之和的治理功效。这种模式克服了传统的自上而下的单中心治理模式，使得国家、社会中的公共资源可以相互共享、相互合作，并形成一定相互依赖、彼此合作的体制和协作化网络，从而最终构建成一种良性互动、健康长效的多中心协同治理机制。

通过上述梳理不难发现，"多中心"治理具有主体多元化、手段途径多元化、公共资源分散化等多个特征，主张多元主体共同参与公共事务的治理、提供公共服务，治理的目标是实现"多赢"，即网络结构中每个参与者都能够获取各自的利益所得。埃莉诺·奥斯特罗姆的多中心治理理论强调自主组织、自主治理，多中心主体之所以能够以平等的地位和权力参与公共事务的治理，主要取决于他们的行动团体是多元主体的自主组织，在自组织的过程中不同主体会以平等的地位协调彼此之间的利益关系和处事原则，这一过程确保了多元主体地位的平等性❷。

因此，本书所界定的多中心治理，是指把某些有局限的且独立的规则制定，以及规则执行权分散给无数的具体管辖单位，没有任何个人和群体作为最终的和全能的权力凌驾于法律之上，所有的公共当局都具有独立且有限的官方地位。多中心治理强调私人部门、公共部门、社区组织均可成为公共物品的供给者，强调公共物品供给结构的多元化，从而把多元竞争机制引入到公共物品的供给过程中去，强调民间公共管理事务的自主治理。

二、多中心治理的应用

当前，多中心治理理论在我国已经得到了一定范围和程度上的运用和发展。例如，在教育领域，曲正伟提出了保持各中心均衡和突出政府责任主要性的多中心治理体制❸；在经济领域，李振华、赵敏如等从社会资本的信任、规范、网络三个维度研究了多中心治理模式下社会资本对于区域科技孵化网络创新产出机制的影响❹；在环境领域，汪泽波，王鸿雁归纳出基于政府、企业、民众、非政府环保组织"四中心"区域环境协同治理模式❺

---

❶ 钟开斌. 转型期中国政府监管面临的挑战［M］. 北京：社会科学出版社，2007。
❷（美）埃莉诺·奥斯特罗姆. 公共事物的治理之道［M］. 余逊达，陈旭东，译. 上海：上海三联书店，2000。
❸ 曲正伟. 多中心治理与我国义务教育中的政府责任［J］. 教育理论与实践. 2003（17）。
❹ 李振华，赵敏如，王佳硕. 社会资本对区域科技孵化网络创新产出影响——基于多中心治理视角［J］. 科学学研究. 2016（4）。
❺ 汪泽波，王鸿雁. 多中心治理理论视角下京津冀区域环境协同治理探析［J］. 生态经济. 2016（6）。

等。可以看出，多中心治理理论与工业遗产的保护与利用存在着众多契合之处。

第三节　多中心治理与工业文化遗产保护利用的契合性分析

　　从现有的学术成果来看，几乎没有研究将多中心治理理论运用于工业遗产保护与利用研究中。多中心治理实质上是构建政府、市场、社会共同参与的"多元共治"的一种模式，具有政府、市场、社会三个维度，强调三者的共同协作。在传统的治理模式中，往往会出现政府、市场失灵等现象，从而导致公共政策的执行效率和效果大大降低。自凯恩斯主义出现后，国家干预市场成为了一条重要的调节手段，将市场"无形的手"与政府"有形的手"有效结合。但是，政府在试图弥补市场失灵的过程中，由于自身也存在的局限性，使得政府在治理过程中出现与理想效果不一致的情况，干预过少、干预过度的情况也时有发生，同时还容易出现政府管理效率低下、成本过高、效果不佳等一系列问题。随着这些问题的出现，在现代治理理论中就出现了"第三只手"的概念，"第三只手"往往是指非政府组织或"第三部门"，他们具有组织性、民间性、非营利性等特点。这些组织的出现使得政府与市场之间架起了第三座桥梁，同时他们还起到监督、监管、建言献策的重要作用，他们也是社会参与主体的重要组成部分。多中心治理理论的提出使得这三方力量能够互相融合、彼此取长补短，共同面对多元治理中带来的一系列问题。正因如此，工业遗产的保护与利用作为治理的一个重要方面，与多中心治理理论存在着许多共通之处。

　　首先，多中心治理主体的多元化。多中心治理从根本上改变了传统的从上到下的单中心治理模式，治理主体不再以政府作为唯一权力中心，除政府外，企业、开发商或属于"第三部门"的非政府组织以及其他社会组织，他们都可以共同参与政治、经济与城市事务的管理和调节。工业遗产保护与利用的多中心治理主体就涵盖了包括政府主管部门、文化局、国土资源规划局、企业、开发商、社会、公益组织以及民众等多个角色，发挥着各自领域的作用。其中，政府有关部门在工业遗产保护与利用当中起主导作用，他们具有独特的权威优势，从政府层面进行规划与协同，宏观上把握好工业文化遗产保护与利用的总体方向，有利于更好地整合资源与服务；作为市场主体的企业或开发商，与工业遗产有着最为密切的利益关系，他们往往通过企业的技术开发和运营管理来有效保护与利用工业遗产，同时，企业自身也有责任进行有效的自我管理，接受监督；还有一些非政府的公益组织和爱心团体，他们运用手中的资源、信息优势为政府提供服务，同时可以通过舆论压力，对工业遗产保护与利用过程中的行为进行有效的监督；民众同样是工业遗产保护与利用治理的主体，他们通过广播电视、网络报纸、实地考察等多个途径参与到工业遗产保护与利用过程之中，参加教育宣传。

　　其次，多中心治理主体权力的多元性。在多中心治理模式下，每一个治理主体在法律的框架下都具有一定的决策权力，无论是政府官员、普通民众、企业家，还是其他组织。这就充分发挥了政府、市场以及"第三部门"和个人的特点，提高了治理的灵活性，提高了公共事务处理的效率，降低了政府治理的成本。但必须指出的是，这种"多中心"并非"无中心"，他们之间存在着权力的边界，这种治理权力的边界在现实实践过程中依旧存在着冲突与矛盾，如何构建有效协同机制，搭建合作平台，则是治理的关键。同时，在这种模式下，治理主体之间的关系也发生了一定的变化，政府与企业之间由监督与被监督变化成了合作的关系，企业对民众负责，民众也可以对企业进行有效监督，政府部门与非政府部门之间建立有效的合作，为政府治理提供技术、资金、人员的支持。工业遗产的保护与利用离不开多个治理主体的共同参与，其中文化局、国土资源和规划局（简称"国土规划局"）、开发商、运营商都能够在治理过程中使用自己的权力，承担自己的义务。

最后，多中心治理主体间的协同性。多中心治理主体之间并不是互相独立的，而是在一个整体系统内相互分工合作，协同治理，最终形成以政府为主导，市场、民众、社会团体等多方参与的"多中心"治理。政府文物部门需要进行工业遗产名录的收入，确保有法律文件的保护；国土规划部门需要确立工业文化遗址的土地规划和使用权限，防止开发商滥用土地谋取利益；企业与开发商必须要与政府进行有效的沟通，建立稳定的合作关系，合理地开发、运营和管理工业遗产资源，挖掘工业遗产价值；相关社会组织或学校可以利用所在平台，加大工业遗产的宣传和动员，民众则可以积极参与其中。

第二章 湖北省工业发展历程与工业文化遗产的形成

工业文化遗产是人类社会在实现工业化进程中个体和集体不断积累下来的物质生产、制度生产和精神生产的总和,是具有历史价值、社会意义和科研价值的工业文化遗存。工业文化遗产不仅记录着城市现代化的过程,同时也是人类社会现代化记忆的重要载体,是城市发展无法割弃的整体。

湖北省是中国近现代工业的发祥地,也是近现代中国制造业的重要聚集区。湖北省会武汉是全国历史文化名城,更是全国重要的工业基地、科教基地和综合交通枢纽。武汉在清朝末年便成为了国之重镇,突出表现在机械制造、冶炼、军工、化工等方面。近代以来的重工业是湖北城市史的恢弘一笔,更是区域文化史的重要组成部分,保护和利用湖北省工业文化遗产责任重大。

自1861年被迫辟为通商口岸后,荆楚大地就开始谱写自己的近代史,官办洋务企业逐渐获得发展,同时涌现出百余家由民族资本经营的工业企业❶。辛亥革命后,买办资本、官僚资本和商业资本积极投资工业生产;抗日战争时期大批企业由上海、河南等地迁入,使得武汉逐步成为当时内地最大的工业基地和经济中心。而1938年武汉沦陷,大量工厂外迁至四川、贵州等地,武汉残存的各类企业也大都资金短缺,面临倒闭。新中国成立后,中央决定在武汉投资兴建武汉钢铁联合企业、青山热电厂等6项国家重点项目,促使武汉成为全国重要的现代工业基地。1958年后武汉划分并开辟了各具特色的关山、武东等十三个工业区,基本建立起以钢铁制造业为首的三大支柱产业。

由于不同类型的工业文化遗产在时间上有交叉,因此,本书从传统手工业时期、近代工业时期和社会主义工业时期进行划分和总结,并讨论湖北工业发展过程中形成的不同时期、不同类型的工业文化遗产。

第一节 传统手工业时期

纵观中国近代史,传统手工业在社会经济结构中发挥着十分重要的作用。它不仅是民族工业的典型代表,更是工业转型的经验与借鉴,是国民经济的重要支柱之一。作为一个独立的工业种类,传统手工业一方面有其自给自足的功能,同时也担负着满足不同城市市场需求的责任,并且与近代机器大工业密切联系,它的兴衰成败对中国经济由"传统"向"现代"的过渡起到了非常重要的促进作用。

---

❶ 皮明庥,邹进文. 武汉通史·晚清卷(上、下)[M]. 武汉:武汉出版社,2006。

第二章 湖北省工业发展历程与工业文化遗产的形成

武汉三镇九省通衢的地理优势，水路、公路和航空的立体交通优势，吸引了各种门类的能工巧匠前来竞技。明清时期，汉口的手工业作坊星罗棋布，前门后店、定市集场、自产自销、车水马龙、热闹非凡。到鼎盛时期，手工业已经形成一种门类齐全的行业规模，各工种达40多个，工匠1万多人。这些手工业涉及人们生活的方方面面，有文化用品、日用杂货、成衣鞋帽、食品加工、虎骨药膏、泥瓦建材、铜铁金匠、制革电镀、造纸印刷、染织雕刻等，凭借便利的交通枢纽，产品销往国内外。据《武汉通史·中华民国卷（下）》记载：1915年的巴拿马赛会、1928年的湖北国货展览会，均有一大批武汉手工业产品荣获大奖。

在种类繁多的传统手工业中，以苏恒泰油纸伞和盛锡福帽子最具代表性盛锡福帽子直到21世纪的今天还属于中华老字号，产品畅销国内外。

苏恒泰是家族企业，由湖南人苏文受于1854年在汉口创立。作为老字号品牌，苏恒泰工厂的组织形式是家庭式的作坊，由家人和雇工共同生产，产品完全由手工制作。❶ 1931年武汉水灾，苏恒泰经营不善，产量遭受重创。抗日战争中更是欠下巨额债务，面临倒闭。战乱平息后，苏恒泰用抵押房产的钱抢得积存货品和原料，解决了资金周转的问题，得以重生，随即改进制伞工艺技术，恢复了产量，收益颇丰。虽然苏恒泰的生产和销售在民国战乱年代受到了严重的冲击，但工匠们在长期的生产实践过程中积累了大量的经验和技术，制作出来的手工业产品工艺精湛，雅致华丽，可以与现代工业流水线生产的产品相媲美。由于其不拘泥于传统、与时俱进的创业精神，在历史时间的磨炼中亦能够保证产品质量和品牌信誉，且与现代工业生产并存，代表了武汉传统手工业的辉煌业绩。

盛锡福创立于1911年，同苏恒泰一样也是家族企业，它的创立者——山东人刘锡三为了改变命运，摆脱世代务农所带来的经济困扰，最初在青岛的一家外资饭店做勤杂工，在学习了一些外语和积累了一些经验之后，于1912年前往天津与友人合资开办了一家名为"盛聚福"的小帽店。由于产品满足当地人的日常生活需求，生意逐渐有了起色，后在天津法租界正式成立了店铺，改名为"盛锡福"。1919年，刘锡三从西洋购得一整套电力制造草帽的机器。在传统手工制帽的经验基础之上，利用机器迅速增加了产量，工厂的规模也随之扩大，由最初的手工草帽厂扩展至皮帽工厂、便帽工厂、缎帽工厂、化学漂白厂、毡帽工厂和印刷厂等系列工厂，拥有一套完整的工艺制作和工业生产流程。1936年，盛锡福在汉口开设了分店——"武汉盛锡福发行所"，成为武汉盛锡福帽店的前身。盛锡福帽子中既有工匠手工技艺的工艺流程，又包括机器生产的制造过程：它将中国古代传统工艺中"材美工巧"的特质和现代机器生产方便快捷的过程融合为一体，在形式和功能上都渗透着中华民族艺术瑰宝的魅力。

为了保护武汉手工业的传统技艺，推动手工业发展，民国时期还组织创办了手工业生产合作社。1929年，汉口特别市政府社会局倡导合作运动，设立了汉口合作事业指导委员会，组织合作人员养成所。那时手工业合作社多为消费社和信用社。1932年10月，以贫民大工厂为基础建立起染织生产合作社，经营军服、皮件，有社员526人，股本12000元，是合作社运动成绩最为突出者。此后生产合作社没有新的发展。❷

---

❶ 周德钧．难忘的回忆——武汉老字号［M］．武汉：武汉出版社，2006。
❷ 刘玉堂，皮明庥．武汉通史·中华民国卷（下）［M］．武汉：武汉出版社．2008。

在南京国民政府统治期间（1927—1937年），武汉传统手工业在保证原有发展态势的基础之上有所创新和发展，但由于机械化生产模式的普及，导致市场对手工业产品的需求不如从前。传统手工业经济随之衰弱，加上传统手工业自身规模小、投入低、技术保守、观念陈旧等缺陷，武汉传统手工业在民国末期的发展日趋衰落。

武汉传统手工业的日趋衰落，除了本区域具体的历史情况外，与整个中国工业近代化的发展也不无联系。鸦片战争后的很长一段时期内，西洋在华投资的快速增长，带动和加速了武汉民族工业向机器工业的转型，洋务派官僚对西方先进机器技术的大规模引进，使传统手工业在追求西方工业技术的维新派与封建守旧派的夹缝中艰难前行在工业化道路上，尤其是中日战争爆发之后，中国传统手工业的生存变得更加艰难。

从对近代武汉传统手工业生产组织形式的分析中可以得知，在同一个行业中，无论是个人还是家庭，从手工制作工艺到生产模式等各种形式的演变是同时并行、相互渗透的；从对近代社会生产关系的观察中可以看到，在同一个行业中，个人的生产、家庭成员的交互生产、家庭雇工生产与近代工业机器生产系统中资本主义大批量的生产方式是共存的；从对近代工业生产目的的分析中可以看出，在同一个行业中，传统手工业完全自给自足的生产模式和为解决家庭生活所必须具备的手工技艺，都是为了迎合市场需求而追求"利润最大化"，作为生产经营的专业性手工业是十分复杂的。然而，无论近代传统手工业有多么复杂多样的类型，它们的近代化转型在很大程度上都取决于西方资本主义生产关系和生产方式的渗透，它们在武汉工业近代化过程中所表现出的兴衰起落是中国传统手工业与近代机器工业之间矛盾和融合关系的具体体现。❶

第二节 近代工业时期

近代工业革命引发了西方各国城市经济结构的巨大转变，而随着汉口开埠，这种巨变也影响和改变着武汉传统城市格局。作为中国的大型城市之一，武汉工业在中国近代工业发展中发挥了举足轻重的作用，其九省通衢的地理优越性，使其成为西洋列强对近代中国发动经济侵略的中心之一。如法国作家加勒利·伊凡在《太平天国初期纪事》一书中对近代初期武汉三镇城市风貌的描述"汉水的右岸，武昌的对面，是汉阳城；右岸有广大的郊区。蜿蜒的大江灌溉着平原，这平原中心坐落着三座大城。""昨天我看见有一千多只载着盐的小船，停泊在武昌的江岸，这个港口吐纳着中国的一切产品，以及从曼彻斯特、利物浦和美国运到中国来的一切工业品。"❷

一、近代工业的起源

美国哈佛大学邓嗣禹、费正清认为，1839—1923年，近代中国所发生的一系列变化，均源于西方近代文明的冲击❸。自鸦片战争以来西方资本主义不断以坚船利炮胁迫清政府

---

❶ 张睿. 武汉近代工业发展桩体及设计研究［D］. 武汉：武汉理工大学博士论文，2013.

❷ （法）加勒利·伊凡，（英）约·鄂克森佛译补. 太平天国初期纪事［M］. 徐健竹，译. 上海：上海古籍出版社，1982.

❸ Ssu-yu Teng, John. K. Fairbank：China's Respongse to The West - a Documentary Survey，1839—1923，Havard University Press，1954.

签署一系列不平等条约，借此开辟通商口岸并建立各类工业企业，我国近代早期工业由此发端。

作为九省通衢的武汉，水陆交通皆便，在此投资船舶修造、加工工业以及小规模轻工业和租界内的生活服务公用事业的外资企业和洋行充斥着整个江城。汉口开埠后，大量外资涌入武汉市场，各种贸易交流活动为武汉的商业复苏打开了一扇新的大门，而与经济关联紧密的工业也随之被带动起来。据武汉信息统计网统计，从1863年到1911年辛亥革命前，西方列强在汉创办的工厂有76个之多，外资银行共9家，外国洋行和商号则逾百家。在汉口租界区，外资受到我国的干预极少；再凭借重金收买的买办，他们在砖茶、棉花打包等行业的生意有声有色，其建筑也别具一格。其中由景明洋行设计的塔楼古典主义风格的新泰砖茶厂大楼至今仍坐落在河滨街列尔滨路口，是俄商时期保留最为完好的建筑。1941年，太平洋战争日军进占武汉后，打包厂的生意不得不中断。武汉解放后，打包厂于1953年12月由武汉市国营商业仓储公司接管，正式编为市仓储公司第三打包厂。随着沿海港口城市的大力发展，武汉黄金水道衰落使得作为码头的口岸运输中转站的地位逐渐削弱。顺应时势，将棉花打包的主业转为商业存储，肩负五金、百货、服装、医药等9000多个品种的商品储存和中转运输业务，成功转型，延续了昔日的辉煌。❶

在家禽业方面，和记蛋厂增加了京汉铁路上的自备货车车皮10皮，为汉口今后的便利交通作出了贡献。同时英商还在湖南、江西、河南等省份设庄收购禽蛋、活禽等，辐射整个华中地区。20世纪90年代初，和记蛋厂被中商合并。数年后中南商都渐渐萧条，和记蛋厂也免不了被淘汰的命运，在2006年被整体拆除。

在石油业方面，亚细亚火油公司通过垄断价格在中国占领脚跟。《襄樊港史》记载："汉口开埠后，外国商行纷纷来老河口设立经管机构，民国初年已有亚细亚石油公司、德国石油公司、英美烟草公司"，通过买办做大生意。1951年，在华的美籍外商机构全部歇业，武汉进出口商工会也同时歇业。为了废除帝国主义的在华经济特权，新中国中央政府在关于外交的指示中作了明确的规定：我们对于一切资本主义国家政府和私人的在华经济特权、工商企业和投资，均不给以正式的法律的承认。1952年所有在华外国贸易公司全部停止工作，亚细亚火油公司汉口分公司撤出汉口，离开中国。公司旧址曾一度是空军驻地，现被改为招待所。

二、洋务运动与官办工厂

洋务运动是中国开始近代历史进程的重要标志。在洋务运动开展的30年中，即19世纪60—90年代，中国人开始慢慢接受西方先进的思想文明，逐渐认识到机器生产对国家经济命脉的支撑作用。为学习西方先进的工业生产技术，以张之洞为代表的洋务派在武汉兴办各式学堂，培养中外交流人才，以求引进西方先进科学技术并在全国广泛传播，满足人们实际生产生活的需要。

第二次鸦片战争之后，清政府内外交困，统治集团内较为开明的一些官员主张通过洋务运动利用先进的西方技术强兵富国、摆脱困境以维护清朝的统治。洋务派仅是"中国封

---

❶ 彭小华. 品读武汉工业遗产[M]. 武汉：武汉出版社，2013。

建统治阶级中'不想灭亡的人'的不自觉朝着'采用资产阶级的生产方式'蹒跚前进"。❶但其所倡导的开放观、自强观和求富观无疑是凌驾于传统价值观之上的，催生近代工业发展的。其引进的外国的先进技术和管理理念使得军事工业大力发展，让清政府看到巩固其权力的希望。1861年，清政府总理衙门应运而生，以此为标志的中国近代工业化艰难起步，军事工业和钢铁工业在此期间有所发展。洋务运动时期对武汉工业发展作出巨大贡献的重臣非张之洞莫属，蜚声中外的汉阳兵工厂、汉阳铁厂和湖北织布局是其任湖广总督时执政业绩的最好体现，见表2.1。

表2.1　　　　　　　　　　"四局"创办时间及规模

厂名	地址	建成时间	资金投入	工人数量	主要机器设备
湖北织布官局	武昌文昌门外	1982年	120余万两	2500人	布机1000台，纱锭30000枚
湖北纺纱官局	武昌文昌门外	1897年	60余万两	1800人	纱锭50064枚
湖北缫丝官局	武昌望山门外	1895年	10余万两	300人	缫丝锅208台
湖北制麻官局	武昌平湖门外	1904年	70余万两	453人	织麻机100台，纺麻机66台

在军事工业方面，1894年建立的汉阳兵工厂为亚洲创办最早、规模最大的钢铁工厂。其前身为湖北枪炮厂，厂内主要设备购自德国力佛厂和格鲁森厂，是当时全国兵器制造工厂中最新式的，它不仅生产枪、炮，也生产与其配套的炮架、铜壳、底火等产品。在晚清，汉阳兵工厂共生产枪弹约6177万颗，占同期各厂总量的23%；生产各式火炮1002尊，占各厂总量的25%；生产炮弹118万颗，占各厂总量的32%。汉阳兵工厂发展速度之快、生产能力之强可见一斑。❷

在钢铁工业方面，占地约730亩的汉阳铁厂是中国19世纪以前唯一的近代化钢铁企业，也是亚洲第一个现代化钢铁企业。整厂包括生铁厂等钢结构的六个大分厂和铸铁厂等四个砖木结构的小分厂。工厂建成时，炼铁厂拥有100吨和250吨高炉各两座，日产能力为200吨。钢厂有8吨贝色麻砖炉两座，年产钢6万吨左右。对于一个急切想发展工业的民族来说，烟囱无疑是先进的象征。当时全厂烟囱数量高达16个，最高的甚至超过66米，为方便原材料和成品的运输，铺设有2414米长的专用铁路。❸

在纺织工业方面，为力抵洋纱洋布的大批涌入，张之洞起意创办织布局，"购备机器，纺花织布，以保权利"。

实际上，洋务派的初衷是为了挽救晚清政府的统治危机，在"自强求富"的口号下，引进"西学"，兴办军事、工矿企业。督鄂初期，张之洞便在武汉创办了汉阳铁厂、汉阳兵工厂等官办企业，又从英美等国购进大批重型机械设备，"师夷长技"❹，使得武汉的近代工业有了更进一步的发展，见表2.2。

---

❶ 祝慈寿．中国近代工业史[M]．重庆：重庆出版社，1989．
❷ 彭小华．品读武汉工业遗产[M]．武汉：武汉出版社，2013．
❸ 代鲁．汉冶萍公司史研究[M]．武汉：武汉大学出版社，2013．
❹ （清）魏源．海国图志（序）．魏源集[M]．北京：中华书局，2009．

表 2.2　　　　　　　　　　　"中体西用论"在武汉的实施

领域	"中体西用"前	"中体西用"后	典型案例
工业	传统手工业为主	机器工业兴起	汉阳铁厂
军事	兵制装备落后，军营腐败	创建湖北新军、湖北水师、打制新兵器	汉阳兵工厂
交通	水路和传统驿道，货物运输能力有限	铁路运输	京汉铁路
市政	三镇形成时序不一，建制尚未统一	城市空间拓展，三镇距离缩短，快速一体化	张公堤
商贸	小农经济	西学东渐，中西结合	亨达利钟表店
文教	故步自封，教育水平低	模式创新，教育水平跃居全国前两位	两湖书院

19世纪60年代受洋务运动的刺激，官僚、地主、商人开始引进西方先进生产技术和机器，雇佣大批劳动力，投资近代工业，客观上接过了我国工业发展的接力棒。1911年的辛亥革命推翻了封建统治，更是为民族资本主义的发展扫除了封建主义的障碍，增强了民族资本投资建厂、振兴实业的热情。

三、民族资本主义工厂的兴建

甲午战争以前，中国的工业企业主要由清政府投资，而巨额赔款下的财政贫困化不得不使清政府放宽对民间办厂的限制；同时戊戌新政、清末新政中对工商业的重视与奖励也为我国近代工业的发展搭建起跳板。1898年7月初新政伊始，《振兴工艺奖给章程》正式颁布实行，规定对发明新学新器者给予各种奖励，或授实职，或许其专售。"如有能造新器，且人生日用之需，其法为西人旧时所无用者"，奖给工部郎中实职，授专利30年。❶ 戊戌新政以其对原有制度的深刻变革为以后更为重要的制度变迁作出良好铺垫。1903年9月7日，清政府设立商部，倡导官商创办工商企业；接着又颁布了一系列工商业规章和奖励实业办法，如：钦定大清商法、商会章程等，强调允许自由发展实业，并且奖励兴办工商企业，鼓励组织商会团体。

在经济上，清末新政期间中国的民族资本主义工业有了明显发展。主要的一条是政府不再顽固地坚持以官办或官督商办的垄断经济为导向，而是扶植和奖励私人资本，建立自由的市场经济制度；加上原料低廉、市场广阔这些有利因素足以抵消如贪污腐败和政府效率奇低等其他制度性缺陷带来的不利因素的影响。❷ 1911—1927年，武汉的民族工业获得丰厚利润，买办资本、官僚资本和商业资本纷纷向工业投资。20世纪20年代中期，武汉已有民族资本主义工业企业约600家，分布20多个行业，以纺织工业最多，约290户；拥有万元资金以上的有52家，武昌第一纱厂、裕华纱厂、震寰纱厂、六合沟扬子铁厂等四家资金都在100万元以上。❸

在化工业方面，太平洋肥皂厂独占鳌头。其创始人薛坤明在偶然机会半学半试出日本的配方和熬炼技术后和兄长共同出资建设了民信肥皂厂。其肥皂物美价廉，一经上市就收获了大批顾客。第一次世界大战爆发后薛坤明借着太平洋肥皂厂的名声宣传更胜，使得自家肥皂销路宽广，便进一步添置锅炉、置设机器，同时在南京、蚌埠等地开设分厂。然而由于投放

---

❶ 朱寿朋. 光绪朝东华录 [M]. 北京：中华书局，1984.
❷ 梁化奎. 论清末新政研究中的几个问题 [J]. 徐州工程学院学报（社会科学版），1999 (1).
❸ 汪敬虞. 中国近代工业史资料 [M]. 北京：人民出版社，2012.

资金过多,赊销账款积压过多。好景不长,1938年日寇占领江城后将太平洋肥皂厂据为己有直至抗战结束。新中国成立后肥皂厂全部资产归武汉人民政府工业局接管,后并入武汉化工厂。

在食品业方面,汉口开埠后福新、金龙、汉丰等5家民族资本面粉厂相继成立。20世纪20年代,武汉面粉因得天独厚的地理优势盛极一时,年产各类面粉500万袋,其中福新面粉五厂规模最大,见表2.3。

表2.3　　　　　　　　福新面粉五厂1932—1937年产量[1]

年　份	1932	1933	1934	1935	1936	1937
产量/袋	19977025	1775168	2096338	2619543	2529465	1573268

可以说,作为推动武汉近代工业发展的中坚力量,民族资产阶级在中外商贸交流中也获得了较大的发展空间,买办资产阶级投资创办工厂、传统手工业向近代机器工业转型,以及官厂商办的企业模式都为民族资产阶级的发展创造了条件。汉口开埠导致外资工厂的入驻,而民族工业一直未能崛起,直到洋务运动的发生。张之洞来武汉创立了一批近代新型企业,如湖北枪炮厂、汉阳铁厂、丝麻四局等,这批近代企业是张之洞倡导实业教育的成果,不仅引领了武汉近代工业的发展,也为武汉近代经济水平的提升创造了一个新的增长点。在官办工业的主导之下,武汉的近代民族工业也得以迅速振兴,形成了以重工业和机械工业为主、轻重工业相结合发展的工业格局。

第三节　社会主义工业时期

虽然继洋务运动后建成了武汉第一批近代工业,但由于帝国主义的侵略和连续不断的军阀混战,本不坚实的工业基础屡次遭到破坏。抗日战争爆发后在武汉大批残存的民营工业更是遭到日本侵略者的摧残。到新中国成立前夕武汉职工人数在30人以上的工厂只有260家,且设备陈旧、技术落后,多数濒临破产,生产陷于瘫痪。新中国成立后武汉工业获得迅速发展,但在前进中也有起伏曲折。本书将新中国成立后武汉工业的发展分为三个阶段来解析武汉市工业建设过程中逐渐形成的工业遗产。

一、过渡时期(1949—1956年)

新中国成立后,应党恢复和发展国民经济的工作要求,武汉市采取系列措施,没收官僚资本企业转为国营工业企业,31个官僚资本主义性质的企业被完整接收。至1956年年底大部分公、私企业恢复生产,公营企业中的电力、钢铁、煤矿、水泥、机械等重工业企业及织布、面粉等轻工业企业共14个单位迅速复工,产量日益提升。其中一纱、申新、碾米、震寰民国时期的纺织工业龙头纱锭运转数高达11.74万枚,比新中国刚成立时增长了3.56倍。武汉市先后制定《武汉工商业劳资双方商订集体合同暂行办法》和《进一步调整工商业和改善公司关系的决定》,把扩大加工订货作为调整公私关系的重大举措,并改善劳资关系,鼓励引导私营企业改善生产管理。同时,武汉积极组织商业资本转向工业,对部分私营企业进行改组改建。如1952年华中寿记机器厂等36家厂集资联营,大同

---

[1] 汪敬虞. 中国近代工业史资料[M]. 北京:人民出版社,2012。

机械厂股份有限公司组建成立；金同仁等199家中药店合并组成武汉中联制药厂，厂房坐落于江夏区金水乡长山村，现拥有药品注册生产批准文号321个，涵盖了中西两大医药领域，并具有独立的中西药两个生产基地。合并后的企业集中了行业资源，扩大了生产规模，劳动生产率随之提高。

国家对武汉的工业给予厚望，于1952年在国民经济发展的第一个五年计划中确定武汉兴建武汉钢铁联合企业、武汉重型机械厂、武汉锅炉厂、武昌造船厂、武汉长江大桥、武汉肉联厂和青山热电站等大型重点项目。武汉市依据国家"一五"计划的要求制定了武汉市的"一五"计划，规定市属工业总产值增加298342万元。"一五"计划时期国家向武汉投资达15亿元，用于工业的投资为5.41亿元。以武汉钢铁联合企业建设为例，中央从资源勘探、设备制造、工程设计、交通运输等方面调配人力、物力、财力对其进行援助；同时，全国各地400多家企业支援钢材16.0179万吨、水泥25.55万吨以及汽油、砖等大批物资。建设期间武汉市委指出，城市建设要赶上工业区的要求，为工业建设和工业生产服务。为此，武汉市投资1.28亿元先后修建了连接青山工业区和武汉重型机械厂、武汉锅炉厂的道路，新建青山水厂并扩建东湖水厂。

二、发展时期（1956—1978年）

1956—1960年是新中国成立后武汉工业十分重要的三年，大部分国家重点企业和主要地方工业企业都在这一时期建成投产，市支柱产业在此期间发展起来，市工业体系在这一时期奠定基础。❶ 纺织工业和化学工业、轻工业在此期间有了较大发展。国营汉阳棉织厂、长虹针织厂等纺织厂相继建成，1960年年底建立了以葛店为中心的化学工业基地。从1958年开始国家陆续投资兴建武汉纸板厂等5家工厂，并扩建汉阳造纸厂。1960年7月，我国自己设计、制造全套设备和当时国内生产能力最大的第一个自动化工厂（年产钢量150万吨）第一期工程建设完成，标志着武汉钢铁公司由钢铁冶炼阶段进入到钢铁轧制阶段。在机械制造工业方面，"两百项"发展计划下关山工业区开辟，武汉汽轮发电机厂和武汉轴承厂等重点企业作为武汉机械工业的重要基地❷。同时，武汉市建设局对汉阳七里庙、汉口宝丰路的老企业进行调整，改建扩建了湖北拖拉机厂、武汉通用机器厂、武汉铸造厂等，逐步在造船、冶金矿山机械、电机电器电材等行业形成了具有一定生产能力的机械工业。❸

然而因后来冶金部撤销，各地方冶金相关工厂全部关停，建筑业长期处于"一高三低"的企业也相继转型，尚未形成生产能力的啤酒、自行车零件等行业转产，部分工厂或改为集体性质，或改为公私合营性质。武汉市委按照"农、轻、重"的方针安排生产，基本完成"二五"工业规划的主要项目，建成了武汉钢铁公司、武汉造船厂等武汉工业体系支柱。在钢铁工业方面，采用国际标准组织生产的新产品达28项，其中武汉钢铁公司生产的海洋平台用钢板已通过国家级鉴定、高牌号无取向硅钢W09填补了国内的空白。1960年6月，国家计划经济委员会正式批准武汉钢铁公司"双700"扩建改造工程❹，容

---

❶ 易福才，涂天向. 新中国成立后十七年武汉工业建设论述［J］. 中共党史研究，2007（5）。
❷ 李志宏，王文清，梁东. 武汉工业发展研究［M］. 武汉：武汉大学出版社，2010。
❸ 邹蔚，梁东. 武汉城市圈制造业发展研究报告［M］. 武汉：武汉理工大学出版社，2015。
❹ 左峰. 中国近代工业化研究［M］. 上海：上海三联书店，2011。

积 3200 立方米的新三号高炉和 1 座产钢量为 300 万吨的第三炼钢厂将助推武钢实现年产钢、铁各 700 万吨的目标。在机械工业方面，武汉市继连续两年 10% 的增长速度的基础上又提前并超额完成全年生产计划。

三、巩固时期（1978 年至今）

21 世纪以来武汉市继续调整工业结构，多级支撑产业格局初步形成。全年四大支柱产业（钢铁、汽车及机械装备制造、电子信息、石油化工）和六个优势产业（环境保护、烟草及食品、家电、纺织服装、医药、造纸及包装印刷）企业共完成工业总生产值 2794.09 亿元，比上年增长 24.1%。

在钢铁工业方面，武汉钢铁公司实施"十一五"发展规划、推行中西部发展战略，突出自主创新，强化内部管理，产铁 1160 万吨、粗钢 1184 万吨、钢材 1054 万吨，产量及销售收入、利润均创历史最高水平。2007 年武钢轿车面板和高强度 IF 钢试验成功，国家硅钢工程技术研究中心申报成功，武钢成为国内第一个拥有国家工程技术研究中心的冶金企业。同时，其申报的第一批 CDM 项目通过国家发展改革委审批，每年能为国家减少碳排放 254.52 吨。

在轻工业方面，武汉市先后有丝宝集团武汉有限公司生产的"舒蕾"牌洗发水、武汉烟草（集团）有限公司生产的"红金龙"牌香烟等一系列获得"中国名牌"称号的产品。同时中国三江航天工业集团等企业不断加强科技创新，研发出一批性能优异的聚四氟乙烯产品，广泛应用于国内卫星、导弹领域，更是被"神五""神六"号飞船所采用，为我国载人航天工程作出了不小的贡献。海尔、美的、TCL 三大家用电器生产企业也不断完善产品功能、推出绿色环保家电响应国家节能减排的号召，其环保理念至今仍受到广泛好评。2001 年 5 月，白沙洲水厂扩建工程竣工后，东湖水厂各类净水设备、厂房闲置。❶

在汽车工业方面，武汉市以轿车为主体的汽车和零部件制造业呈现高效、快速、协调发展的态势。全市汽车工业完成 2007 年工业总产值 569.58 亿元，其中东风汽车集团当年汽车产、销量均位全国第三。"实现价值，挑战未来"的企业精神激励着新一代青年，也督促着整个行业的精益求精。为使得区域工业特色化，以便集中资源，提高生产效率，1963 年后武汉形成发展汽车制造业为主的硚口区、发展锅炉业为主的江岸区、发展冶金业为主的青山区和发展精密制造业为主的江汉区等特色工业区域蓝图。

第四节 当前湖北省工业文化遗产概况

百年的发展为湖北省积淀下种类繁多、数量丰富的工业遗产资源。湖北省文化厅于 2008 年 3 月启动了全省工业文化遗产的专项调查。根据湖北省第三次全国文物普查工业遗产专项调查，湖北省工业文化遗产符合第三次全国文物普查认定标准的工业文化遗产共 204 处，其中复查点 15 处，新发现 189 处。从当前湖北省工业文化遗产的所属类别来看，涵盖交通、采矿、钢铁、冶金、纺织、食品加工等 20 余个小类。

---

❶ 曾玲. 校园环境建设的立意创新——以武汉大学东湖水厂旧址景观改造为例[J]. 2015（3）。

第二章　湖北省工业发展历程与工业文化遗产的形成

一、湖北省工业文化遗产的地域分布

从工业文化遗产的地域分布来看，当前湖北省工业文化遗产主要集中在武汉、黄石、十堰、襄阳、宜昌等地。此外，湖北省入选国家规划的老工业基地城市宜昌、襄阳、荆州、十堰、荆门、黄石、武汉市硚口区等6市1区于2014年省发展改革委评估通过后，已启动了搬迁改造工作。这标志着湖北省7个城区的一大批工业文化遗产将"变身"为博物馆、纪念展示馆、创意产业园。

尤其要重点介绍汉冶萍公司。汉冶萍公司成立于1908年，由盛宣怀奏请清朝廷批准成立，是近代中国以及亚洲最早、最大的集采煤炼焦、铁矿开采、生铁冶炼、炼钢、轧钢于一体的钢铁联合企业，含汉阳铁厂、大冶铁厂、安源煤矿等遗址，因影响深远，历史地位非常重要。

汉阳铁厂建成于1894年，是汉冶萍公司的重要组成部分，是中国历史上第一家用新式机械设备进行大规模生产的、规模最大的钢铁煤联合企业。1915年前的一段时间内，该企业的钢产量占中国钢铁产量的100%。铁厂产品曾出口到日本、美国、东南亚和南美等地区，京汉铁路约有1000公里路段是由汉阳铁厂生产的钢轨铺设而成的。抗日战争期间，国民政府将汉阳铁厂主要设备迁往重庆。1952年，在汉阳铁厂火药厂原址上建立起汉阳钢厂，钢厂承袭汉阳铁厂的历史文化渊源，注重收集和整理汉阳铁厂的历史遗物，设有张之洞与汉阳铁厂博物馆，有效展示了汉阳铁厂的历史和遗存。钢厂不断进行技术革新、产品广泛用于建筑、国防工程等领域，质量、技术屡获国内外认证或荣誉，是新中国大力发展钢铁行业的重要见证。汉阳钢厂在长期的工作实践中形成了"汉钢人精神"，在一定时期内为保障职工生产、生活和社区发展发挥了不可磨灭的作用，遗存的工厂厂房和设备设施保存了特色鲜明的工业风貌。遗产项目位于湖北省武汉市汉阳区，包括江城大道以西，京广线与琴台路交汇点以东，京广铁路以北，琴台路以南区域。核心物项包括：汉阳铁厂造钢轨（民国三年）、汉阳铁厂铸铁纪念碑（1894年）、汉阳铁厂造砖瓦、卢森堡赠送的相关资料、汉阳钢厂转炉车间、电炉分厂冶炼车间、电炉分厂维修、备品间、水塔、钢梁桁架、铁路和机车、烟囱3处及管道设施。

大冶铁厂是张之洞在湖北创办的洋务企业中唯一一家延续至今的企业，中国第一家用机器开采的大型露天铁矿，于1913年开始兴建，是汉冶萍公司的重要组成部分，1921年建成的两座日产量450吨的冶铁高炉，号称当时"亚洲第一高炉"。大冶铁路是第一条长江、铁路联运通道，是湖北省第一条企业专用线，也是首条由企业专用线改造成为国营铁路的线路；中国第一支大型地质勘探队——429地质勘探队在这里成立，中国第一批女地质队员在这里诞生；经过多年的开采，东露天采场形成落差444米的世界第一高陡边坡，号称"亚洲第一采坑"。大冶铁厂是洋务运动时期官办工业的典型代表，见证了中国机器工业从无到有的历史进程，反映了张之洞、盛宣怀等洋务运动先驱人物积极投身实业救国的历史贡献。作为民族资本师夷长技以自强的尝试，大冶铁厂融合了东西方不同的管理模式和生产技术，引进和改良生产技术和管理制度，一定程度上促进了当地的生活方式和思想的现代化转变，向当代人展示了近代以来中国人对工业化孜孜不倦的追求、生活方式的转变以及近代的工业审美。遗产项目位于湖北省黄石市西塞山区，现湖北新冶钢有限公司生产厂区内。核心物项包括：1921年建设的冶炼高炉残基、瞭望塔、水塔、高炉栈桥、

日式建筑4栋、欧式建筑1栋、钢轨。

安源煤矿始建于1898年，1908年纳入汉冶萍公司，1939年因抗战需要，根据国民政府指令拆迁关闭，于1954年复矿，至今仍在生产，是中国最早一批利用外资、技术、专家，最早采用机械生产、运输、洗煤、炼焦的企业。安源煤矿建成投产，解决了汉阳铁厂的燃料难题，为汉阳铁厂乃至汉冶萍公司的发展起到了关键的、不可替代的作用。安源煤矿创造了全国第一家锅炉发电、第一所煤炭技术学校等众多"全国第一"，奠定了其在中国煤炭工业发展中的重要地位。安源煤矿是孙中山、黄兴领导同盟会发动"萍浏醴起义"的策源地，也是产业工人队伍中第一个中共党支部、第一个共青团支部的诞生地，20世纪20年代，毛泽东、刘少奇等老一辈无产阶级革命家在此领导工农运动，发动安源路矿工人大罢工和秋收起义。安源煤矿在跨越三个世纪的沧桑岁月中，留下了众多历史悠久的近代工业遗存。遗产项目位于江西省萍乡市安源区，以萍安铁路为中心，北从安源路矿工人运动纪念馆为起点，东到东绞，西到安源铁厂，南到红水眼暗立井。核心物项包括：总平巷、盛公祠（萍矿总局旧址）、安源公务总汇（谈判大楼）、株萍铁路萍安段、萍乡煤矿工程全图、萍乡煤矿机土各矿周围界限图。

二、湖北省工业文化遗产的保护级别

从工业文化遗产的保护级别来看，为贯彻落实党的十九大关于加强文化遗产保护传承的决策部署，推动工业遗产保护和利用，根据《关于推进工业文化发展的指导意见》（工信部联产业〔2016〕446号）和《关于开展国家工业遗产认定试点申报工作的通知》（工信厅产业函〔2017〕455号），在辽宁、浙江、江西、山东、湖北、重庆和陕西等省（直辖市）开展试点工作。并先后认定了五批国家工业遗产名单，其中湖北入选10处，见表2.4。

表2.4　　　　　湖北省域内入选国家工业遗产名录的工业文化遗产

序号	批次	名　称	地　址	核　心　物　项
1	第一批	大冶铁矿	湖北省黄石市铁山区、黄石港区	东露天采场；长达万米的井下开采废弃巷道；矿山生产、运输设备；港口卸矿机；老下陆火车站旧址等
2		汉阳铁厂	湖北省武汉市汉口区汉阳琴台大道169号	汉阳铁厂造钢轨、汉阳铁厂铸铁纪念碑、汉阳铁厂造砖瓦、卢森堡赠送的相关资料；汉阳钢厂转炉车间、电炉分厂冶炼车间、电炉分厂维修、备品间、水塔、钢梁桁架、铁路和机车、烟囱3处及管道设施
3	第二批	铜绿山古铜矿遗址	湖北省黄石市大冶市	采矿遗址、冶炼遗址、四方塘遗址墓葬区、铜绿山遗址博物馆新馆、柯锡太冶炼遗址、露天采矿遗址
4	第三批	湖北5133厂	湖北省襄阳市老河口市	建设指挥部，北办公楼，301工房，302工房，305工房，铁路专用线，工人俱乐部，招待所，溜冰场，篮球场，车床、机床16台，滚齿机，插齿机，圆刻线机，剪板机，长刻线机，投影仪，光切显微镜
5		华新水泥厂旧址	湖北省黄石市黄石港区	卸石坑，联合储库，厚浆池，储浆池，1～3号湿法回转窑，2000吨水泥库，包装车间
6	第四批	葛洲坝水利枢纽	湖北省宜昌市西陵区	左岸土石坝，三江非溢流坝，黄草坝混凝土坝，右岸混凝土重力坝，二江泄水闸，三江冲沙闸，大江泄洪冲沙闸，一号船闸，二号船闸，三号船闸，二江电站，大江电站，三江防淤堤，大江防淤堤

第二章 湖北省工业发展历程与工业文化遗产的形成

续表

序号	批次	名称	地址	核心物项
7	第四批	二三四八蒲纺总厂	湖北省咸宁市赤壁市	纺织厂厂房，针织一厂俱乐部，空调冷却水塔遗址，热电厂遗址，专用铁路线遗址，跃进门；1511M-44型织布机
8		湖北省赵李桥茶厂	湖北省咸宁市赤壁市	青砖生产线厂房，推斗机、开栓机、取帽机、预压机、主压机、出砖机和斗模流转线，复制车间厂房，老复制主料生产线，烘包车间，原料第2号仓库，原料第3号仓库
9	第五批	青山热电厂	湖北省武汉市青山区	110kV 配电室，生产办公楼，厂区铁路；一号机组汽轮机转子，八号至十一号机组电气主盘；青山热电厂电气一次系统模拟盘、四号机组发电机铭牌、十一号机组汽轮机设备铭牌、七号机组档案文献、苏联专家文献、苏联发电设备图纸、电视剧《老梅外传》等档案资料
10		武钢一号高炉	湖北省武汉市青山区	一号高炉厂房，东、西出铁场，一号高炉炉体，热风炉，重力除尘器，上料斜桥钢结构，档案资料

本书重点分析武汉、黄石、襄阳和十堰地方政府对工业文化遗产的保护和利用问题，尤其重点分析武汉市的工业文化遗产保护。其原因是，武汉作为近现代中国工业的发祥地，不仅是湖北工业的代表，更是全国工业的代表。武汉市委市政府高度重视武汉市工业遗产的保护与利用，将"传承历史文化，守住城市根脉，留存城市记忆"作为复兴武汉的战略重点之一。市国土规划局于2011年组织编制《武汉市工业遗产保护与利用规划》，选取了1860—1990年具有重大影响力的371家企业（新中国成立前132家、新中国成立后239家）作为制定规划的调研对象。通过对371家企业的全面调查，认定目前武汉市存有的实物工业企业为95处，并在这95处工业遗存中确定29处作为武汉市推荐工业文化遗产名单。总的来说，这29处工业文化遗产从发展阶段上涵盖了6个时期、13个行业，其中，具有稀缺性、在全国有较高影响力等具有"最"字特点的工业文化遗产共计13处，已被列为国家、湖北省、武汉市文物保护单位的工业文化遗产共计15处（其中第五批市级文物保护单位6处）；从建筑形式上则包含了建筑群11处，单体建筑16处，附属建筑物2处，见表2.5。

表 2.5　　　　　武汉市推荐工业文化遗产一览表❶

序号	发展阶段	区位	名称	建厂时间	主要特色	保护类别	工业类型
1	近代工业产生与初步发展阶段	汉阳区	汉阳铁厂矿砂码头旧址	1890年	位于汉阳区洗马长街北段江边，建于清末，是张之洞执政时期汉阳铁厂配套建设的矿砂码头，现为市级文物保护单位	构筑物	黑色金属冶炼和压延加工业

---

❶ 资料来源：武汉市工业文化遗产保护与利用规划。

续表

序号	发展阶段	区位	名称	建厂时间	主要特色	保护类别	工业类型
2	近代工业产生与初步发展阶段	江岸区	江岸车辆厂	1901年	位于解放大道东侧，其前身是武汉市最早的铁路维修工厂	单体建筑	铁路、船舶、航空航天和其他运输设备制造业
3		江岸区	汉口电灯公司	1905年	位于合作路，由英方集资修建，专供英租界内用电，汉口电灯公司在租界内经营35年，是租界内存在时间最长、规模最大的电力公司。建筑极具特色，属文艺复兴式建筑，现为省级文物保护单位	单体建筑	电力、燃气及水的生产和供应业
4		江岸区	平和打包厂旧址	1905年	位于青岛路沿线，是英商在汉口旧租界内建立最早的加工打包仓库，建筑外立面具有特色，内部空间宽敞，现为市级文物保护单位	单体建筑	通用设备制造业
5		江汉区	汉口既济水塔	1908年	属于既济水电公司建设，位于中山大道前进五路口。是当时武汉市最高的建筑，也是近代武汉的地标，现为全国重点文物保护单位	单体建筑	电力、燃气及水的生产和供应业
6		硚口区	宗关水厂	1906年	位于解放大道与建一路交口、沿河大道北侧，武汉市最早的水厂，建筑形式具有一定的特色，现为市级文物保护单位	建筑群	电力、燃气及水的生产和供应业
7		硚口区	太平洋肥皂厂	1914年	位于仁寿路西段，紧邻武汉卷烟厂，为当时较有知名度的民营肥皂厂	建筑群	化学原料和化学制品制造业
8	近代工业迅速发展阶段	江汉区	南洋大楼	1917年	位于汉口中山大道六渡桥、民众乐园旁边，是与黄鹤楼、红楼并称的三大名楼之一。为"南洋兄弟烟草公司"汉口分公司所在地，是现存唯一国共合作的中央政府所在地。现为全国重点文物保护单位	单体建筑	烟草制品业
9		硚口区	福新面粉厂	1918年	位于硚口区宗关铁桥北村，是当时中南地区最大的面粉厂，现为市级文物保护单位	建筑群	食品制造业
10		江岸区	和利汽水厂	1918年	位于岳飞街44号，生产的和利汽水是当时最畅销的汽水饮料。建筑外观带有殖民时期的建筑风格，现为省级文物保护单位	单体建筑	食品制造业

续表

序号	发展阶段	区位	名称	建厂时间	主要特色	保护类别	工业类型
11	近代工业迅速发展阶段	武昌区	第一纱厂办公楼旧址	1919年	位于武昌临江大道（蓝湾俊园小区内），是当时华中地区第一大纱厂，建筑外观具有典型的欧式风格，现为省级文物保护单位	单体建筑	纺织业
12		江岸区	亚细亚火油公司	1924年	位于天津路1号，建于1924—1925年，建筑外观属折衷主义式建筑，现为市级文物保护单位	单体建筑	化学原料和化学制品制造业
13		硚口区	南洋烟厂	1926年	位于硚口区仁寿路与硚口路交口京汉大道北侧，是当时武汉产量最大的烟厂，建筑外观为欧式古典风格	建筑群	烟草制品业
14		江岸区	邦可面包房	1930年	位于汉口老城区鄱阳街八七会议会址东北侧。是俄租界较大的面包房，现与八七会议会址共同列为全国重点文物保护单位	单体建筑	食品制造业
15		江岸区	赞育汽水厂	1937年	位于洞庭街103~105号，是武汉冷饮行业史上首家采用机器制作汽水的冷饮厂，也是抗日战争胜利前，武汉乃至湖北最大的两家机制汽水厂之一。建筑外观属折衷主义式建筑，现为省级文物保护单位	单体建筑	食品制造业
16	新中国成立初期国民经济恢复和社会主义工业全面建设时期	汉阳区	武汉市第一棉纺织厂	1951年	位于汉阳区汉南路东段，厂址原为张之洞执政时期创办的汉阳铁厂，是我国自己兴建的第一批大型国营纺织企业之一，也是武汉市建成的第一个大型工厂	建筑群	纺织业
17		汉阳区	汉阳钢铁厂（汉钢转炉车间旧址）	1952年	位于汉阳龙灯堤特1号，是"一五"时期建设钢铁工业企业，现存的工业建筑、附属构筑物极具代表性，且保存较好	建筑群	黑色金属冶炼和压延加工业
18		硚口区	武汉轻型汽车厂办公楼	1953年	位于硚口区韩家墩街道古五社区古田五路17号，该处建筑为苏式建筑风格，具有当时工业办公建筑的典型特征	单体建筑	铁路、船舶、航空航天和其他运输设备制造业
19		武昌区	武汉重型机床厂（大门）	1954年	位于中北路108号，是"一五"时期国家投资新建的156个重点项目之一，大门具有苏式建筑风格，保存完整，现为市级文物保护单位	构筑物	黑色金属冶炼和压延加工业

续表

序号	发展阶段	区位	名　　称	建厂时间	主　要　特　色	保护类别	工业类型
20		武昌区	武汉重型机床厂（厂房）	1954年	位于中北路108号，是"一五"时期国家投资新建的156个重点项目之一，该厂房跨度大，是重工业建筑的典型代表	单体建筑	黑色金属冶炼和压延加工业
21		江岸区	武汉肉类联合加工厂	1954年	位于汉口堤角江岸路12号，为苏式建筑风格，保存完整。是当时全国第一座规模最大，技术先进的肉类联合加工厂	建筑群	食品制造业
22		青山区	青山红房子	1955年	青山"红房子"，集中分布于红钢城片和红卫路片，有十六个街坊。是反映"一五"时期工业文化遗产的典型代表，是城市总体规划中10片历史地段之一	建筑群	黑色金属冶炼和压延加工业
23	新中国成立初期国民经济恢复和社会主义工业全面建设时期	武昌区	武汉锅炉厂	1956年	位于石牌岭，是"一五"时期国家重点工程之一，是"武字头"企业典型代表	单体建筑	通用设备制造业
24		硚口区	武汉绒印厂	1956年	位于硚口区古田路，前身为湖北省供销合作社染织厂，是织、染、漂、印的联合配套企业，武汉市重点骨干厂家。厂房建筑较有特色	建筑群	纺织业
25		硚口区	武汉铜材厂	1958年	位于古田一路28号，已有部分厂房改造为硚口民族工业博物馆	建筑群	黑色金属冶炼和压延加工业
26		武昌区	武汉市毛纺织厂	1958年	位于武昌徐家棚至任家路一带，在"大跃进"时期集中建设的纺织工业，是中心城区现存唯一的纺织类厂房	单体建筑	纺织业
27		汉阳区	汉阳特种汽车制造厂	1959年	位于汉阳区汉南路西段，厂址原为张之洞到湖北后主持创办的汉阳兵工厂旧址，是"二五"时期武汉市汽车行业代表企业	建筑群	铁路、船舶、航空航天和其他运输设备制造业
28		汉阳区	鹦鹉磁带厂	1960年	位于汉阳龟北路1号，是全国磁记录产品的重点骨干企业	建筑群	通信设备、计算机及其他电子设备制造业
29	深化改革和快速发展时期	武昌区	武汉电视机总厂	1980年	位于中北路114号，其生产的莺歌彩电是80年代全国知名产品	单体建筑	通用设备制造业

第二章 湖北省工业发展历程与工业文化遗产的形成

武汉市作为中国近代工业发祥地和现代工业重镇之一，在 19 世纪 60 年代至 20 世纪 60 年代一个世纪的时期内发展了包括钢铁冶炼、兵器制造、机器制造、电力、纺织、食品加工等在内的多种工业。新中国成立后，国家一批重大项目布局武汉，武汉成为全国重要的重工业基地。在武汉投资兴建武汉钢铁联合企业、青山热电站、武汉重型机床厂、武汉锅炉厂、武昌造船厂和武汉肉类联合加工厂等一批"武字头"重点项目，至 1965 年，武汉基本建立起以冶金、机械制造和纺织三大支柱产业为主体的工业体系，形成了以重工业为主体的综合性的工业基地。这些工业文化遗产多分布于武汉三镇滨水地带，历史跨度长达百年，以汉阳铁厂矿砂码头旧址、汉口电灯公司、和平打包厂、邦可面包房、武汉长江大桥、武昌第一纱厂旧址等最具盛名。

此外，《武汉市工业遗产保护与利用规划》将现有的工业文化遗产分为三个保护级别，其中，一级工业遗产 15 处，包括国家级文物保护单位 3 处，省级文物保护单位 3 处，市级文物保护单位 9 处；二级工业遗产 6 处，三级工业遗产 8 处，见表 2.6。

表 2.6　　　　　　　　　武汉市工业文化遗产分级保护名单[1]

等　级	序号	名　称	备　注
一级工业遗产	1	汉口既济水塔	国家重点文物保护单位
	2	邦可面包房	国家重点文物保护单位
	3	南洋大楼	国家重点文物保护单位
	4	汉口电灯公司	省级文物保护单位
	5	和利汽水厂	省级文物保护单位
	6	赞育汽水厂	省级文物保护单位
	7	亚细亚火油公司	市级文物保护单位
	8	平和打包厂旧址	市级文物保护单位
	9	宗关水厂	市级文物保护单位
	10	福新面粉厂	市级文物保护单位
	11	汉阳铁厂矿砂码头旧址	市级文物保护单位
	12	第一纱厂办公楼旧址	省级文物保护单位
	13	武汉重型机床厂（大门）	市级文物保护单位
	14	武汉轻型汽车厂办公楼	市级文物保护单位
	15	汉阳钢铁厂（汉钢转炉车间旧址）	市级文物保护单位
二级工业遗产	1	武汉肉类联合加工厂	
	2	武汉铜材厂	
	3	青山红房子	
	4	南洋烟厂	
	5	武汉重型机床厂（厂房）	
	6	鹦鹉磁带厂	

[1] 资料来源：武汉市工业文化遗产保护与利用规划。

续表

等级	序号	名称	备注
三级工业遗产	1	太平洋肥皂厂	
	2	武汉市第一棉纺织厂	
	3	江岸车辆厂（芦汉铁路江岸机厂）	
	4	汉阳特种汽车制造厂	
	5	武汉锅炉厂	
	6	武汉电视机总厂	
	7	武汉绒印厂	
	8	武汉市毛纺织厂	

一级工业遗产，是指已列入文物保护单位的工业遗产，参照《中华人民共和国文物保护法》《中华人民共和国城乡规划法》规定的文物保护单位管理办法实施管理。此类工业遗产以保护为主，充分尊重历史特征，对建筑原状、结构、式样进行整体保留，不得随意拆除，应在合理保护的前提下进行修缮。

二级工业遗产，是指对其中具有历史、科学、艺术价值，体现城市传统风貌和地方特色，或具有重要的纪念意义、教育意义，且尚未被公布为文物保护单位、文物保护点、优秀历史建筑的建筑物，下一步可申报作为武汉市优秀历史建筑、文物保护单位的备选名单。此类遗产在严格保护建筑外观、结构、景观特征的前提下，对功能可进行适应性改变，对遗产的利用必须与原有场所精神兼容，不宜进行大规模的商业开发。

三级工业遗产，是指满足工业遗产评定标准，但是暂时达不到优秀历史建筑甚至文物保护单位级别的工业遗产。此类遗产可对原建筑物进行加层或立面装饰，尽可能保留建筑结构和式样的主要特征，实现工业特色风貌与现代生活的有机结合。可增加现代设施，赋予新功能，与周边城市环境和功能互动发展。

第三章　湖北省工业文化遗产保护现状

自近代工业发展以来，湖北省遗留的工业文化遗产的保护问题愈发引起政府和社会的重视。但是，由于湖北工业文化遗产种类多、数量大，工业文化遗产所蕴含的价值各有不同，因此实施保护的工作量和难度极大，这也导致不少理应得到保护的工业旧址因没有得到及时保护而有所损坏甚至废弃。通过对武汉、黄石、襄阳、宜昌、十堰等工业文化遗产数量较多的地区进行了重点调查，以此了解和分析当前湖北省工业文化遗产的保护现状。

第一节　武汉市工业文化遗产保护现状

武汉市在工业文化遗产保护方面，当前主要是结合武汉发展实际，以分级保护制度将武汉市工业文化遗产划分为不同等级予以保护。

一、交通工业文化遗产保护现状

武汉作为长江与汉江交汇之处，九省通衢，自古以来就是交通要道。近代以来，以江岸汽车厂、大智门火车站、长江大桥等为代表的工业文化遗产，具有重要的历史价值、政治价值、文化价值和社会价值。

江岸车辆厂（原称鹿晗铁路江岸机厂）于1901年开始修建，负责卢汉铁路（京汉铁路）机车车辆的修理工作，是近代历史上历史最悠久的车辆厂，著名的"二七"大罢工❶的第一声汽笛就在此拉响。新中国成立后，江岸车辆厂曾发展成为有近万名职工的大企业，是汉口最大的工厂。2007年，江岸车辆厂与四家铁路车辆厂合并，组建南车集团长江车辆有限公司，整体搬迁至武汉市江夏区。至此，江岸车辆厂走完了一百多年的风雨历程。江岸车辆厂在搬迁至江夏区之前，每年都要举行"二七"纪念活动，这种"二七"传统不但追忆历史，也凝聚着武汉人敢为人先的精神（图3.1）。

可惜的是，江岸车辆厂的现状并不乐观，尽管已经被列入武汉市第一批工业遗址保护名单，也被评为13个带"最"的工业遗产之一，但江岸车辆厂老厂区却只剩下仅有的几个厂房。江岸车辆厂于"二七"大罢工84周年后整体搬住江夏区，而原址因紧邻长江沿线建设的二七长江大桥，在大汉口寸土寸金的发展形势下许多厂房建筑都已被拆除，并于

---

❶ "二七"大罢工发起的第一声汽笛，就是在江岸车辆厂的一座车间里拉响的。当时法国人为了抢生产，强制工人没有休假，同时每月工资也低得可怜。1923年1月，已经加入中国共产党的林祥谦被选举为江岸分工会委员长。同年2月4日，京汉铁路江岸机厂的厂房内拉响罢工汽笛，"二七"大罢工正式开始。最终，林祥谦却在军阀的压迫下被刽子手杀害，时年31岁。1991年，林祥谦烈士塑像揭幕，李先念为此题词，"发扬二七传统，争取更大光荣"。

图 3.1 江岸车辆厂

2010年1月4日被规划在汉口滨江苑西北侧原江岸车辆厂及周边用地上建设住宅楼及影剧院。在2012年9月5日，保护情况日渐恶化的江岸车辆厂才被正式纳入到武汉27处工业遗产保护名单中，但此时江岸车辆厂老厂区已经被拆除殆尽，老的专家楼、转车楼等厂房已经拆除，只剩下厂门口几个较大的厂房。接下来的江岸车辆厂将结合公园、商品房保护模式进行全面保护，以此保留武汉人对"二七"大罢工的回忆。

大智门火车站❶位于湖北省武汉市江岸区京汉街，建于1903年，新中国成立后改名为汉口火车站，它诞生时曾是亚洲最具现代化和最壮观的火车站。1991年10月1日，京广铁路建成后设立新汉口站，后来仿造大智门火车站的建筑风格改造成今天的汉口火车站，原站址不再沿用。大智门火车站旧址相较于武汉其他的工业遗址，是最早一批受到保护与重视的地段，大智门火车站作为近现代重要史迹及代表性建筑已经于2001年6月25日被国务院批准列入第五批全国重点文物保护单位名单，并于2006年5月底改建成武汉市第一个铁路陈列馆，成为了最早一批采用博物馆与旅游经济建设相结合的保护模式的工业遗产（图3.2）。

现在，大智门火车站已经建成了三片七区的创新型工业保护模式，建成以铁路文化展览片区、综合配套服务片区、文化创新集聚片区为核心的保护机制，❷成功地将经济文化建设、工业遗产保护、博物馆、商业街、办公、旅游结合起来，如今已经成为武汉旅游的打卡地点。大智门火车站在成为地标建筑的同时，也得到了充分的保护，这也值得武汉其他的工业遗址地区学习。

---

❶ 大智门车站为法式风格建筑，是中国20世纪早期规模最大的火车站。其主体建筑候车大厅年代较早，为中国近代铁路建设尚存的重要历史见证。1903年年底建成完工。大智门车站不仅是记载了中国铁路发展历史的活文物，也是中国第一条长距离准轨铁路——京汉铁路的终点站。

❷ 黄雅琨. 在旧城改造中传承历史文化——以汉口大智门火车站地区规划改造为例．[J]．建设科技．2013（7）.

第三章 湖北省工业文化遗产保护现状

图 3.2 大智门火车站

二、能源工业文化遗产保护现状

武汉市能源工业主要体现在水力、钢铁等方面。宗关水厂、汉阳铁厂是武汉市能源工业文化遗产的主要代表。

20 世纪初,在湖广总督张之洞主推下成立了"商办汉镇既济水电股份有限公司",开启了武汉有水有电的日子。继上海、广州、天津之后,武汉成为第四座拥有"自来水"供应的近现代化城市,❶ 而这个公司下属自来水厂(今天的宗关水厂)选址硚口宗关襄河沿,其内部由水厂办公楼与老泵房、汉口水塔三座老建筑构成,是见证"武汉市自来水发展历程"重要的工业遗存。三座老建筑当年均由英国工程师穆尔设计并监督施工,1906 年开始建设,于 1908 年至 1909 年相继建成并投入使用。既济水电公司是当时国人自营规模最大的水电联合企业,也是近代中国华商企业中首批仿学西方建立股份有限公司制度的企业(图 3.3)。

如今,最早建成投产的大王庙电厂已被拆除,而宗关水厂的办公楼、老泵房和汉口水塔则被完好地保存下来,这三座建筑都被纳入首批中国工业遗产保护名录,其中汉口水塔为全国重点文物保护单位,宗关水厂的老泵房和办公楼为湖北省重点文物保护单位。

汉阳铁厂是中国近代最早的官办钢铁企业,也是最大的钢铁联合企业,被西方视为中国觉醒的标志。1890 年由湖广总督张之洞主持在湖北龟山下动工兴建,1893 年 9 月建成投产,可惜的是抗日战争时期汉阳铁厂部分冶炼设备内迁重庆,其余被日军侵占。抗战胜利后,国民党政府接收,作为敌伪产业清理结束。目前汉阳铁厂遗址在现今武汉市汉阳区琴台大道,现为武汉钢铁集团汉阳钢厂(图 3.4)。

汉阳铁厂是中国近代最早的钢铁官办企业。1994 年卢森堡大公国在武汉展览馆举办

---

❶ 长江商报.百年泵房变陈列馆宗关水厂忙碌依然[N].2012-12-15。

图 3.3 宗关水厂

图 3.4 汉阳铁厂

"武汉——卢森堡卓有成效之百年合作纪念展",随后,卢森堡当年援建汉阳铁厂的公司及驻华人员专程来汉钢探访、寻踪。而后,汉阳钢厂由于被规划为居民区,北区地段已被开发商购买,但其余地段在冯天瑜、皮明庥等知名专家建言下重新建立起一个工业博物馆——这是对空间效率利用与博物馆保护结合的一种新尝试。武汉市国土规划局鉴于该遗产极具文化特色、历史意义和保护价值,规划建议先行整体保护再进行改造和利用,❶ 引入文化创意产业,解决资金等难题,推动博物馆早日完工开馆。目前选择在原址上开发利用,以博物馆的方式进行再保护。

---

❶ 长江日报. 挖掘和利用武汉钢铁工业文化遗产整理 [N]. 2015-06-03。

三、军事工业文化遗产保护现状

武汉的军工厂因为技术和改制问题,大多没有继续使用。由于涉及军事相关的领域,在保密性和保护力度方面仅有国家层面的关注。因此,军事工业文化遗产当前保护现状良好,并和国防教育、创业园区结合,尝试新模式保护。武汉市军事工业文化遗产保护的典型案例是汉阳兵工厂(图3.5)。

图 3.5　汉阳兵工厂旧厂房外的涂鸦

汉阳兵工厂❶于 1890 年 4 月 7 日清朝准奏,定名为湖北枪炮厂。后来枪炮厂更名兵工厂,"汉阳造"是中国武器界无人不知无人不晓的品牌,至 1944 年正式停产,"汉阳造"步枪生产了 50 余年,超过了在中国生产的任何一种武器。"汉阳造"从辛亥革命到抗美援朝一直在战场上发挥作用,可以说是中国战争史的一个传奇的神话。❷

100 多年前,张之洞在汉阳龟山到赫山一带,创办了汉阳铁厂、兵工厂、火药厂、针钉厂等近现代工业企业群,闻名世界的铁轨、枪炮等"汉阳造"从这里产出。抗日战争期间,汉阳铁厂、兵工厂等企业西迁,"汉阳十里工业长廊"变成废墟。

汉阳区龟山北路,"汉阳造"肇始之地。新中国成立后,这里成为大型国营企业 824 厂、国棉一厂、武汉鹦鹉磁带厂的大本营。20 世纪 90 年代,随着企业改制、外迁,昔日的工业聚集地陷入长达 10 多年的沉寂。2009 年,汉阳区将这些旧厂房整旧如旧,腾笼换鸟打造创意产业,既保护了工业遗产,又实现了共赢发展。如今,"汉阳造"变成了"汉

---

❶ 汉阳兵工厂是由湖广总督张之洞于 1890 年(清光绪十六年)开办。1885 年中法战争结束后,时任两广总督的张之洞图谋自强,萌发了兴建新式枪炮厂的思想,1888 年向德国商购机器,1889 年拟在广州石门建厂。后张之洞改任湖广总督,他又以湖北地理位置适中,水陆交通和煤铁方便为由,奏请将枪炮厂移设湖北汉阳大别山(今龟山)北麓。

❷ 武汉晨报. 武汉龟山北路——文艺复兴里的"新汉阳造"[N]. 2013-10-25。

阳创造"，这个武汉最大最集中的文化创意园区成为武汉旅游的一大地标。各类创意工作室、咖啡店、茶吧云集，以及围墙上的艺术涂鸦……这些新锐艺术元素与厚重的工业遗存发生着巧妙的化学反应。园区以文化艺术、创意产业为主，时尚休闲为辅，聚集了设计研发、原创艺术、文化传媒、动漫影视、数字科技等文化创意类企业84家，初步形成了以文化设计、广告创意及其关联产业为主的特色产业集群。这无疑是在经济建设与文化保护结合方面的一次巨大成功（图3.6）。

图3.6 原生产线成为文艺休闲吧

四、近代厂矿文化遗产保护现状

武汉近代厂矿文化遗产保护不容乐观，其主要原因是在新材料，新技术和外国相关资源的冲击下，大部分厂房废弃时间非常早，保护时间过晚。此外，保护维持度不足，很难形成园区和博物馆，陷入两难的局面。关于武汉近代厂矿文化遗产的保护，主要以赞育汽水厂和和利汽水厂为例进行讨论。

赞育汽水厂建于1918年，采用文艺复兴式建筑风格，是三层砖木结构。1918年，英商开办的赞育药房将该厂作为自己的附属工厂，加以投资扩建，正式取名汉口赞育汽水厂，并添加机器设备，变手工制作为机器制作，成为汉口第一家机制汽水厂（图3.7）。1921年，同样由英商创办的和利汽水厂建成投产，该厂全部机器设备从英国曼彻斯特机械厂购进，日产汽水2000打。赞育汽水和和利汽水一度垄断武汉及周边省、市的冷饮市场。

但是，这两家几乎可以代表武汉市近代汽水工业产业工厂的现状十分堪忧。汉口解放大道1503号是曾经的工厂旧址，如今早已成为废弃的工地。赞育汽水厂在2008年成为湖北省第五批省级文物保护单位得以幸存，却在2012年武汉市的电视问政中爆出因年久失修产生火灾的问题，并没有因为被列为文物保护单位而得到应有的修复和管理。和利汽水厂、赞育汽水厂均被武汉市推荐列入一级工业遗产，属省级文物保护单位。武汉作为近代工业发展的先驱城市，类似的工厂其实有很多，有些比较幸运，被及时发现并重视保护了

图 3.7　汉口赞育汽水厂旧址

起来,而也有很多工厂如同和利汽水厂或者赞育汽水厂一样,未及时发现或发现较晚未能有效重视,留下诸多遗憾。

第二节　其他地（市、州）工业文化遗产保护现状

一、黄石市工业文化遗产保护现状

黄石是中国青铜文化的发祥地之一和中国近代工业的摇篮,享有"青铜古都""钢铁摇篮""水泥故乡"等美誉,保留有大量工业遗存,形成了铜绿山古铜矿遗址、汉冶萍煤铁厂矿旧址、华新水泥厂旧址、大冶铁矿露天采场四个工业遗产,完整呈现了从周朝以来以矿冶为核心的工业文明发展脉络,其完整性、系统性、代表性在全国罕见,其中,铜绿山古铜矿遗址、汉冶萍煤铁厂矿旧址为全国重点文物保护单位;大冶铁矿露天采场被评为国家矿山公园。2011年12月设立省级"湖北黄石工业遗产片区",2012年申报列入《中国世界文化遗产预备名单》。

铜绿山古铜矿遗址（图 3.8）位于大冶市金湖街办铜山村,距城区 2500 米处。遗址南北长 2000 米,宽 1000 米,面积 200 万平方米。已探明有 12 个矿体,发掘出春秋至西汉各种木构支护采矿井巷数百条（360 个）,其中竖井（盲井、斜井）数百个,无支护竖井 10 多个,大小平巷近百米,竖井、平巷、斜井纵横重叠,采掘最大深度 50 余米,井下散存有铜斧、铁锤、木铲、船形木斗等采矿工具。古冶炼场 3 处,出土有春秋时期鼓风炼铜竖炉 10 座,战国时期炼铜竖炉 2 座,宋代炼铜竖炉 17 座及饼状铜锭,地面散布有大量鬲、豆、罐、盆等陶片,地面积存有古代炼铜炉渣约 40 万吨（占地约 14 万平方米,推算累计产铜不少于 8 万～12 万吨）。附近还存有商代、西周遗物及宋代炼铜地炉等大量遗迹。经中国科学院考古研究所认定,铜绿山古铜矿遗址是一座从商代晚期一直延续到汉代

开采和冶炼的古铜矿遗址，是中国目前已经发现的年代久远、规模最大、采掘时间最长、冶炼工艺最好的采矿与冶炼相结合的遗址。无论是从矿井的照明、通风、排水、提升技术，还是从鼓风炉的构筑、矿料的整粒、炉渣的含铜量以及配矿、炉温的控制等技术来看，铜绿山古铜矿遗址都是当时世界上最为先进、最为科学的。铜绿山古铜矿遗址充分展示了我国古代采矿、冶炼高度发达的生产技术，是中华民族乃至全人类矿冶文化的瑰宝。1982年被列入全国重点文物保护单位；1991年，国务院发文要求古铜矿遗址－185米以上及周边80亩范围内的矿产资源不予开采。1994年曾被列入申报《世界文化遗产》预备清单名录；2001年被评为20世纪中国100项考古大发现之一。

图3.8　铜绿山古铜矿遗址

大冶铁矿露天采场位于黄石市铁山区。大冶铁矿始建于1890年，历经百年开采，形成了"亚洲第一采坑"。全长4400米，东西长2200米，南北最宽处550米，坑口面积达108万平方米，底部面积8150平方米，海拔276米至－168米，最高落差444米，为世界露天矿坑边坡之最，并留下一条长达万米的井下开采废弃巷道。这个露天矿坑"深凹高陡"居亚洲第一，是中国近代工业文明的缩影，由此被誉为"亚洲第一采坑"。据说该矿坑剥离岩石达3.6亿多吨，累计采出1.3亿多吨铁矿石，32万多吨铜矿石。坑内被称为"掌子面"的采矿点，留下了一道道如同巨大阶梯的几何形断面，使"天坑"有如古罗马的圆形剧场，又似树木年轮，一圈圈展示着历史的沧桑。为了治理生态环境，建成面积达247万平方米的亚洲最大硬岩绿化复垦基地。2005年与铜绿山古铜矿遗址区一起获批黄石国家矿山公园（面积2320万平方米），其中大冶铁矿主园区成为八大核心景区之一，占地面积2200万平方米。2006年兴建中国第一家铁矿山博物馆——大冶铁矿博物馆。2010年获国家4A级景区称号。

华新水泥厂旧址位于黄石市黄石港区红旗桥街道办事处，占地面积约为8万平方米。华新水泥厂是中国近代最早开办的水泥厂，于1907年创建，时称大冶湖北水泥厂（创办人为福建清华实业公司总经理程祖福），厂址位于大冶县黄石港明家嘴，1909年5月2日投产，是中国近代最早开办的三家水泥厂之一。1937年7月，抗日战争期间迁湖南辰溪（另一条被炸掉）。抗战胜利后回迁至黄石枫叶山重建，1946年9月兴建，1949年2月投产。此后又分别于1950年12月建成第二条湿法旋窑生产线和1977年7月自主设计建成3号窑，2005年停止使用。现存创建时期窑墩、办公楼及再建时期厂房、窑、磨房、装包机等建筑和设备。据说该旧址的技术装备和生产规模一度号称"远东第一"。旧址现存3台极为珍贵的大型水泥湿法旋窑，其中1号、2号窑为1946年美国原装进口，目前在世界已十分罕见；3号"华新窑"为中国自产，于1977年正式投产，代表了当时我国水泥行业的先进水平，被国家列为水泥工业的定型设备。

汉冶萍煤铁厂矿旧址位于黄石市西塞山区、黄石港区。1890年，为修建芦汉铁路，湖广总督张之洞创建汉阳铁厂，1908年，在汉阳铁厂、大冶铁矿、萍乡煤矿的基础上，成立了汉冶萍煤铁厂矿有限公司（简称"汉冶萍公司"），它集勘探、冶炼、销售于一身，是中国历史上第一家用新式机械设备进行大规模生产的、规模最大的钢铁煤联合企业。据《汉冶萍公司志》记载，1915年前的一段时间内，该企业的钢产量占中国钢铁产量的100％。至1948年最后熄炉停炼为止，该公司先后经历了官办、官督商办和商办三个时期，几乎经历了中国近代资本主义发展的全部历程，堪称中国近代钢铁工业发展的缩影。现存建筑有冶炼铁炉、高炉栈桥、日欧式建筑群（日式住宅4栋、欧式住宅1栋）、瞭望塔、张之洞塑像、汉冶萍界碑、卸矿机等。冶炼炉是我国现存最早的近代工业中钢铁冶炼遗址，具有非常高的文物价值。日欧式建筑群是汉冶萍公司历史进程的重要见证，不仅具有重要的文物价值，而且从建筑学的角度看，其形制国内少见，在中国建筑史上具有很高的价值。2006年，国务院公布汉冶萍煤铁厂矿旧址为全国重点文物保护单位。

源华煤矿遗址位于黄石市西塞山区。成立于1909年，1936年合并改组，经过100多年的开采，目前井口、井筒、运输铁路等生产遗迹保存完整，为中国近代煤矿工业发展的典型代表之一。源华煤矿袁家仓坑办公室位于黄石市西塞山区临江街道办事处。1889年，张之洞在石灰窑袁家仓建一平房，1907年，被华记水泥厂占用。1949年源华兴建袁家仓坑，此建筑为袁家仓坑办公地。20世纪60年代，在原址上加建二层辟为保健站。

黄石船厂旧址位于黄石市黄石港区。现存船舶检修厂房，该厂房坐西朝东，南北74米，东西75米，高18米，面积5550平方米。厂房内有航吊车及四个主航道。造船厂成立于20世纪50年代初期，1969年改称黄石市水运公司船舶修造厂，1978年组建黄石市造船厂。

老下陆火车站旧址位于黄石市下陆区。旧址现存铁道、候车亭、站牌等。其中候车大厅为砖木结构建筑，东西长20.5米，南北宽8.4米，占地面积172.2平方米。1891—1892年间修建，旧址为一排砖木结构的平房，南面5根罗马式立柱。站牌"下陆车站"四个繁体大字依稀可见。

二、襄阳市工业文化遗产保护现状

襄阳市作为我国军工单位比较集中的城市，是国务院确定的三个军转民试点城市之一，其军工企业虽历经沧桑，但在特定的历史时期取得了辉煌的成绩。"三线建设"工业遗存是襄阳工业文化遗产的主要代表。

"三线建设"是20世纪60年代中期在我国中西部的13个省（自治区）进行的一场以

战备为指导思想的大规模国防、科技、工业和交通基本设施建设。80年代，党中央、国务院根据国际形势的变化和国内实际情况，提出了"军民结合，平战结合，军品优先，以民养军"的方针，拉开了军转民、军工企业调迁和战略转移的序幕。当年，在"备战备荒为人民""好人好马上三线"的方针和"献了青春献终身，献了终身献子孙"的号召下，数以万计的工人、干部、工程技术人员，怀着一腔热血，满腹豪情，打起背包，跋山涉水，来到鄂西北，为襄樊地区的三线建设贡献着自己的力量，其中有华中制药厂、建昌机器厂、航天42所、华光器材厂、江华机械厂、襄樊内燃机车厂等企业。

襄樊内燃机车厂就是在"准备打仗"的时代背景下，为适应襄渝铁路建设的需要，由铁道兵报经国家纪律监察委员会、建设委员会和中国人民解放军总后勤部批准后建设的，最初规划建设一个桥梁厂、一个机械厂，工厂筹建开始于1969年上半年，于当年11月破土动工。在建设和发展过程中，工厂得到了上级和地方以及地方群众的大力支援和通力合作，建厂部队、职工、民工一切行动听指挥，在极其艰苦的环境中，两厂合并为一个工厂，即中国人民解放军6618工厂，隶属铁道兵，1984年工厂随铁道兵并入铁道部，1986年进行改扩建，开始了第二次创业，建起了襄樊市内燃机车厂。

三线企业作为一个特殊时代的标本，已经成为了历史，中西部大开发和中部崛起的战略在某些意义上已经接替了三线建设。随着社会经济的发展和结构的调整，三线地区传统的资源和工业设施逐渐衰竭，三线地区的工业建筑、环境以及基础设施相对滞后老化，出现功能性的衰退。但是，三线建设时期的工业遗产承载着一个民族在内外交困环境下的不屈不挠，为国家和民族尊严无私付出的智慧和汗水，记载着一个时代中国工人和知识分子的生产和生活，曾经是一个时代社会认同感和归属感的基础。

三、宜昌市工业文化遗产保护现状

宜昌市主要集中了我国"三线建设"时期的工业文化遗产。

随着时间的推移，许多三线工厂许多早已无法寻找到原来的旧址，大多废弃或是转移，许多跟随工厂建设的知识青年以及科研人才也都逐渐离开，只有当地少部分本地人扎根原址。目前中国青年对三线建设的历史大多不太熟悉，但是这些遗留的三线工业遗产资源是十分宝贵的。通过初步调研发现，位于宜昌市下牢溪的809工业遗址以及西陵区的715文化创意产业园不仅对原有三线建设进行了合理保护，并且充分利用其自身特点进行了改造利用，对这两个典型案例进行分析，有助于反映当时历史环境下宜昌三线建厂的工业原貌，挖掘三线建设工业遗产的价值，同时可以发现保护与利用过程中存在的问题与不足，为以后宜昌三线工业遗产保护与利用以及城市发展提供重要的参考。

（一）809工业遗产

1. 809工厂的历史演进

第一阶段：工厂初建时期（1966—1988年）。1966年9月19日，太原新华化工厂（809厂）中国橡胶工业公司下发的《关于组织华强橡胶厂筹备处的通知》，要求进行厂址选点。1967年4月17日，"华强橡胶厂筹备处"更名为"华强机械厂筹备处"，与此同时，在湖北宜昌这个三线小城还分别有曙光（138）、立新（149）、中南（137）三个项目正在筹备，代号一三八、一四九为军工项目，一三七为重点民品项目，1968年6月15日，为使三个军工项目统一规划、统一建设、统一对外口径，中国橡胶工业公司下文《关于成立中国橡胶工业公司八零九厂的通知》（中橡基字第 229 号），并正式明确 809 厂厂址——位于湖北宜昌县桐木坑公社姜家庙一带，距离宜昌市约 18 千米，三种产品分别在三个地方建设厂房——轮胎部分在范家冲、防护器材在茅坪河、工业制品在屈家店。从 1966 年开始至 1976 年，基本完成厂房及家属楼的建设工作，历经十年，总投资约 3000 万元，自此，原居住在南津关、王家沟、清凉树一带的职工家属全部搬迁至周家河、杨柳树、茅坪河、屈家店一带，结束了沟里沟外两个摊子的历史。工厂具备了年产 40 万套个体防护器材、500 套集体防护器材的生产能力，托儿所、职工医院、粮店、煤场、商店、学校等生活设施都纷纷建立，职工的生活条件得到了极大的改善。在十年工厂建设中，全体职工发扬了"一不怕苦、二不怕死"的精神。干部职工住芦席棚、吃大灶饭，跋山涉水架电线杆，人拉肩扛搬运河沙水泥，完成了生产厂房和职工住宅的建设，初步具备了生产、生活条件。在建设工厂中，职工队伍中涌现出了许多可歌可泣的英雄事迹。

第二阶段：艰难岁月（1988—1996 年）。1988 年 8 月，工厂搬迁完成，生产线和人员家属全部迁至宜昌经济技术开发区，生产区位于湖北省宜昌市港窑路 45 号，生活区位于湖北省宜昌市港窑路 27 号。这个时期，工厂仍然面临重重困难，军品任务少、民品无主打品种，没有明确的发展方向。工厂仅能依靠原有设备生产批量不大的自行车内胎、工业脚轮、家具角球、工程塑料配件、旅游鞋底等产品，技术含量低、产品批次少、资金回笼慢且周期长。面对现实，工厂领导奔波于北京与武汉，积极争取项目，在湖北省人民政府的支持下，工厂成功争取到氯化丁基胶塞生产线建设项目，该项目生产线全套设备和技术从意大利引进。1989 年工厂成立工程指挥部，1992 年丁基胶塞生产线联动试车成功，达到年产 3 亿只的生产能力，同年丁基胶塞生产线正式投产，丁基胶塞与国内相关药厂配套，从此，工厂从军工防化行业迈入到医药包装行业，从单一的军品生产转化成军民品生产的复合型企业。与此同时，工厂利用原有的冲压设备与宜昌市至喜集团联合生产至喜牌农用车，1993 年工厂与辽宁辽源灯塔乡进行合资生产自行车轮胎，为江西国营第一七七厂配套生产电梯扶手带。这个时期，对工厂产生重要意义的事件包括：1989 年工厂开始生产工业脚轮及家具角球；1989 年成立 109 工程指挥部；1990 年工厂为南韩企业配套生产旅游鞋底；1992 年亚洲最大氯化丁基胶塞生产线联动试车成功；1993 年与宜昌市至喜集团联合生产至喜牌农用车；1993 年工厂为江西国营第一七七厂配套生产电梯扶手带；1995 年工厂成立胶塞三期工程指挥部；1994 年工厂组织退居二线中层干部；进行产品推销；1994 年湖北华强机械厂更名为湖北华强化工厂。

第三阶段：快速发展时期（1996—2012 年）。工厂扭亏为盈，调整、压缩、改造、重组、提高、抓大带小是兵器工业时期的总基调。至 1999 年年底，湖北华强科技有限责任资产总额 19392 万元，其中固定资产原值 13041 万元，净值 11457 万元；完成工业总产值 6650 万元，实现销售收入 4955 万元，利润 337 万元；占地面积 18 万平方米，拥有（可简单定性）各类型设备 679 台（套）；员工 1530 人，其中生产工人 844 人、专业技术人员 72 人，管理人员 180 人，高级技术职称人员 3 人、中级技术职称人员 8 人；员工年人均收入 6579 元。主要军品有：个体和集体防护装备等；主要民品有：丁基胶塞、橡胶制品、模具等。公司于 2002 年通过了 ISO9001 认证，2007 年通过了 ISO14001 和 ISO18001 认证，2007 年取得了 FDA 的 DMF 登记和欧盟的 EDMF 登记，技术中心于 2006 年认定为

"省级企业技术中心理化计量中心",2007年通过了国家和国防实验室认可。由于历史的原因企业长期处于负债经营状态,国家根据国有企业的实际情况出台了债转股政策,当时工厂在建设银行、工商银行贷额达到6000多万元,经过工厂多方面的努力,债转股工作顺利完成,湖北华强科技有限责任公司于2001年11月21日成立。后经国资委批准,湖北华强化工厂与中国长城资产管理和与中国信达资产管理共同组建湖北华强科技有限责任公司。湖北华强科技有限责任公司的成立,标志着工厂完成改制工作,开始用现代企业制度依法治企。

2. 809厂的发展现状

809厂虽然在转型为湖北华强科技有限公司后继续进行生产经营,但是由于厂址的转移,原先的工厂逐渐被人遗弃,出现了破旧、废弃的现象。昔日的繁华场景已经销声匿迹,只留下废弃的厂房以及早已停工的车间。三线建设时期,这些厂房实现着军工企业重要的职能,但是随着工业的转型升级与发展,周围的居民也大量外出工作,这一片在大山里的军工企业慢慢被人遗忘,同时,由于长期搁置,周边的环境也变得杂乱不堪,很少有人愿意到此驻足。图3.9为809厂化学物品仓库。

图 3.9 809厂化学物品仓库

虽然809厂的昔日辉煌早已不在,但是厂区内保存完好的三线工业遗产依旧能够展现其昔日的辉煌,具有当时时代鲜明的烙印,见证了宜昌市三线建设时期军工企业的繁荣。因此,809厂作为保存较为完好的工业遗址具有诸多的价值。就审美价值而言,809厂位于下牢溪自然风景区内,周边山峦起伏,风景秀美,周围自然风貌奇特迷人,溪水清澈,特别是在夏季,能够吸引大批游客避暑纳凉;就社会经济价值而言,809厂在三线建设时期,是我国国防保障的重要力量,为军工发展提供了巨大的物质财富,同时,也记录了宜昌老一辈工人的工业记忆,产生了不可忽视的社会影响,并且将工业技术有效地延续与传承下来。809工厂的发展,是宜昌工业文明发展的传承,寄托了宜昌人不怕苦、不怕累、乐于奉献的工业精神。因此,具有十分重要的保护与利用价值。

（二）715文化创意产业园

在多元化的今天，创业园区对于改造城市面貌、优化城市布局，助推城市经济具有十分积极的作用。工业文明是一个城市必经的阶段，艺术和文化是一个城市不可缺少的精神食粮，创意园区模式将两者交汇、呈递，为城市的旧工业区带来了新的生命力。宜昌市将三线建设时期遗留下的原军工企业706所（即现在中船重工715研究所宜昌分部）改造成为工业文化创意产业园。715文化创意园是宜昌首座以军工企业为背景改造的文化创意园，园区体现了宜昌本土文化与军工文化，在原旧貌基础上，采用以旧改旧手法，重软装轻硬装，既古朴又时尚，保留LOFT办公风格旧工业时代印记，营造DIY小资情调商业特色。715文化创意园充分利用了三线建设的工业文化特色，同时利用艺术灵感，将这里重新设计、构建，将许多优秀的设计师汇集于此，成为艺术家的俱乐部，创意者实现梦想的地方（图3.10）。

图3.10　715文化创意产业园

四、十堰市工业文化遗产保护现状

（一）"二汽"历史演进

十堰市属秦岭、大巴山东延余脉，位于湖北省西北部，是闻名全国的汽车城，中国的"卡车之都"，被誉为"东方底特律"，总面积有23680平方千米，人口346万人。

十堰所以称为车城，是因为十堰是一座因车而建、因车而兴的城市，汽车工业文化是十堰发展的基因和灵魂。十堰是我国重要的汽车生产和科研基地。十堰举世闻名的东风汽车公司，每三分钟就有一辆车走下生产线，被称为"车轮上的城市"，是全国第一个由汽车制造厂发展至城市的典型案例。十堰的发展史就是一部东风汽车发展史。东风汽车公司前身是20世纪60年代建于十堰的第二汽车制造厂，从此东风给十堰带来了浓厚的汽车文化和生生不息的创造力，昔日鄂西北的边陲小镇也逐渐成为闻名的"东方底特律"。1967年4月1日，第二汽车制造厂在十堰举行开工典礼。1969年11月24日，国务院批准设立十堰市。为保障工业基础，新中国决定由长春"中国第一汽车制造厂"抽派干部群众至十堰开设新厂，始定名为中国第二汽车制造厂（简称"二汽"）。第二汽车制造厂的建设是基于中央对于三线工厂布局"靠山、分散、隐蔽"的要求，经历了"三上两下"，最终选址在四面皆山的十堰市。由于时代特殊的发展机遇，作为一个十分偏远穷困的山间小镇，十堰一跃成为我国当时的最大汽车工业建设基地。到60年代末，一个世界级的汽车生产基地已经在崇山峻岭中傲然崛起，当时一个不到百户人口的武当山脚下一个名不见经传的小山村，变身为今天拥有70万人口的现代化城区。换言之，鄂西北群山中原本没有十堰这个城市，二汽的入驻，使得十堰由镇级建制逐步发展为市，最终建成以汽车产业闻名中外的车城。迄今为止，全国仅有十堰一个城市是这样的建城经历。当然，与"一汽""上汽"等其他超大型汽车企业相比而言，东风汽车的故事曲折了很多，其发展的历程也更为艰难、复杂与多变。事实上，直到1970年，二汽才摘掉了"最大亏损户"的帽子，80年代又遭遇了"停缓建"的关卡，而真正起死回生则是在90年代国企改制过程中，该企业率先建立起现代企业的管理制度，终于在21世纪初成为中国汽车行业最大的上市公司，创造了一个又一个的奇迹。

在新中国成立时，十堰经济以农业为主，工业基础十分薄弱。据资料记载，1949年，整个十堰地区粮食总产量为3.18亿公斤，棉花总产量18471担，油料88913担，农业总产值1.0386亿元，工业总产值100.73万元。❶ 随着第二汽车制造厂落户十堰，襄渝铁路、东风轮胎厂、黄龙滩水电站等一批国家大中型"三线建设"工程相继落户十堰，以汽车工业为龙头的工业产业体系逐步在十堰发展起来，让十堰面貌焕然一新，十堰确立了以二汽为依托发展本地经济的基本战略。

20世纪90年代，随着市场经济体制发展，以往十堰靠山、隐蔽的军事地理优势以及国家赋予东风汽车公司的特殊政策逐渐转变为市场经济条件下的劣势。❷ 从交通运输情况看，秦巴地区山势险峻，交通十分不方便，是制约东风公司在十堰进一步发展的致命障碍。从政企关系上看，十堰市委市政府和东风汽车公司之间央地矛盾，也是东风汽车公司总部搬迁的另一个结构性原因。从东风汽车股份有限公司自身发展的前景来看，汽车公司要想有更大的发展，迁址是必由之路，躲在"白云深处"、崇山峻岭已经不能适应现代化汽车生产规模与管理的需求。随着东风汽车公司将总部搬迁至武汉后，十堰城市大量废弃的汽车厂房和生产设备被闲置乃至淘汰，形成了大量丰富的汽车工业遗产。并且由于保护与再利用不好，十堰汽车工业文化遗产面临相当严峻的形势。为了改善城市环境和获得更为广阔的发展空间，二汽有很多当年用于生产生活的厂房、设备、员工宿舍、办公场所都已经被拆除，其中最为典型的是54厂因修建上海路被整体搬迁，原有的厂址厂貌也荡然无存。因此，因地制宜地制定十堰市汽车工业文化遗产的保护措施，实现工业文化遗产的科学保护与有效利用就尤为重要。

（二）"二汽"现状

十堰汽车工业文化遗产的分布具有独特的空间特色。这首先体现在十堰汽车工业文化遗产和自然环境的相融性。所谓十堰，就是历史上因十个蓄水的堰塘而得名，这些堰塘为

---

❶ 中共十堰市委党史工作办公室. 中国共产党十堰历史（1949—1978）[M]. 北京：中共党史出版社，2011。
❷ 陆杰. 十堰汽车城何去何从[J]. 中国经济快讯，2003（25）。

群山所环抱，工厂呈现"厂在山中、山在厂中"的状态，与外部自然密切相融。因此东风汽车公司依据"因地制宜"的原则，采用了"成块集中式、顺沟串联式、岔沟集中放射式"的创造性空间布局规划，❶ 将 20 多个专业厂区，划分为发动机、底盘、总装冲压和后方生产等几个组，集中在十堰东、中、西三大片区。总体上，十堰汽车城在山中，山在城中，因而汽车工业文化遗产的分布也具有山地特色和空间特质。

通过调研我们发现，随着两个总部搬迁到了武汉，东风汽车股份有限公司许多珍贵的图片和影像资料都丢失了，十堰档案馆只留存了一小部分的非物质文化遗产。与东风各厂机器生产设备与厂房一样，这些珍贵的图片、影像和文件资料并没有构建全面和翔实的统计数据库。东风 9 厂区保护和拟建设方向见表 3.1。

表 3.1　　　　　　　　东风 9 厂区保护和拟建设方向

序号	厂　　名	搬迁时间	建 设 方 向
1	泵业公司（45 厂）	2016 年	汽车会展中心或汽车主题公园
2	东风贝洱（60 厂）	2016 年	婚庆产业街区和文化餐饮街区
3	悬架公司（46 厂）	2016 年	城市博物馆
4	通用铸造厂（20 厂）	2016 年	汽车文化博览园
5	车轮公司（42 厂）	"十三五"期间	奥林匹克公园
6	设备制造厂（22 厂）	2017 年	奥林匹克公园
7	刃量具厂（23 厂）	2016 年	全民健身中心
8	模重公司模具分公司（25 厂）	2018 年	青少年素质教育拓展基地
9	东风（十堰）汽车管业有限公司（16 厂）	2016 年	汽车主题公园

十堰市是东风汽车股份有限公司的发源地，该市因车而建、因车而兴，可以说汽车工业文化是十堰城市的基因和灵魂，是十堰引以自豪的文化记忆和城市精神象征。❷ 东风汽车公司的总部虽然搬迁到武汉，但留存给十堰市大量的整车生产、技术和销售等方面的人才和浓郁的汽车文化。❸ 在确切的意义上，是汽车造就了十堰浓厚的汽车文化，铸就了这座城市永不磨灭的激情。十堰人对于二汽的特殊情感，已深深融入地方城市文化基因之中。因此，汽车工业遗产对十堰市具有重要的价值体现。

一是历史价值。二汽工业遗产是新中国"三线"城市建设（特别是十堰建市）的历史缩影与见证，具有极为珍贵的历史文化价值。和其他城市建市不同，十堰是新中国特殊年代备战备荒建设的产物，也是"三线"城市建设比较成功的案例之一。虽然我们现在认为，无论从选址还是布局"三线"城市建设都有不科学的地方，但是当时确实在我国国防与现代化建设中发挥了巨大的作用，并且留下了十分珍贵的汽车工业文化遗产。当年国家将二汽布局在十堰，采取包建、聚宝的建设思路，全国 140 多个工厂、院校、设计、科研

---

❶ 梁万瑞. 第二汽车制造厂的厂址、布局和总图设计［J］. 机械工厂设计，1981（3）.
❷ 戴文辉. 十堰上半年工业增加值增速全省第一［N］. 湖北日报，2017-07-16（001）.
❸ 蓝官衡，赵剑波，林立谦. 十堰汽车工业动力强劲雄风犹在［J］. 世纪行，2007（9）.

单位参加了二汽的工厂设计、设备、技术、工艺和材料的研发，30多个工厂承担了二汽的包建任务，600多家工厂为二汽制造了两万多台设备。十堰市汽车工业文化遗产见证了中国自主制造汽车工业发展的历史，它体现了贫困落后地区发展过程中汽车工业建设的拉动作用。在二汽落户十堰之前，十堰在行政区划上属于郧县管辖，只是一个边缘偏僻的千人小镇，道路通勤情况很差，没有商场、医院、学校等生活服务设施，当地以传统的农业种植为主，生活方式极为单一。❶ 整个郧县地区没有任何的工业基础，十分落后，人民生活水平低。随着二汽的建成和发展壮大，十堰逐步建立了医院、学校、公园等比较完善的生活设施，城市发展具有了一定规模，深刻地影响了十堰地区人民生产生活方式与思想观念的巨大变化。

二是文化价值。汽车工业遗产中闪耀着独特的十堰政企文化。汽车工业就业人数占十堰就业总人数的百分之七八十，所得税收占十堰财政总收入的百分之七八十，同时也占城区工业产值的百分之七八十。从三个百分之七八十，可以看出汽车工业对十堰市经济社会有着巨大的影响，这造就了十堰独特的政企文化。该市的五年规划纲要的题目为《十堰市、东风公司"十五"经济和社会发展共建合作纲要》，可见东风公司和十堰市政府之间的合作是多么的密切。实际上，汽车工业不仅是十堰市"唯一的多年的支柱产业"；而且由于东风公司和十堰市的"历史性合作关系"，东风公司的影响力深深地渗透到了十堰市的各个方面，它不仅成为十堰的城市象征，而且是十堰的基因和灵魂。与二汽公司走过了一段"政企不分"之后又"政企分开"的历程，十堰这一特殊的历史文化也造就了颇具研究价值的二汽聚落文化。就主体而言，作为最早一批的二汽建设者和"三线移民"，二汽员工在十堰市安家落户，并逐渐以企业空间为中心形成了诸多数量庞大的社区，社区里面有医院、学校、广播、电台，一应俱全，就像一个个独立而又完整的小社会，居民们甚至只知二汽而不知十堰。这一独特的聚落文化形态深深影响到今天，至今一部分东风员工仍将自己的身份定位为"二汽人"而非十堰市市民。可以说，这一城市文化心理与因厂建市的特殊城市化历程，在全中国城市发展史中都是十分独特的。

三是城市记忆。汽车工业遗产凝聚着"二汽精神"和十堰人的"城市记忆"和"工业乡愁"。二汽建设选址在湖北、陕西、河南、重庆四省（直辖市）交界的大山深处，建设之初，十堰只是一个千人小镇，只有一条老白公路和常年可通航的渡河通向外界，交通不是很方便，物资也比较匮乏，这对人们的生产生活造成了极大的影响。二汽当初的建设者们，一边修路一边用人拉肩扛的方式搬运物资，大家住的是芦席棚，吃的是窝窝头和野菜，住干打垒厂房，❷ 施工机械也只有铁锹、板车。技术工人和领导全员上阵，带头劳动。十堰当地干部群众也积极投身到工程建设中，架高压线、修公路、建电站，与艰难困苦做斗争，经过多年艰苦奋斗，一座现代化企业拔地而起，巍然屹立于十堰大地之上。十堰的汽车工业文化遗存记录了广大建设者难以忘怀的人生，成为所有建设者社会认同感和

---

❶ 当时有个顺口溜形象地描述了十堰的情形：十堰市真奇怪，一条马路直通外（只有一条老白公路）；说它是城市，种瓜又种菜，说它是农村，工厂山沟盖。二汽的落户带动了十堰市政建设的大大推进，经济规模持续增长，行政级别由最初的小镇升格为省辖市，成为城市发展中独树一帜的类型。

❷ 戴文辉. 十堰上半年工业增加值增速全省第一[N]. 湖北日报, 2017-07-16 (001)。

归属感的基础，其沉淀下来的轨迹故事、风格传统和人文传说，承载着东风公司初创时期十堰市民的血泪与汗水，生发了独特的"艰苦奋斗、无私奉献、勇于创新、兼容并蓄"的十堰精神，成为十堰人民宝贵的思想财富，凝结着几代十堰人的梦想与希望，蕴含着十堰人创业创新的可贵品质，因此要切实加强保护，为十堰市留住独特的"城市记忆"和"工业乡愁"。如果做不好保护文化遗产工作，十堰的城市记忆将随之消失，车城特色将被淡化，城市的文化身份和特征将被削弱，城市文化综合竞争力也会随之下降。

总的来说，二汽工业文化遗产不但是中国"三线"城市建设的典型案例，也是东风汽车工业发展和十堰建市的特殊见证，具有非常重要的历史文化价值、时代精神价值与城市发展价值，不可复制。随着"退二进三"产业调整和结构性升级，十堰市遗留了丰富的汽车工业遗存，尤其是东风公司2003年将总部搬迁到了武汉之后，部分厂区也进行了整体性搬迁或调整，许多老旧生产设备与工业厂房退出了原来的生产线，原来的厂门雕塑、变压器、产品实验楼和"将军楼"等极具特色的建筑物闲置了下来，面临着弃置的命运。十堰市政府着力把十堰打造成为国内最具影响力的汽车产业集群、国际知名的汽车生产基地和世界卡车之都，在工业文化遗产的保护和利用方面做了大量工作，并进行了积极的探索。

第四章 湖北省工业文化遗产保护利用模式

近年来，随着我国在工业文化遗产保护与利用上的不断探索和实践，并结合国际上相关研究的经验，基本上形成了一些较为典型与成熟的利用模式。与此同时，工业文化遗产的各参与主体也有着不同的职能与分工，各参与主体之间相互协作，共同努力，以"互利共赢"为理念的参与机制正在逐渐完善与成熟。通过调研数据的分析与个人访谈，我们可以了解到湖北工业文化遗产保护利用模式的现状与问题。这不仅丰富了我国工业文化遗产的研究"标本"，更能给湖北工业文化遗产的保护与利用提供对策与建议。

第一节 工业博物馆保护利用模式

博物馆作为汇集、保藏、陈列和研究代表自然和人类文化遗产的社会公共机构，具有非营利性。博物馆对公众开放不仅能够为公众提供服务，满足公众的精神文化需求，还能为社会发展提供服务。其中，工业博物馆作为博物馆的一种类型，具有自身鲜明独有的特征，同时作为保护工业文化遗产的基本手段，又赋予了工业博物馆新的内涵。工业博物馆的修建不仅是人们对过去工业历史的一种见证，同时也能有效体现出中国现代钢铁工业水平以及未来的发展方向。

一、张之洞与武汉博物馆

张之洞与武汉博物馆为此类保护模式的代表。张之洞是洋务派的主要代表人物，与曾国藩、李鸿章、左宗棠并称"晚清中兴四大名臣"。1889年张之洞调任湖广总督后着手进行改革：一办新式教育；二办实业；三练新军。教育方面，他创办了自强学堂（今武汉大学前身）、三江师范学堂（今南京大学前身）、湖北农务学堂（今华中农业大学前身）、湖北武昌蒙养院、湖北工艺学堂、慈恩学堂（今南皮县第一中学）、广雅书院等。政治上主张"中学为体，西学为用"。实业方面，一是督办芦汉铁路，二是把内陆武汉打造为当时中国最大的重工业基地（图4.1和图4.2）。

在张之洞主政湖北的18年间，兴实业、

图4.1 张之洞

图 4.2　张之洞视察汉阳铁厂

办教育、练新军、应商战、劝农桑、新城市、大力推行"湖北新政"。以武汉为中心，他先后创办了汉阳铁厂、湖北枪炮厂、大冶铁矿、汉阳铁厂机器厂、钢轨厂、湖北织布局、缫丝局、纺纱局、制麻局、制革厂等一批近代工业化企业，居全国之冠，资本总额约1130万两白银。汉阳钢铁厂成为当时亚洲最大的钢铁联合企业，并形成了以重工业尤其是军事工业为龙头的湖北工业内部结构，武汉也一跃而成为全国的重工业基地。一些国内有影响的民营企业相继产生，湖北的近代工业体系初步奠定，湖北经济亦由此跨入现代化发展的新阶段，汉口由商业重镇一跃而为国内屈指可数的国际贸易商埠。可以说，这位"洋务先驱"将毕生的精力放在湖北，他的生命早已与这块土地融为一体，历经百余年仍为百姓所称颂。孙中山曾评价他是"不言革命之大革命家"。张之洞督鄂19年，他成就了武汉，武汉也成就了张之洞。

张之洞与武汉博物馆（原张之洞与汉阳铁厂博物馆），位于湖北省武汉市汉阳区琴台大道169号，占地面积约1000平方米，建筑面积1200平方米，隶属于武钢集团汉阳钢厂，是一座社会科学类历史专题博物馆。2001年，武汉市开始筹建张之洞与汉阳铁厂博物馆；同年"张之洞与汉阳铁厂博物馆"（初名展览馆）落成；2018年3月27日，几经扩建，张之洞与武汉博物馆新馆正式开馆（图4.3）。截至2019年年末，张之洞与武汉博物馆藏品有88件/套，珍贵文物34件/套，举办展览3个，开展教育活动55次，参观人数达21.3万人次。

原张之洞与汉阳铁厂博物馆位于汉阳琴台大道原汉阳铁厂的旧址之上，其作为国内关于张之洞与"汉阳造"的唯一专题馆，是集展示、科普教育等多功能为一体的综合性博物馆，这座博物馆与人、城市环境相结合，巧妙地将张之洞、工业、武汉三要素融合在一起，使得历史文化与现代社会相连接，工业博物馆的内容本身也变得更加翔实，使市民更加能够感受到工业文化的历史变迁与独特魅力。原张之洞与汉阳铁厂博物馆内展示了历史照片近200多幅，各类实物也有百余件，包括汉阳铁厂生产的钢铁产品、工具、铁矿

工业博物馆保护利用模式 第一节

图4.3 张之洞与武汉博物馆

石、兵工厂的枪械、界碑等。❶ 这些物件都承载与见证了百年汉阳的钢铁文化，也给武汉这座城市注入了钢铁般的意志和追求卓越的灵魂。同时，原张之洞与汉阳铁厂博物馆作为武汉市拥有区域性影响力的工业博物馆，不仅有效保存了工业遗产的实物，更是作为武汉市重要的爱国主义教育基地，鼓舞了一代又一代人不断开拓进取，勇于争先，这种非物质的文化精神传承则显得更加弥足珍贵。目前，汉阳铁厂已经被列入武汉市首批工业遗产的保护名录。

新建成的张之洞与武汉博物馆。以其独有的特色和视角反映了洋务运动和中国钢铁历史及武汉城市发展史。博物馆以展柜陈列实物（典籍）、墙面陈列历史照片，并按历史发展阶段相结合的形式布展。博物馆复建的"汉阳铁厂"门楼、"汉阳兵工厂"门楼是武汉一景和市民的地名标志。张之洞与武汉博物馆主体建筑是一幢二层仿欧式建筑，是以武钢汉阳钢厂为适应山水园林城建设。博物馆外观上采取仿欧式建筑风格，引进西方先进科学技术的理念。按照汉阳铁厂创建、发展、衰落的百年巨变历史分阶段布局（布展），共两层。展厅面积700平方米，文物库房面积40平方米，其余为办公等用房。张之洞与武汉博物馆收藏以张之洞创办汉阳铁厂、汉阳兵工厂的有关史料与实物为主。以汉阳铁厂、汉阳造历史实物和历史照片相结合的方式陈列展出。主要展品有汉阳铁厂界碑、汉阳火药厂界碑、汉阳铁厂生产的钢轨、汉冶萍公司发行的股票、汉阳兵工厂发行的股票、张之洞创办的文普通中学试卷、张之洞著最早版《劝学篇》及《张文襄公诗集》等。

二、中国武钢博物馆

中国武钢博物馆位于武汉市青山区冶金大道30号，建筑面积约11000平方米，展出面积

---

❶ 彭小华．品读武汉工业遗产．[M]．武汉：武汉出版社．2013。

第四章 湖北省工业文化遗产保护利用模式

6000多平方米，馆内采用高科技设备引导观众参观，共设置了1个触摸屏和22个液晶显示屏，滚动播出各个时代有关冶金的信息资料。中国武钢博物馆是中国首家钢铁博物馆，也是集展示、科普教育和接待多功能为一体的综合性博物馆。2010年11月，中国武钢博物馆挂牌为"省级科普教育基地"（图4.4）。

图4.4 中国武钢博物馆

湖北工业文化遗产的保护与利用采取博物馆的模式，不仅可以体现工业建筑、工艺、设备上的特点，更能向民众较好地展示湖北近代工业发展的历程，提高民众保护工业文化遗产的意识，宣扬优秀的工业文化精神。具体来说：首先，工业博物馆模式是保护工业核心价值的主要方式，通过展览的方式促进保护。有别于景观公园、综合物业和创业园区几种更加注重外延和开发利用的模式，工业博物馆更加集中和专业，与工业相关的工业遗址本身、建筑物、构件、机器产品等直观物质的遗存以及记忆、习俗等非物质的遗产都可以集中展现。❶ 同时，还能体现出工业技术的发展与人类社会生产的进步的密切关联。其次，工业博物馆依托旧有地址改造建设，占地面积不大，能更好地融入城市建设，并且从建造和设计博物馆本身就能让民众体会到现代工业水平的高超技艺与传统的工业文化的完美结合。最后，工业博物馆成为城市区域的一个主要标志，充分融入到城市文化的基因之中，展现工业文化传承的脉络。

但是，总体来看，博物馆保护模式也有一些不足和局限性，包括博物馆相关建设的合理规划、模式的单一、宣传力度不足以及经费支持不够等问题。但随着政府有关部门的重视和民众保护意识的提高，对工业博物馆的利用会更加广泛，也会更加科学和合理。科学的规划建设，规范的管理制度，与旅游宣传相结合，与城市建设相同步，这些措施都将会推动工业博物馆的保护模式在工业文化遗产保护当中发挥更加重要的作用。

---

❶ 王雷. 浅谈工业遗产的保护与再利用——以中国工业博物馆为例［J］. 商业研究 2009（6）。

第二节 景观公园改造利用模式

在现代城市建设中,面对工业企业生产停止后的遗迹,通过景观工业模式的规划和改造,能够对工业遗迹予以保留,并赋予其新的功能。同时,在景观美学意义和生态特质上加以强化,开辟为市民生活休闲的景观公园。这种依托工业遗存对工业废弃的各种自然和人工要素进行统一规划设计,加以更新利用或艺术加工,能够将景观构成元素融入工业文化遗产之中,开发公共活动空间,增加其城市公共活动功能,从而达到工业废弃地环境更新、生态恢复、文化再生、经济发展等多重效果。❶ 在尊重文化多元化的前提下,不仅延续了工业文化的独有特色,更使其与城市规划发展协调一致。

一、武汉青山江滩

武汉青山江滩的改造和利用正是这种模式的一种有效尝试。青山江滩依托东靠临江大道,西抵长江的地理优势,正在全面打造一个以"延续青山文脉、演绎生态风貌"为主题的公园,其中优美的缓坡式堤防建设、生态环保的海绵城市理念应用、别具匠心的景观小品、品类各异的名木花草、人性化的硬件设施、整洁的园容不断吸引着大量市民到江滩游玩。在这样的公园区域内,有一片工业遗迹景观区,它位于建设二路和建设三路之间,面积达到15.9公顷。该区以中江重建码头为背景,以青山工业遗迹为设计主题,通过耐候钢板、废旧机械、钢制景观构筑物的设施建设,充分体现出了青山区作为老工业基地的重要地位。与此同时,公园内也在进行招商引资,不断完善公园景观的整体规划,从而使得市民在园区休闲娱乐的同时,感受到这座青山钢城给人们带来的独特魅力。

二、宜昌809工业遗址公园

宜昌809工业遗址由于厂区独特的地理优势、完整的厂区风貌以及整体布局能够反映当时时代工人的生活环境,在保留原有建筑风貌的基础上,与旅游开发相互结合,打造参观、旅游、休闲于一体的综合开发的商业模式。这种模式的保护与利用能最大程度地还原工业原址的时代场景,讲述历史故事、揭示三线建设的工业精神,能够凝聚三线城市居民强烈的认同感和归属感,体现三线建设工业人的集体记忆,促进工业文明的传承。

首先,平面规划。在当地政府和社会企业的扶持下,当前针对809工业遗产保护的工作已经有序展开。

根据负责该项目的总设计师和负责人冯和平介绍:"在未来两三年内,809工业遗址计划打造成为集综合旅游开发为一体的工业文化遗址景观公园,目前施工的工业段为一期工程。在对809工业遗址的改造过程之中,将以保护为前提,并充分利用当地地形特征和建筑风格来打造一个综合的开发区。具体来说,例如将原有的工人宿舍改造为一个度假酒店,为来访的居民提供住宿的便利条件;将原有的工业厂房有针对性地改造为艺术区、咖啡厅、礼堂以及休闲书屋等现代娱乐休闲设施,艺术区可以展览与809工业文化相关的艺术品,礼堂可以举办现代婚礼,咖啡厅与书吧则可以为参观者提供休息的闲暇之地;充分

---

❶ 张京成,刘利永,刘光宇. 工业遗产的保护与利用——"创意经济时代"的视角 [M]. 北京:北京大学出版社. 2013.

地利用周边的自然风光，利用依山傍水的地理特点，开发水上乐园、设计崖壁电影等创新活动项目。❶"通过介绍可以看出，这些空间布局能够最大限度地保留工业遗址的空间与设计，具有浓郁的三线工业文化特色，同时充分利用当地的地形特点，自然风光，将这些废旧的厂房重新改造利用为现代化的展示空间，赋予新的功能，从而吸引大量的人流进行参观，在保护与利用三线工业遗产的基础上，带来经济效益与社会效益。

其次，文化烙印。通过实地考察了解到，809工业遗址在改造过程中十分注重三线工业文化的保护与传承。正在施工的工作人员表示："这些建筑在工程施工改造时会在保证房屋安全的情况下尽量保留原有三线建筑的工业特色，原有的材料只是进行加厚处理。因此，我们还可以清晰地看到当时瓷砖瓦片的独有印记，另外像生产锅炉这样的旧有机械设备也进行了有选择地保留。❷"可以说，这种在旧有基础之上的保护性改造，是对三线工业文化历史的有效传承。通过图4.5和图4.6可以清晰地看到三线工业建厂时墙壁独有的"瓦状纹理"的墙壁以及保留完整的生产锅炉。

图4.5 "瓦状纹理"的墙壁

最后，影视取材。由于该工业遗址反映了特殊的时代背景，曾被用作影视基地的摄影素材，著名的抗战电视剧《宜昌保卫战》正是在此地取景拍摄，这也进一步阐释了三线工人爱国奉献、不怕牺牲的家国情怀和革命精神（图4.7）。

宜昌809工业遗址作为三线建设时期重要的军工企业，肩负着传承工业遗产价值的重要使命。通过对该工业遗址上工业设施的改造利用，使得该工业的价值再次被开发，原先荒凉的工业废地再次焕发生机，工业遗址不论是厂区环境、工业建筑、生产工具，还是特色景点，都能够吸引大量的关注。改造后的厂区不仅可以容纳大批游客进行参观游览、娱乐休闲以及历史文化的学习，人们来到这里，还可以看到工业文明发展的巨大变迁，领略其中蕴含着工业技术与传承的三线工业精神。

---

❶ 根据录音文件（访谈对象：809一期工程负责人冯总经理）整理.2017-11-10。
❷ 根据录音文件（访谈对象：809一期工程施工现场工作人员）整理.2017-11-10。

图 4.6 厂房生产用的锅炉

图 4.7 《宜昌保卫战》影视拍摄取景地

景观公园模式折射出人与自然在工业文明时代对立统一的特性,以绿色生态为指导原则,在合理保存遗址的情况下重视绿化建设,也更加侧重公众的公共利益。这可以让人在休息散步中体会到工业文明的魅力,同时认识到发展工业与保护环境的平衡关系。在众多国内外景观公园模式的案例中,不难发现景观公园模式的建设具有以下优点:一是将工业遗产文化保护与自然环境保护相互结合,人文效益与环境效益并重。设计者从整体上将环境、植被覆盖等相关要素考虑其中。二是在改造和利用实践过程中，注重工业景观的转换和延续。旧有的工业遗产空地的有效开发可以让参观者更好地运动、休息、集会。同时也有利于环境的保护和可持续的发展。三是景观公园模式的改造以工业、生态、环境、公众利益为特征，在未来的发展中可以更好地与城市生活、旅游发展相结合，进而在保护工业文化遗产的同时推动城市环境的改善和经济的发展。

第三节　创业园区保护利用模式

在多元化的今天，创业园区对于改造城市面貌、优化城市布局，助推城市经济具有积极作用，因此，创意园区模式在国内的运用较为普遍，该模式把仓库、厂房等工业文明的物质载体改造为创意产业园或者现代艺术区，用以展示现代艺术、大型雕塑、装置艺术等，表现出文化创意的多元性和延续性。❶ 工业文明是一个城市必经的阶段，艺术和文化是一个城市不可缺少的精神粮食，创意园区模式将两者交汇、呈递，为城市的旧工业区带来了新的生命力。

一、江城壹号文化创意产业园

江城壹号文化创意产业园位于武汉市硚口区，是工业文化遗产创业园区利用模式的一个较好典型，这个创意园区的选址原为武汉轻型汽车厂，它曾是武汉轻型汽车制造的重要基地（图4.8）。该厂的建立与发展，为武汉轻型汽车的发展奠定了基础。新时期，武汉

图4.8　江城壹号文化创意产业园

---

❶ 张京成，刘利永，刘光宇．工业遗产的保护与利用——"创意经济时代"的视角［M］．北京：北京大学出版社．2013．

轻型汽车制造总厂办公楼的建筑开始进行结构改革,吸引投资,打造产业园区,内驻企业多达100多家。多元业态的有机融合,使得产业园区集时尚餐饮、文化消费、休闲娱乐、创意办公、文化遗产于一体。这种创意园区的华丽转型,让人们感受到"轻汽"人那艰苦奋斗、勤奋拼搏、敢于创新的精神,并继续在传承与奉献,工业传统与现代时尚文化在这里交相辉映。

二、汉阳造文化创意产业园

汉阳造文化创意产业园位于武汉市龟北路片区,利用原有的工业老厂房和两江交汇、文化厚重、山体巍峨、林木葱郁、交通便利的天然优势,进行了新的定义和设计。通过设计和改造,不仅吸引了大量艺术工作者及创意产业从业者入驻,同时也让周边的居民和游客驻足观光,使龟北路片区形成了浓厚的文化艺术氛围,成为一片独特的艺术聚集地,从而推动艺术创意产业的发展,并形成了有效的文化创意产业链。这种改造使得原有的工业文化以一种艺术的形式展现出来,使得原有的工业文化价值焕发出新的活力。

三、宜昌715文化创意产业园

宜昌715文化创意产业园,是以旧厂房为依附,在城市中发展的集休闲娱乐、艺术发展为一体的产业园区。园区内部总体多为商铺组成的个体经营店,这些书籍与工业艺术品以及墙壁上的涂鸦元素都是来自"三线建设"时期的工业文化的启发与延伸,这些具有创新特色的工业产品和艺术产品,吸引了宜昌市周边地区广大居民特别是青年的浓厚兴趣,也吸引了广大的企业前来投资开发(图4.9)。

图4.9 旧厂房改造的书屋

715文化创意产业园与"三线"工业遗产的有效结合具有很多优势:

一是政策优势。715文化创意产业园从创办之初就得到了宜昌市委市政府以及相关部门的高度重视和大力扶持。2015年,时任宜昌市委副书记、宜昌市长的马旭明在调研715文化创意产业园时候就强调文化创意产业的发展是一个城市活力的表现,同时也是一个城市的文化软实力,文化创意产业园区要做好规划设计成为城市的亮点和名片。2016年,由宜昌市人民政府台办、宜昌市文化新闻出版：广电局、宜昌市文化创意协会共同举办的第十三届"湖北·武汉台湾周"宜台文创产业对接会在715文化创意产业园区成功举办，宜昌丰富的三线工业遗产引起了台湾地区专家学者的高度兴趣，虽然创意产业园还处于起步阶段，但是通过政府搭建的这个宜台交流合作平台，促进了两地文化的联动，创意的联动，工业产业的联动，实现了合作共赢的局面，宣传了宜昌三线工业文化的品牌特色。715文化创意产业园在打造三线工业文化底蕴的前提下，不断与科技、服务、旅游相结合，具有十分广阔的发展前景。

　　二是地理优势。715文化创意产业园位于宜昌市西陵区绿萝路中船重工715研究所宜昌分部，所在区域位于中心城区，周边经济繁荣、人口聚居、交通便利，有着发展创意产业园独特的先天优势。

　　三是资源优势。工业文化创意产业园作为工业遗产的创新性利用，与市场有着紧密的贴合度，能够吸引大批的企业入驻，从而给工业创意园区提供足够的资金保障。正如北京798厂的改造利用模式一样，企业家、艺术家们在保护原有工业文化遗留的前提下，重新开发利用，这种灵活的划分大大提高了城市空间的利用效率，同时该产业园与也积极与企业、高校开展紧密合作，构建工业文化产业平台，这不仅体现了宜昌三线工厂的原始面貌和文化底蕴，更提升了工业创意园区的品牌价值、运营价值，提高了自身的竞争力。

　　文化创意产业园具有较强的成长性，在优化经济结构、扩大消费、增加就业等方面具有独特的优势，是拥有广阔市场空间的新兴产业。近年来，全国各地的创意产业园建设都在不断凸显文化创意产业的特色和个性，不断培育高水平、有地方特色的文化创意产业园，同时可以避免同质化以及低水平重复建设。深厚的工业文化发展是创意产业园发展的必要前提。通过创意产业园的改造，不仅可以将科技、商业、文化进行综合，吸引广大的创业者积极投入其中，还可以将原有的工业文化进行重新挖掘和宣传，从而提升工业文化的价值。同时，在新时代的文化背景之下，又可以融合新时代的工业特色，将新的文化内涵注入其中，达到工业文化的再升华。

　　创意园区利用模式的创新取决于工业遗产文化本身所具有的多元性和丰富性。工业文化遗产所蕴含的历史底蕴和特色的文化内涵通过创意园区的改造，可以激发创意灵感，吸引更多的创意人才，从而聚集更多的创意企业和投资。这是促进工业遗产文化保护和再生的有效手段。总的来说，创意园区模式的利用不仅能够在已有的工业遗存上注入时尚、个性的艺术元素，吸引广大的创业者，还能够进行品牌经营和资源整合，在保护传统工业文化的同时，促进文化多元化发展。但是，打造一个好的创意园区并非一日之工，这需要足够的资金支持和规范的管理运营，以及如何保持商业活跃度的持续性与有效性。这些问题都是在对工业文化遗产进行创意园区改造时值得认真思考和解决的。

第五章 湖北省工业文化遗产保护与利用的突出问题

对湖北省工业文化遗产保护与利用存在的突出问题的分析，我们主要依据对湖北省会武汉市的实地调研和问卷调查来进行。其原因有两点：一是湖北省的工业文化遗产主要集中在武汉市，在全省范围内具有较强的代表性；二是其他地（市、州）工业文化遗产的保护和利用同武汉市面临着高度相同的困境。

第一节 法律法规缺位，政策不足

随着城镇化进程的加快，工业文化遗产保护问题愈发受到各级政府的重视。尤其是地方政府作为工业文化遗产保护的责任主体，在国家《中华人民共和国文物保护法》的基础上，借鉴国际上其他国家对工业文化遗产保护的经验，结合自身实际，相继制定并完善了各地工业文化遗产保护体系。湖北省作为我国近现代工业的主要发祥地之一，现存种类繁多、数量丰富的工业文化遗产，本书从国家—湖北省—地市州三级政府现有的立法和规划来分析当前湖北省工业文化遗产保护体系，讨论保护现状并分析其不足。

一、国家层面

从国家层面来看，我国工业化起步于"一五"时期，较之于西方发达国家发展较晚，工业文化遗产的保护在我国还处于起步阶段，目前缺乏完整的系统理论。在这一过程中，不但需要人们加强相关观念认知，更是需要一个明确有效的法律层次面的保护。

在我国20世纪90年代开始的快速城市化进程中工业文化遗产保护与城市化面临大量的问题和矛盾，其中最尖锐的问题是处理好工业遗产保护与经济建设的关系，[1] 在1982年我国虽有《中华人民共和国文物保护法》，但工业文化遗产未被列入国家重点文物，在工业化的过程中得不到应有的重视，工业文化遗产保护向快速推进城市化和工业化迅猛发展妥协，城市中具有历史价值的工业文化遗存被一味拆除。在2002年修订的《中华人民共和国文物保护法》中将反映历史上各时代、各民族社会制度、社会生产、社会生活的代表性实物与重大历史事件、革命运动或者著名人物有关的以及具有重要纪念意义、教育意义或者史料价值的近代现代重要史迹、实物、代表性建筑等纳入工业文化遗产保护的条例之中，[2] 这不但意味着工业文化遗产不再片面地为经济建设让路，也可以看出国家正逐渐重视工业文化遗产保护问题。之后修订的《中华人民共和国城市规划法》中相较在工业遗

---

[1] 单霁翔．关注新型文化遗产——工业遗产的保护［J］．北京规划建设．2007（11）．
[2] 数据转引自《中华人民共和国文物保护法》2002年修订版和2015年修订版．

产保护前沿的英国《城市规划法》虽然没有深入到具体分级保护,但是也谈到了对保护和改善城市生态环境,防治污染和其他公害,加强城市绿化建设和市容环境卫生建设,保护历史文化遗产、城市传统风貌、地方特色和自然景观的内容。❶ 说明我国已经在城镇规划中考虑到了相关因素,这无疑是一大进步,而这一点在2015年修改的《文物保护法》中"城镇化建设不应该以破坏文物为前提"的内容更加深入。我国目前依然在进行城镇化建设,如何处理好经济建设、文化建设与工业文化遗产保护问题,甚至谋求共同发展,这是接下来需要完善相关法律的重要方向。

2013年3月8日,国家发展和改革委员会印发了《全国老工业基地调整改造规划(2013—2022年)》❷,该规划提出:"做好工业遗产普查工作,确定重点需要保护的工业遗产名录,将具有重要价值的工业遗产列为相应级别的文物保护单位"。2017年2月国家文物局发布《国家文物事业发展"十三五"规划》,提出"开展工业遗产、农业遗产和水利普查和保护、加强新中国成立以来的文物保护"。2018年1月,《中国工业遗产保护名录(第一批)》正式发布,这批名录包含了创建于洋务运动时期的官办企业,也包含有新中国成立后的156项重点建设项目,涉及造船、军工、铁路等,具有极为突出的工业遗产价值,这极大地提高了工业遗产在我国乃至世界的影响力,也开始逐渐走向符合我国国情的工业遗产保护与利用的探索道路。2018年11月,工业和信息化部"关于印发《国家工业遗产管理暂行办法》的通知"(工信部产业〔2018〕232号),这是国家层面第一部关于工业文化遗产保护利用以及相关管理工作的部门法规。该办法从认定程序、保护管理、利用发展、监督检查等方面,对开展国家工业遗产保护利用及相关管理工作进行了明确规定。也说明,国家对工业文化遗产的保护利用愈发重视。但是,从工业遗产保护与利用的总体趋势来看,部门规章远远无法满足现实需要和解决现实问题。尤其在社会加剧转型时期,如果没有上升为法律,很多宝贵的工业遗产依旧无法得到及时的保护。

二、湖北省级层面

从湖北省级层面来看,湖北省是最早开始工业化的省级区域之一,同时也是工业遗产保护诸多问题较为集中的省级区域之一。1992年湖北省在原《中华人民共和国城市规划法》基础上,结合本省实际情况,提出在旧城改建时必须采取有效措施,有选择性地保护了一定数量的、代表城市传统风貌的街区和建筑物、构筑物,保护了城市传统风貌和地方特色。❸ 尽管如此,在工业遗产保护方面相较于同级别工业基地的天津起步较晚。天津市早在1954年就将多个工业文物列入保护名单,并且在1982年公布的四批文物保护单位中,明确标明了几处工业文化遗产的单位。但是当前湖北省和天津市都面临着城镇化发展和工业文化遗产保护利用相互冲突的问题。在这方面陕西省目标较为明确,在2006年颁布的《陕西省文物保护条例》中明确提出"保护为主、抢救第一、合理利用、加强管理"的方针,❹ 并且在法律上明确界定经济发展和工业文化遗产保护利用的关系、方式,做到

---

❶ 数据转引自《中华人民共和国城市规划法》2015年修订版。
❷ 关于印发全国老工业基地调整改造计划的通知[N].国家发展和改革委员会。
❸ 数据转引自《湖北省实施中华人民共和国城市规划法办法》1992年版。
❹ 数据转引自《陕西省文物保护条例》2006年版。

了保护行为有法可依。而湖北省在 2012 年 9 月 29 日通过的《湖北省非物质文化遗产条例》中明确指出:"非物质文化遗产,是指各族人民世代相传并视为其文化遗产组成部分的各种传统文化表现形式,以及与传统文化表现形式相关的实物和场所❶,又将相关的实物和场所涵盖在其中。同时在《湖北省旅游条例》中又以法律的形式创新性地将工业遗产保护和发展旅游业带动经济发展结合在一起,提出是处理经济发展与保护法律上的新路径尝试。而湖北省内第一部以"工业遗产"为主体、强调重视工业遗产保护的实体性法规是《黄石市工业遗产保护条例》,❷ 该条例于 2016 年 6 月 23 日于湖北省内颁布。这无疑为湖北省其他地区的立法和实践起到了示范作用。

三、地(市、州)级层面

从地(市、州)级层面来看,目前,仅黄石市于 2016 年 9 月审议并通过了《黄石市工业遗产保护条例》并于 2017 年 1 月 1 日实施,其他各地均未将工业文化遗产保护与利用上升到法律层面。

宜昌市针对三线工业遗产保护与利用并没有出台明确的法律法规,多是依据国家、省级文物部门的相关政策执行。2015 年 5 月宜昌市文物局开展了三线建设工业遗产的初步普查工作,这是积极的一面,但还需全面有系统地进行普查。在与宜昌市夷陵区文物局有关负责人了解交流的时候,工作人员就表示,由于宜昌市下属区县较多且多是农业生产布局,区级文物部门当前也只是集中精力在进行非物质文化遗产以及民俗文物的保护工作,对于宜昌市三线建设工业遗产的保护与利用目前主要是市文物局牵头,处于普查阶段,要系统地进行整体保护与利用还需要一定的时间,但是也是势在必行。❸ 虽然很多三线工业企业早已关闭或淘汰,有些已经迁址,有些部分已经被改造利用,还有些已经发展成新型工业企业。但是也还有如 809 工厂、715 工业园这样较为典型的三线工业遗址采取了重点保护与改造利用。

尤其要指明的是,武汉对中国近代工业的发展产生了重要的影响,当今城镇化的进程也使得其成为了工业文化遗产保护的矛盾集中区。在借鉴外国立法经验和其他地区情况的条件下,武汉于 2013 年从 95 处工业遗存中筛选出汉阳铁厂、汉口既济水塔、太平洋肥皂厂等 27 处工业遗产地区,并在《国家工业遗产管理暂行办法》中明确标识为首批工业遗产正式目录。其中,具有全国影响力的 15 处为国家、省、市级文物单位,被划为一级工业遗产。见证武汉钢铁工业史的青山红房子等 12 处则被列为二级、三级工业遗产。并且对 27 处遗产分别制定保护方式,划定保护范围,采取严格保护、适度利用、非实物保护等三类保护模式。其中,一级工业遗产"轻易不能动",采取严格保护模式,建筑本身与环境均要按照文物保护法进行保护,不得随意改变原有状况、面貌及环境。就算维修也得严格审批"修旧如旧"。二级、三级工业遗产可适度改造为城市公园、博物馆、创意产业园或商业综合体。对已消失的重要工业遗产则采取虚拟复原、老设备、档案展示等非实物保护模式。❹ 保护区内现有影响文物原有风貌的建筑物、构筑物必须坚决拆除且保证满足

---

❶ 数据转引自《湖北省非物质文化遗产保护条例》2012 年版。
❷ 数据转引自《黄石市工业遗产保护条例》2016 年版。
❸ 根据录音(访谈对象:宜昌市夷陵区文物局覃科长)交流整理.2017。
❹ 湖北省人民政府.《武汉 27 处工业遗产首批入列保护名单为首次专项保存》2013-02-26。

消防要求。这种分级保护并且结合经济发展的方式无疑是走在前列的。

但是经过调研走访后我们发现,国土资源管理和规划局作为目前工业遗产保护的主管部门,在访谈中多次强调武汉在惩罚责任立法这一块依然还存在着非常大的漏洞,并且在立法推动力方面还有所不足,"真正起到保护作用的还是需要相关的法律法规,若此事只由规划局单独来推动的话难度系数还是很大,规划局也想做这个事情,但是按照正常的立法程序,一到两年难度很大。"❶ 同时在现在的江城壹号、汉阳造等文化创意产业园采取新型保护模式的地区,已经开始呈现出一种衰败的现状,游人稀少,商铺退租的情况也时有发生,开发商承担保护不作为,不维持,在立法方面也缺少限制。同时,根据我们在武汉市对市民所做的问卷调查显示,公众对于武汉市工业文化遗产概念、历史、法律法规、主管部门的认知度极低,这就需要政府部门或者有关部门采取一定措施,加大公众对于工业文化遗产保护和利用的宣传力度,提高公众对于工业文化遗产保护与利用的法律意识,提高工业文化遗产保护与利用的认知度。

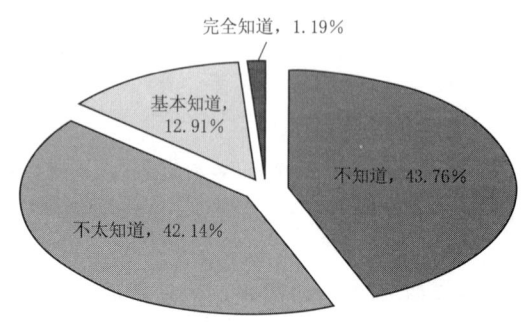

图 5.1 武汉市民对工业文化遗产法律法规的认知

第二节 体制机制不顺,规划滞后

湖北省当前在工业文化遗产保护的管理体制问题上存在各自为政、利益牵扯多、条块分割制约的局面。在政府社会管理与公共服务中,存在政府间各部门职责分配不明确,民众认识度不高,基础设施建设不完善,保护维持性差,资金来源不足等问题。通过对武汉市工业文化遗产的实地考察和调研后发现,目前武汉市工业遗产保护的主管部门是武汉市国土资源管理和规划局,诚如武汉市规划研究院闵所长所言:"现在的工作其实是规划局挑大梁,事实是不应该的,我们在这个部门意识到它存在的价值就去行动。规划局能够牵头做好职能范围内的事情,下一步就需要政府部门的共同努力,利用市场发育成熟的阶段性的需求来发展。"❶ 由此可以看到,武汉市在工业遗产保护上存在着体制机制不顺的问题,主要体现在政府职能与管理体制保护机制上的缺失。其他地(市、州)也存在同样的情况。中国压力型行政体制下,条状分布的政府各部门均是与中央、省级部门对应的,专管部门的缺失使得当下出现了各自为政的局面。

一、政府职能方面

从社会管理的职能方面来看,政府部门对工业文化遗产的保护和利用应起到的规划、监督作用还需进一步加强。当前,国土资源管理与规划局作为主管工业遗产保护的部门,也是因为其政府职能在土地的规划、审批方面有一定的监督作用,但远远不够。没有法律依据,没有上升到立法层面,政府部门在实际操作中会出现无法可依的局面。此外,从政

---

❶ 根据 WRRH20170822am(访谈对象:武汉市规划研究院闵所长)整理而成。

府应当提供的公共服务职能来讲，如何解决工业文化遗产保护的资金问题，是需要政府、社会、企业、公民协同进行的。政府在完善基础设施建设、引入企业或开发商进行保护和利用的同时，也要定期监督开发商的运营问题。从我们对武汉市工业文化遗产所做的前期调查来看，江城壹号就是典型的由于开发商经营不善而导致现在无法继续的局面。

二、管理体制方面

管理体制方面的问题主要体现在"纵向"管理体制的制约。随着大部制改革的推进，中央到地方合并了不少部门，其目的是将职能相近、业务范围趋同的事项相对集中。尽管如此，当前我国工业文化遗产的保护却由不同行业、不同层次的部门交错管理。在行业管理方面分为钢铁、煤炭、冶金、纺织等，不同层次体现在各类企业分属于中央及各部委、省区市、地市、县市等各级政府。除了受到条块分割管理体制的制约，在城市规划建设上又涉及国土、城建、财税、文化、旅游等诸多部门，导致武汉市工业文化遗产的保护形成了一种"管理体制各自为政，保护标准各行其是，管理模式五花八门"的现状。

三、保护机制方面

保护机制方面主要体现在"横向"保护机制的缺失。由于工业文化遗产的保护数量多、体量大，当前地方政府在保护资金的投入上明显不足，再加上维护费的负担，更加难以持续，不少地方政府都引入了社会资金共同保护和开发利用。但是，由于市场化和创新型模式采用频率低，职责划分不明确，政府、社会组织、企业、开发商等诸多利益牵扯，谁负责保护，谁负责运营，谁负责宣传，出了问题由谁来解决都是大难题，对此并未制定统一的规划和规则，国土规划局所长在访谈中对此也谈到机制缺失的问题，并且强调了政府去引导的重要性："现在武汉市的开发商宁可去做住宅也不愿意去改造，因为工业遗产的改造加固修缮的成本比重新建楼的成本要高，这就更需要政府加强引导。"[1]"横向"保护机制的缺失致使工业文化遗产保护的难度加大。

从理论上看，对工业文化遗产保护的责任主体是各级地方政府。国家工业与信息化部专门成立了工业文化发展中心，负责开展工业文化遗产的评估、认定、保护、开发与再利用工作。

从实践上看，武汉市工业文化遗产保护并未明确主体责任单位，目前主要是由武汉市经济和信息化委员会（简称"经信委"）、武汉市文化局、武汉市国土规划局共同调研、普查武汉市工业文化遗产保护的相关工作。而武汉市经信委并无专门的工业文化遗产保护的组织机构，且机构职能中也没有对工业文化遗产保护的介绍。武汉市文化局的机构职能第五条只是明确"拟订全市非物质文化遗产保护规划，组织实施非物质文化遗产保护和优秀民族文化传承普及工作"，并未对工业文化遗产的保护和利用明确其职责。而由我们实地调研，走访了文物局和国土规划局之后，了解到目前主要在做保护工作，只有国土规划局这一个部门，主要寻找剩下的工业遗产并且把它们纳入保护名单之中，后期的工作并没有一个很完善的分工和体系，只能是以开专家座谈会的形式来分配，管理体制上权责分配不

---

[1] 根据 WRRH20170822am（访谈对象：武汉市规划研究院闵所长）整理而成。

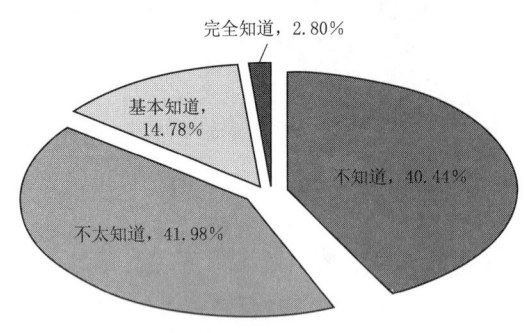

图 5.2　武汉市民对工业文化遗产主管部门的认知

明晰,是问题存在的主要因素。同时,根据调研数据也说明,武汉市公众对于当地的工业文化遗产主管部门的认知程度也是不够的(图 5.2)。

关于武汉市工业文化遗产保护和利用的主管部门,不知道的占 40.44%,不太知道的占 41.98%,基本知道的占 14.78%,完全知道的占 2.80%。由此说明,社会公众对于武汉市工业文化遗产保护和利用的相关主管部门并不清楚,面临问题的时候就不知道该哪个部门负责,这同时也会影响到公众意见的反馈与建议的提出。

四、其他问题

在政策制定的过程中,利益博弈是影响政策制定是否科学、合理的重要标准。在工业文化遗产保护的重视程度方面,还是过多地注重眼前的利益,而放弃长远的利益选用较为廉价的保护方式,[1] 从而使工业文化遗产得不到充分利用,甚至对其造成损害。以武汉市为例,目前已经有分级保护的体系,但是在相关理论及人才培养方面,在资源协调与利用和土地使用与机器空间利用的问题上,当前武汉市政府实施的博物馆保护方式虽然进行了相关尝试,但是缺乏市场化的思路,并没有真正与老百姓的生活习惯与物质文化需求紧密结合,真正愿意去博物馆的人少之又少。如何使运营和管理的方式不陈旧、不呆板也是需要研究和探索的一个问题。

通过对十堰市工业文化遗产的典型调查发现,制约十堰市汽车工业遗产保护的主要原因有以下两个方面:一是财税体制束缚汽车工业遗产保护。对于二汽与十堰市政府的财税体制问题,早在 20 世纪 80 年代就已凸显。1987 年,原十堰市委书记厉有为就曾针对十堰市和二汽的问题致信邓小平和李先念,信中指出:"十堰市主要是围绕为二汽服务而建设和发展起来的一座新兴汽车城,第二汽车制造厂是城市的主体,工业总产值占全市工业总产值的 80% 以上,职工占城市职工的 60% 以上,职工家属占全市人口的 60% 以上。建市初期,由于受'先生产、后生活'思想的影响,城市没有与二汽同步规划和建设,二汽建设投资 16 亿,市政建设投资 4700 万元,占 2.9%,致使落后的市政与先进的汽车工业很不相称、很不协调:一是城市基础设施差,给水、排污、防洪、通信、交通等问题,至今无力解决,严重影响二汽的发展。全市 24 万城市居民,只有 5 个公共厕所,人民生活极不方便,影响了广大职工扎根山区建设四化的积极性。尽管地方政府看到了这些问题的严重性,但由于财政体制的问题,无力改变现状。二汽的利税几乎全部交中央财政,而奖金税几乎全部交湖北省财政,上交中央财政和湖北省财政近 4 亿元中,十堰市财政在 1985 年留用 185 万元,1986 年留用 110 万元。而应由市级财政负担的二汽职工及其家属约 14 万人的各项补贴每人每年约 103 元,市级财政每年要承担 1440 万元。这种二汽越发展、城市开支越大、资金无来源的状况模式影响市、厂关系的经济原因,是造成'厂长办

---

[1] 程萍.工业文化遗产保护政府文化管理中的新课题[J].前线.2015。

社会、市长办工厂'的根源,从根本上制约了市、厂的发展。"通过调查发现,央企东风公司与十堰市的财税体制仍未从根本上得到解决,税收、社保、公共服务的体制问题成为了工业遗产保护过程中的根本性矛盾。二是权责体系阻碍工业遗产保护。自2003年二汽总部迁往武汉市之后,十堰市留下了大量的汽车工业遗产,但因历史问题保护利用困难重重。十堰市高层领导多次表示,尽管十堰市与东风高层就汽车工业遗产保护和利用已经形成高度共识,但在具体操作中就这一单项工作尚未建立单独通畅的权责体系和沟通机制,在一定程度上影响了工业遗产保护利用的规划及进展。按照《十堰市汽车工业文化遗产保护办法》的规定,十堰市政府及其文化部门是汽车工业遗产的责任主体,但是,厂房、设备却归二汽所有,在工业遗产的权属、责任等问题上产生了争议,在厂区及周边土地、建筑物、设施设备的移交中,东风公司要价高、要求多、地方财政难以承受。央企不愿意出让,但就企业当前的效益也无法全面、系统地对汽车工业遗产提供保护。当前,国家层面并未对此问题出台相关的意见和解决措施,致使地方在实际的操作层面困难重重,且无法可依。当前,汽车工业遗产保护权责体系不明突出表现在"央地矛盾",也是阻碍工业遗产保护利用的最大困境。

此外,城镇化扩张与城市文化的消逝影响工业文化遗产保护。随着城市产业结构的不断调整升级,传统的工业逐渐退出历史的舞台,而大批失去原有使用价值的工业建筑依旧占据着中心城市的土地资源,政府在规划中无法避免地会面临老旧厂房的改造和土地开发利用的问题,工业遗产是去是留,如何与城市发展相协调,都成为城市发展中面临的新课题。以十堰为例,十堰城镇化的快速发展始于20世纪90年代。城市的大肆扩张和更新改造速度使得传统产业面临迁址的难题,与此同时,企业的发展也需要更多的建设用地。为了改善城市环境和获得更大的发展空间,二汽有很多当年用于生产生活的厂房、设备等都已被拆除。现在所能看到的厂房大部分是70年代末期建造的,设备大多是90年代中后期更新的,仅有极少数二汽建设初期修建的水泥砖和红砖厂房、单身宿舍还在继续使用,但已破败不堪,整体风格早已不存在。特别是"退二进三""退城进园"的实施,关、停、并、转后的汽车工业旧址和厂房成为废弃和拆除的对象,昔日的汽车厂房与基础设施成为地产开发的牺牲品。这些历经了战争磨难与文化浩劫而幸存下来的工业遗产,在城镇化的浪潮下废弃或拆毁,导致汽车工业遗产日渐减少,❶汽车城市文化的氛围也已消失殆尽。

事实上,工业遗产并非城市发展遗留下的"历史包袱",而是工业文明和城市发展的重要历史见证,城市中工业遗产的消失会导致文化遗产的断层,也会让工业"集体记忆"逐渐消失,这会给城市肌理和城市文化个性特征带来不可补救的损失。此外,由于巨大的土地利益的驱动,许多原是工业遗址的工业用地逐渐被拆迁,工业遗址所在地的用地性质没有从根本上得到转换,工业遗址的土地没有得到法律的有效认定和保护,很多都游走在"拆"与"不拆"的边缘。

当前而言,政府规划滞后,缺乏有效整合。工业遗产的保护与利用大多是一种自下而上、片段式、板块式、临时性的利用,缺乏预见性和科学性,且与城市整体规划无法形成一个有效的整合,从而导致工业遗产的保护与利用的可持续性不强。需要重视的是,随着

---

❶ 单霁翔. 工业遗产保护存在的问题[N]. 中国文化报,2009-03-03(005)。

后工业化时代的来临，文化越来越成为其中不可忽视的驱动力，智力和人力资本的流动是决定城市发展的关键因素，而智力和人力资本又与城市环境中的文化要素息息相关，主要表现在两个层面：一是发展相关的文化产业可以直接推动城镇化的发展；二是可以通过文化渗透间接提升城镇化的要素水平❶；三是在城市工业遗产的保护与利用过程中，政府所起到的作用是宏观的引导和把控，对于工业遗产保护与利用本身，保护是基础而如何利用则是关键，当前许多工业遗址是依靠利用改造企业的运营和管理，但这并不意味着政府责任的脱节，同时，如何将工业遗产逐渐推入到市场，扩大社会需求，这就需要政府和企业的共同努力，如果在后续过程中不加强持续性管理，则容易出现前期投入与后期保护效果相差甚远的局面，这不是对工业遗产的一种保护，从某种意义上来说，是一次二度的破坏。因此，在保护工业遗产的开始阶段，政府就需要进行科学规划，与城市发展的各个要素相互融合，规划出有预见性、可持续性的保护与利用方案。

第三节　市场开发有限，活力不足

工业文化遗产的保护和利用不仅是一种技术手段，更是一种社会科学，需要社会各个主体间的相互配合。市场作为工业文化遗产保护与利用的一个重要参与主体和有效途径，在工业文化遗产保护与利用过程中扮演着至关重要的角色，其开发程度的好坏也直接影响到工业文化遗产是否能够得到有效的保护与利用。通过调研数据和个人访谈发现，市场主体在参与工业文化遗产保护和利用方面仍然处于起步阶段，存在着许多问题，在此需要进行具体的讨论与分析。

一、市场开发力度不足，企业缺乏与政府间的有效合作

近年来，随着经济不断的转型升级，传统的制造业都面临着衰退的现象，旧有的工业厂房不断进行着拆迁改造，原来工厂所具有的生产运营功能正逐渐消失，更多的工业文化遗产向着文化创意甚至是商业开发的方向发展，吸引了很多的商业机构前来投资建。

但是通过调查发现，工业文化遗产的利用依旧存在着市场开发力度不足的现象，许多工业遗产依旧没有得到有效开发利用，而是处于闲置废旧状态，很难吸引到相关企业的投资开发。同时，开发商等相关企业也与政府机构缺乏有效的合作和沟通，使得单方面的保护与利用收效甚微。在这种情况下，往往就会出现政府进行了政策制定，但相关企业不知情也不愿意配合。企业本身也需要遵循市场规律，追求自身利益，最终使得工业文化遗产不能得到有效的保护和利用，甚至与政府的总体规划产生冲突。政府与市场之间的关系应该是相互合作、相互补充而不是相互替代的新型关系。❷政府与市场的价值具有内在的互补性，所以必须协调好两者的关系，加强政府在工业文化遗产保护上的政策引导以及鼓励市场上多个主体参与工业文化遗产的保护和利用，摆脱以前的单一化、政策化的管理模式。同时根据实际调研的数据可知，民众对于开发商或者社会企业参与工业文化遗产的保

---

❶ 杨晓东，刘锋，李昂. 文化驱动新型城镇化——北京定福庄发展模式研究. [M]. 北京：中国工人出版社. 2014。

❷ 刘祖云. 政府与市场的关系：双重博弈与伙伴相依 [J]. 江海学刊，2006（6）。

护和利用的态度是基本认可的,从这点来看,我们必须继续鼓励并且规范参与主体,使其在参与工业文化遗产保护与利用中发挥更好的作用。

二、商业模式不够成熟,功能定位不明确

从市场角度来看,工业文化遗产的重点是如何有效地利用。在相关的工业文化遗产得到认定和保护之后,就需要市场主体积极参与其中。市场上的开发商能够对工业文化遗产提供有力的资金支持,对原有的厂区、房屋、工业遗留的机械设施进行改造,赋予其新的功能。而相关运营企业则可以对其实施日常的管理和运营,并从中获取市场价值。

但是通过对武汉等地工业文化遗产的调查,我们发现工业文化遗产保护利用的商业模式不成熟,在投入市场之前没有明确的功能定位,导致工业文化遗产在投入市场后,不能发挥其原先预估的效益,甚至依旧面临着拆迁废置的可能,进而浪费资源,致使工业文化遗产不能得到有效的保护。成熟的商业模式能够成功吸引广大的投资者和消费者,能够使得工业文化遗产在市场环境里形成一条有机的价值链条。具体来说,不同的工业文化遗产都有自身的特点,需要打造的商业模式和功能定位也不同。就武汉地区而言,江城壹号创业园区的商业模式较为失败。因周边居民较多,因此在开发利用上,商家主要以KTV、餐饮、儿童游乐为主。但这种定位背离了工业文化遗产的"文化"属性。而位于龟北路的汉阳造文化创意产业园区,因为周围环境优美,住宅不多,周围还有古琴台、汉阳兵工厂等文化旅游景点,所以吸引了文创、摄影、传媒、艺术工作室、青年旅社等相关企业进驻。同时,也因其独特的风格吸引了许多游客观光、消费。

从宜昌市工业文化遗产的市场开发情况来看,存在力度有限,活力不足,特别是三线建设时期遗留的一部分工业遗产依旧闲置,没有明确的规划设计。工业遗产如果在投入市场之前没有明确的功能定位,就会使得工业遗产在投入市场后不能发挥其原先预估的效益,甚至依旧面临着拆迁废置的可能,从而造成资源的再次浪费和破坏,也使得工业遗产不能有效的保护。成熟的商业模式能够成功吸引广大的投资者和消费者,能够使得工业遗产在市场环境里形成一条有机的价值链条。具体来说,宜昌作为三线建设的老工业基地之一,必须形成自己独有的工业文化的独特性与创新性。宜昌三线建设时期的工业遗产作为宜昌城市化进程发展的重要见证,集中体现了20世纪六七十年代宜昌特定的科学技术发展水平、社会风貌以及人文特色。同时,位于宜昌山区的三线工业遗产,因周边崇山峻岭、山清水秀,人文底蕴浓厚,周边还有很多居民自营的农家特色饭馆,能够吸引很多餐饮业、旅游摄影、艺术工作室、青年旅社这样的相关企业,因此适合与宜昌旅游文化紧密结合。而位于城市中心的工业文化遗址则可采用创意园的商业利用改造模式,因为周边居民密集,交通便利,商业发达,许多商家愿意在里面进行例如工业艺术长廊、餐厅、咖啡厅、书店、KTV等工业艺术之类的相关投资。

因此,工业文化遗产的利用必须有效地结合市场特点,进行准确的功能定位,才能逐步发展,最终形成一个成熟的商业利用模式。

三、媒体宣传力度不够,缺乏持续有效报道

通过调研与个人访谈发现,公众对于工业文化遗产的认知依旧处于不了解的状态,有的甚至是第一次听说,即使在网上专门查阅相关工业文化遗产的新闻报道,关于工业文化遗产的介绍也少之又少。这就从侧面反映了媒体对于工业文化遗产保护的宣传和报道明显

不足。有的工业文化遗产即使在开园的时候引起了媒体的关注，也吸引了周边一些游客，但由于后期缺乏持续有效的管理和宣传，也逐渐让人忘记。这就使得工业文化遗产的利用无法充分发挥市场作用，从而导致保护和利用效果不佳。

四、市场监管不到位，相关法律法规亟待完善

工业文化遗产的保护利用在市场环境发挥其价值的同时，必须从制度设计和政策法规上得到保障。但是通过调研发现，工业文化遗产的保护和利用存在着市场监管缺失和相关法律法规不健全的情况，这样就限制了工业文化遗产的进一步开发和利用。

从当前的情况来看，武汉市出台的关于工业文化遗产的保护和利用的相关政策只是一个总体上的设计和规定，并没有具体地划分各部门各企业的职能和责任，对于有的企业私自滥用工业文化遗产土地，破坏工业文化遗产的现象没有有效的法律和规章对其进行制裁和约束，相关部门也脱离了应有的市场监管责任。武汉市有关部门在清理第一批工业文化遗产时就发现有的工业文化遗产早已经被破坏殆尽且无法恢复。在后期的工业文化遗产利用中，同样也需要相关的政策规章来约束企业，防止企业为了追求自身利益而滥用工业文化遗产，甚至破坏周边环境。所以，我们必须将工业文化遗产保护和利用上升到法律的高度，为工业文化遗产的保护和利用提供法律支撑和制度保障。

第四节　公众认知缺乏，宣传缺位

工业文化遗产作为人类文化遗产的重要组成部分，有着文化、历史、社会、经济、美学等多方面的价值。它是城市发展变迁的重要见证者，是城市工业发展的沉淀和积累，是几代工业人的集体记忆。但是，随着社会的进步和经济的发展，公众对于工业文化遗产的认知正逐渐发生着转变，对工业文化的记忆也在逐渐淡化。这会给工业文化遗产保护与利用带来严重的阻碍，同时也会产生不可估量的损失，所以必须认真对待这个问题。

一、相关理论研究尚浅，认识有待深化

对于工业文化遗产的保护和研究，理论的支撑是必不可少的。虽然近几年随着学界重视，相关研究已经取得一定的进步，但是由于我国对于工业文化遗产的研究起步较晚，相比较国外先进经验而言，研究成果以及实践经验还远远不足，人们的认识还需要进一步的深化。同时，就工业文化遗产保护和利用而言，也需要各学科以及不同领域的专家学者共同来探讨和分析问题，提出科学有效的对策。根据实际调研发现（图5.3），武汉市民众对于工业文化遗产概念的认知度并不高。对于工业文化遗产概念而言，不知道的占14.53%，不太知道的占45.20%，基本知道的占32.29%，完全知道的占7.98%。由此说明，武汉市民众对于工业文化遗

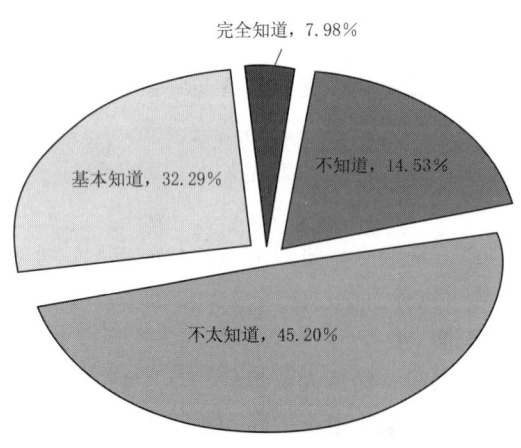

图5.3　武汉市民对工业文化遗产概念的认知

产的概念缺乏最基本的认知。

调查中发现，三线建设时期的工业遗产作为宜昌市工业化、城市化发展的见证者，赋予了宜昌市鲜明而又个性的"文化烙印"，传承下了宜昌宝贵的"三线"工业文明和工业精神。但宜昌市对三线工业遗产的保护和利用的宣传力度明显不足，不管是政府还是工业企业本身甚至是个人都应该具有宣传主体意识。分析发现：一方面，虽然人们能够从历史书中或多或少地了解到三线建设这段时期的历史事件，但是具体到某一个地区，某一代人，特别是由于三线建设当时特殊的历史背景、军工企业的保密性等因素，都导致它在文史资料和记载上少了很多资料，有的即使是生活在三线工业文化遗址周边的居民，尤其是年轻人，也很难讲述当年建厂建设的具体故事，人们对于三线工业的记忆逐渐流失。另一方面，由于公众获取工业遗产相关信息的渠道较少，公众对于工业遗产保护和利用参与的积极性并不高。对于老一辈宜昌工业人而言，对宜昌的工业建设还有着很深的印刻，而对于年轻人而言，生活在多元化的社会里，从事行业更加丰富，对于工业文化的认知较少，情感并也没有那么强烈，所以更加缺乏对于工业遗产保护和利用的参与性和保护意识，这也是工业遗产传承所面临的主要问题。在走访809工业遗址周边居民时，一位老师傅讲述他当年就参与到了三线工业建设的工程之中，从事搬运水泥、烧锅炉、建造房屋等工作，当时参与建设的很多人都来自四面八方，但后来都离开了，他对三线建设怀有很深的情感。此外，走访的大多数青年人对三线建设的历史表示不太了解或不清楚。因此加强三线工业遗产的宣传，提高公众的认知对于三线工业文化的保护与利用是十分有必要的。

深厚的理论和认识能够为工业文化遗产保护与利用提供科学的方向，同时也能给政府部门的决策提供有效的参考依据。例如湖北师范学院工业遗产研究中心构建的工业遗产网，是由湖北师范学院矿冶文化研究中心和汉冶萍网·汉冶萍研究中心共同创办的公益性网站，该网站以宣传工业遗产、促进工业遗产研究与保护为宗旨，汇集了诸多相关学者的工业文化遗产的研究著作和学术成果，这给工业文化遗产保护和利用的研究搭建了一个非常良好的研究学习平台；又例如武汉理工大学构建的工业遗产与文化研究中心，也发表了许多针对武汉工业文化遗产研究的优秀学术成果，这给武汉相关工业文化遗产的利用和保护提供了许多有效的价值信息。

由此可见，我们更应该重视工业文化遗产的理论研究，深化对工业文化遗产的认识，从而真正体会到工业文化遗产的价值所在，以及带给我们的无穷财富。

二、高校缺乏工业文化教育和人才培养机制

高校作为传承文化知识和培养人才的重要基地，发挥着不可替代的作用。但根据调查发现，在高校人群中，大家对于工业文化遗产的认知度和了解程度也并非很深。所以，在高校内应该加强对学生工业文化遗产知识的普及和教育，鼓励学生积极参与相关工业文化遗产的社会调研实践，让学生走出校园，结合理论知识积极探索发现。

同时我们发现，工业文化遗产的保护和利用也需要更多的专业人才，在这方面也体现出明显的不足。当前，武汉工业文化遗产保护和利用的专家和学者大多数是老一辈的人，缺少年轻人参与其中。这就需要在高校，特别是与之相关的专业方面建立人才培养机制，不断发掘人才，为工业文化遗产保护和利用储备新的血液。

三、缺乏宣传主体意识，获取信息渠道较窄

工业文化遗产的保护和利用的宣传并非媒体一家之责，不管是政府还是工业企业本身甚至是个人都应该具有宣传主体意识。从这一点来看，是存在明显不足的。对于政府而言，需要承担起政策引导的主体责任，要向公众普及相关的法律法规以及规划设计，让民众及时了解到所生活的区域内有哪些是属于工业文化遗产的保护范畴，他们应该遵守哪些规定；对于工业企业而言，宣传的主体意识更应该加强，工业企业是工业文化遗产保护和利用的中坚力量，在改造利用过程中具有更多的自主性和灵活性。所以，在宣传上，更应该积极联系相关媒介，加大工业文化遗产的宣传力度，吸引周边以及国内外游客参观学习，鼓励对外交流学习，取长补短；对于社会民众而言，可以重视家庭文化教育，向年轻一辈普及工业文化意识，带领孩子参观工业文化遗产博物馆，参加工业文化旅游，并参与到工业文化遗产的保护行动中。

此外，目前公众获取工业文化遗产相关信息的渠道较少。所以，各宣传主体还应该扩大宣传的渠道，利用现代网络信息和科技手段，特别是利用网络、微信、微博等主流媒介，让民众更方便、快捷地获取相关信息。同时，也可以在工业遗产实地采取丰富多彩的文艺宣传活动，使人们亲身感受工业文化遗产的魅力所在，从而共同推动武汉市工业文化遗产保护与利用的宣传和普及。

四、公众参与积极性不高，保护意识不强

公众的文化遗产认同程度、情感态度以及保护的意识等多种因素都会影响到公众是否有效地参与到工业文化遗产保护和利用来。通过实地调研和个人访谈发现，公众对于工业文化遗产保护和利用参与的积极性并不高，保护意识也比较淡薄。对于老一辈武汉公众而言，他们对工业文化遗产具有较为深厚的感情和记忆，对工业文化遗产保护与利用的认知和意愿也较为强烈；而对于年轻人而言，生活在多元化的社会里，从事行业更加丰富，对于工业文化的认知较少，情感也没有那么强烈，所以更加缺乏对于工业文化遗产保护和利用的参与性和保护意识，这也是工业文化遗产传承所面临的主要问题。同时我们还发现，社会组织和社会团体也很少参与其中，重视程度依旧有待加强。

但总体上来说，宝贵的工业记忆并没有真正丢失，目前仍有许多相关人士正在积极致力于工业文化遗产的保护与利用当中。武汉这座城市已经深深地烙上了工业的灵魂，工业文化遗产所带给人们的财富将会一代代地传承和延续下去。

第六章　国内外工业文化遗产保护与利用经验借鉴

第一节　国内工业文化遗产保护和利用经验借鉴

一、北京："798"模式

北京近百年来的工业化留下了众多的工业文化遗产，作为首都北京对工业文化遗产的保护更是从20世纪便已开始。20世纪90年代，北京尝试将部分工业文化遗产纳入文物保护范围，但也仅止于保护而未提及利用。直到2007年的全国文物普查给北京市的工业文化遗产保护提供了基础数据，之后调研活动与相关政策的出台也同时进行，北京市的工业文化遗产保护才逐渐有序发展。

798艺术区率先走出了探索之路。798艺术区是目前国内最大规模整体保留和再利用老工业区的典型例证。798艺术区的历史前身便是新中国"一五"计划期间建设的"北京华北无线电联合器材厂"，即718联合厂。[1] 它是在苏联与德国共同援助下建立起来的，展现出典型的实用与简洁相结合的包豪斯风格。798艺术区的整体利用不是政府主导，而是民间自发形成的，它的兴起可以说是商人和艺术家一拍即合的结果。一方面，2000年，在整合六厂的基础上建立的七星集团出租了闲置的厂房以增加利润；另一方面，2002年，在中国做艺术网站的美国人罗伯特租了此处的厂房。在他的影响下，与之交往的艺术家们也为其宽敞的空间与低廉的租金所吸引纷纷租下厂房作为展示空间或工作室。此后，具有独特风格的厂房受到更多艺术家的青睐，逐渐形成了今天的798艺术区。798艺术区的格局、艺术风貌都保存较好，既有着浓浓的德国包豪斯风格也展示了中国的历史。经过艺术家改造的德国风格的老军工厂车间里鲜明地呈现了新中国社会主义工业化、"文化大革命"和改革开放的历史痕迹，甚至还保留了"文化大革命"时期的标语。至于利用方面则是更上一层楼，形成了以文化艺术为主以及书店、餐饮一条龙的商业区域，其中艺术创作与设计类产业占主导。艺术区与商业区糅合的模式更是双赢，既扩大了文化影响力又增加了经济利益。

798艺术区是由民间自发形成，其实这也侧面反映出是产业的发展催生了798艺术区。文化创意园区的形成自有其成长的土壤，那就是文化创意产业的发展。武汉市政府在这方面就不仅仅是打造如汉阳造这样的创意园区，还要着力推动产业结构的不断优化，使创意产业与其他行业相互融合，否则创意园区就是无根之木了。除此之外，制定国际化战略也很必要。美国人罗伯特的一个举动便引发了一个著名艺术区的形成，国际化交流不能忽视。

---

[1] 许东风. 重庆工业遗产保护利用和城市振兴 [D]. 重庆大学，2012.4.

二、天津:"租界改造"模式

天津是我国北方最早开放的城市,其工业文化遗产密集度很高,主要分布在塘沽区与海河沿岸。近代西方各国的侵略使得天津海河两岸出现了"九国租界"。海河西岸为英、法、日、德;东岸为俄、意、奥、比。租界面积达1399.95公顷,是天津旧城的八倍。❶ 因此天津的工业文化遗产很多都具有异域风情,而天津也在租界的利用上走在了前列。

天津原意租界(现为意大利风情街)的改造就是一个典范。原意租界原是花园式的住宅区,新中国成立后人口的扩张使得租界人口密集、内部拥挤破败;唐山大地震又使建筑进一步毁损。自政府确定改造以来,原意租界就从各方面着手进行改造。首先便是对现有建筑物的修正,遵循"修旧如旧"的原则,尽可能地保留原有建筑的风貌。而像马可波罗广场、梁启超故居这种知名建筑则被列为重点修正对象。然后便是针对建立综合商业区的目标,新建适当的建筑对原有建筑进行补充。当然,新建建筑尽量避免雷同,传统建筑与现代建筑的碰撞也是相映生辉。与此同时,道路建设、网络覆盖、水电燃气等配套设备也都完工。原意租界也成为了集商贸、休闲、旅游于一体的风情街。它不仅与毗邻的奥式风情街、商业以及金融中心等产生联动作用,使承载了一代又一代人记忆的原意租界免于可能的毁灭,未来更是面向着国际发展。

天津租界改造的经验也同样可以运用到武汉的汉口租界上来。2013年武汉市市长宣布了原为英租界的青岛路片改造工程正式启动,汉口租界的改造可以借鉴综合类的风情街模式,再因地制宜进行改造。

三、上海:"弄堂"模式

上海是我国最早开放的一批通商口岸,也是我国最早进行工业化的城市之一,工业文化遗产十分丰富。而且上海也是我国经济中心与人才聚集地,工业文化遗产的保护不仅领先全国而且还有示范作用。上海的老工业主要是建于鸦片战争以后,集中分布在杨柳浦和苏州河两岸。

上海将工业文化遗产分为两类。一类是具有极高的历史文化价值,这一类都被纳入文物保护范围;另一类是历史文化价值一般的,进行再利用的主要是指这一类,上海市政府有组织地将这些老工厂转型,利用其工业历史建筑的特色吸纳社会资源,将保护与开发寓于一体,融入到创意产业的发展中。而且上海有一个极佳的契机:世博会。以卢湾区田子坊为例,田子坊位于上海市泰康路210弄,"田子坊"顾名思义就是"小弄堂工厂",原是由上海钟塑配件厂等五家小工厂合并组成。但自20世纪90年代以来,上海的劳动密集型企业在产业结构调整的风波中难以为继,纷纷转移,这些小工厂也逐渐空了下来。"田子坊"的改造离不开政府的支持,作为第一批创意产业园区,政府在整体规划、设施修建、环境改善方面都花了大气力,形成了工艺、创意等特色产业。经过多年探索,思南路的古玩商店小有名气,更有大量外国创意企业入驻。"田子坊"甚至被称为"上海的苏荷"。借着世博会的东风,政府又建立了"田子坊管委会","田子坊"又开始了新一轮的建设,成为了世博主题的标志地区,向全世界展示了上海的里弄风情。

---

❶ 张应静. 天津近代历史建筑再利用研究——以天津海河沿岸租界区建筑为例 [D]. 重庆:重庆大学.2012.4.

上海的半岛1919创意园区在上海的众多创意文化园区中毫不逊色，它尤以多样的工业文化遗产保护策略闻名。半岛1919的前身是上海第八棉纺织厂，因此它在棉纺织方面进行了深入挖掘。它不仅保留了纺织机、传送轨道等记录中国近代纺织工业历史的载体，诸多设计中心、艺术中心的入驻又显示了文化的延续。项目改造采用持续动态设计取代一次性设计。对于园区的经营性、半经营性、公益性空间的组合策略在项目的推进中不断调整，以适应园区不同时期的经营策略。❶旧有建筑的改造谨慎使用插层法，不轻易划分室内空间，不任意改变现有层高，尽量维持空间的可塑性。因此半岛1919的发展具有可观的灵活性与活力。

上海两大创意产业园区各有特色。"田子坊"具有浓郁的弄堂风情、海派文化。而武汉谓为百湖之市、湿地之城，荆楚文化、盘龙文化别具一格，铜锣、汉剧名扬四方。这些都为武汉发展创意产业提供了深厚的文化积淀，所以武汉市在兴建创意产业园区时一定要努力培育其地域特色和区域品牌。而武汉在工业文化遗产的保护上要看齐半岛1919，尤其是持续动态设计的理念，这样也可以避免因初期投资过大而导致的资金不足。

四、南京："生活秀带"模式

南京在我国近代工业发展史上有着特殊的地位，它不仅是最早开放的通商口岸之一，还是民国的首都。因此，无论是在质量还是数量上南京的工业文化遗产都遥遥领先于全国。

南京市工业文化遗产类型丰富，空间布局时代特征明显。行业类型方面，涉及电子、石油化工、车船制造、采掘冶金等十余种；建筑风格方面，包括西式、中式、中西结合等不同风格；结构功能方面，有巨型钢架、拱、排架、钢混结构等支撑的高大空间，也有框架结构、砖木结构等形成的低矮宽敞空间，构建筑物材质有砖、钢、混凝土等多种类型；空间布局方面，总体呈沿江河水系、铁路布局的空间特点。此外，工业文化遗产代表性强，部分保存状况较好并沿用至今。南京近现代工业具有起步早、层次高、生命力强的特点，如金陵机器制造局（现为晨光1865创意园）是四大官办军工企业之一，拥有当时最先进的设备，拥有工人近千名，是规模仅次于江南制造局的近代化机器大生产的大型军工企业，所生产的新式枪炮的产量和质量均占当时全国之首，是国内目前最大的近现代工业建筑群。南京下关火车渡口始建于1930年，主要遗存是码头和引桥，是亚洲第一条铁路轮渡，曾被评选为1927—1937年间的中国"十大工程"之一。采用"活动引桥"方案，可升降栈桥码头由英国多门朗公司承建，连接起了沪宁线和津浦线，一直使用到1973年。此外，还有南京长江大桥、中国水泥厂、江南水泥厂、浦镇机厂、和记洋行等工业文化遗产。

南京市对工业文化遗产的保护是与城市空间密切相关的。南京工业文化遗产保护结合南京特有的山形水势，形成了两条工业文化、传统文化与自然风貌相互交融的文化绿廊。❷南京的工业文化遗产实行分类保护利用，强化业态转型升级。目前，主要有三种改造利用方式，一是建设博物馆和展览馆，如金陵机器制造局旧址利用老建筑改造为厂史博

---

❶ 宗轩. 工业建筑遗产与更新研究——半岛1919的前世与今生[J]. 城市建筑. 2012.3.
❷ 苏玲，卢长瑜. 面对城市的工业文化遗产保护——以南京工业文化遗产保护为例[J]. 中国园林. 2013.9.

物馆；二是打造文化创意产业集聚区，如南京第二机床厂改造为南京国家领军人才创业园；三是建设工业遗址公园。

2021年10月，南京市政府办公厅印发实施了《南京市推动工业遗产保护利用打造"生活秀带"工作方案》（以下简称《方案》）。该《方案》立足新形势下工业遗产保护利用要求和南京市实际，明确了工作目标、主要任务和保障措施，为推进老工业城市更新改造和转型发展提供了蓝图。尤其是做好老工业城市工业遗产保护利用，有利于更好地提升城市功能，丰富城市内涵，彰显城市特色，实现从"工业锈带"到"生活秀带"的转变，推动老工业城市高质量发展。

五、重庆："创意集市"模式

重庆是西部地区的中心城市，虽然开埠较上海、武汉晚，但近代工业发展速度却在西南地区处于领先地位。在抗战时期，重庆作为"抗战陪都"，引得大部分工业企业迁入和大批军工企业建立，随后重庆工业又在两个五年计划和三线建设中发展壮大。工业文化遗产早已融入重庆市的城市文化当中。

重庆的重工业尤其是钢铁工业闻名全国，素有"北有鞍钢，南有重钢"之称，重庆工业博物馆的兴建正是在重钢旧址上。博物馆项目建设分为公益性和商业性，即工业博物馆和综合开发项目，但并没有将厂区划为两块，而是将商业配套打散，零星分布在厂区周围。在此基础上，厂区内部建起博物馆群与创意产业区。博物馆内主题多样，有全景展示重庆整个工业化进程的历史陈列馆，有因重钢在中国钢铁发展史上地位举足轻重而单独设立的中国钢铁博物馆，还有必不可少的游客体验中心。在创意产业区的组织上，重庆工业博物馆跳出了"园区"的思路，提出了"创意集市"的概念。❶ 根据重庆的五大支柱产业——兵工、汽摩、机械、IT、冶炼分别建设了5个行列馆，围绕行列馆兴起了餐饮服务咖啡厅、茶室等，服装行业品牌旗舰店，小众服饰等，住宿服务酒店、公寓等，还有企业用所办公室、设计中心等，既热闹又不喧闹，功能多样且齐全，岂非"集市"否？厂区外部则通过废物利用建立了广场、公园及停车场，不仅实用环保而且加强了园区与城市的联系。重庆工业博物馆不仅是政府主导而且提供了很多公众参与的渠道，博物馆的内部文物大多都是企业和个人捐赠的。如嘉陵股份公司捐赠的1875年枪子南厂机器房图，长安工业捐赠的金陵兵工厂各时期的珍贵图片。❷ 重庆博物馆项目的研究使得充满了时代特色的工业文化遗产能够融入到当代城市生活中来，重新焕发发展的动力，完成历史传承与社会使命。

重庆工业博物馆项目启示了武汉钢铁工业文化遗产的利用。目前，张之洞与近代工业博物馆的建设遇到资金瓶颈，武汉市也应如重庆市一样由政府全力主导，吸引社会资金、文物捐赠；而且遵循"以馆养馆"的原则，博物馆与创意产业区双向建设，解决资金问题。同样的，青山区的老钢铁工业、汉阳钢厂、兵工厂等也可如此借鉴。

六、西安："校园"模式

西安真正意义上的工业化比较晚，直到日本侵略、国民党开发西北才迎来了发展的机

---

❶ 刘伯英，杨伯寅. 重庆工业博物馆的概念规划和建筑设计［J］. 工业建筑. 2014.
❷ 陈杰杰. 重庆的工业文化遗产即工业博物馆展品征集研究［D］. 重庆：重庆师范大学. 2014.

遇，而且新中国成立后西安才迎来发展的春天。两个五年计划期间，西安由以轻工业为主转为轻重工业并重的综合性工业城市。其实西安工业文化遗产的保护和利用比较落后，很多工业文化遗产面临着危机。而且西安作为十三朝古都，以厚重的历史文化扬名，时间短暂的工业文化遗产改造并不占优势。但是无论如何已在慢慢地摸索，这对于同样处在摸索过程中的武汉等一些城市有着相互借鉴并吸取经验教训的作用。

在西安的工业文化遗产资源利用中，西安建筑科技大学东校区可谓别具一格。东校区的前身是陕西钢厂。陕西钢厂是新中国成立初期国家重点投资的项目，后破产经竞标归属于西安建筑科技大学。大学当然少不了教学楼、宿舍、图书馆、活动中心、超市、校园景观等，而这些经过功能置换后都做到了。原先的车间、厂房改造成教学楼、宿舍、图书馆、活动中心；仓库改造成超市；其他独特的工业建筑自然成为校园一景。这样一来，东校区的校园也就有别于一般的学校了。这个想法真是绝妙，对于西安建筑科技大学来说，不仅节省了建造成本而且缩短了建设周期；对于工业文化遗产的利用来说，利用方式十分实在，而且融入到了现代社会生活当中；对于周边环境而言也是大大的改善，毕竟有大量学生在此生活、学习。从整体上看也是最有意义的一点，对陕西钢厂的再利用提出了对工业文化遗产再利用的一个新的思路。❶ 在武汉市的工业文化遗产保护与利用规划中，鲜有提及这一模式。但是鉴于武汉市教育雄厚、高校林立且城市用地比较紧张的情况，无论是高校的扩展还是新校的建立，都可以考虑在工业文化遗产旧址上建立校区。

七、台湾："科技博物馆"模式

2012年，第十五届国际工业文化遗产保存委员会大会在台湾地区召开，在工业文化遗产的保护和再利用方面对大陆有重要的借鉴意义。

台湾地区除水利、渔业、林业、煤矿资源比较丰富以外各类矿产资源均不丰。工业文化遗产资源的保护主要是以制糖业、制酒业、制盐业为主的制造加工业，净水厂，水库为主的水利设施，冶金、炼煤为代表的冶铸业以及遗留的铁路和客源站等。至于开发利用的模式，有传统的博物馆模式，文化创意产业园模式，商业体模式和景观公园模式。这里介绍在台北啤酒文化园区和淡水红楼餐厅。

台北啤酒文化园区在国民党政府接管以后更名为"建国啤酒厂"。建国啤酒厂不仅有着四座德国铜制糖化斧还有具有悠久历史的砖块建筑和石酒桶，其改造也是以动静结合的方式。酒厂仍在生产运行，所以游客可以亲眼目睹啤酒酿造的流程，品评各类啤酒，还有专门的教室可以模拟学习啤酒生产的原理。此外，改造成功的啤酒文化园区与同地区的文化遗产产生了联动作用，形成了连续的文化空间，更具旅游价值。

淡水红楼餐厅的前身是日本官员所居官邸。因为改造的经费问题采取公开招标的形式，最终汉王洲际饭店获得经营权。在改造的过程中，建筑延续其原有的巴洛克式风格，在其基础上增添了清末洋楼特色，营造中外结合的韵味。同时也举办各类文化活动及展示，更增添一丝文艺气息。淡水红楼餐厅集文艺、旅游、酒店、餐饮于一体，已在淡水市颇具名气，旅游人数更是年年攀升。这种非静态式保护不仅节省政府修缮费用还能有所

---

❶ 城市更新背景下的工业文化遗产保护和开发问题研究——以西安市为例 [D]. 西安：西北大学．2010.6．

创收。

台湾在以上两个方面的利用都很值得借鉴。首先是食品工业文化遗产的保护和利用。武汉和利汽水厂和赞育汽水厂均是抗日战争前武汉乃至华中地区最大的两家机制汽水厂。[1] 它们都具有很高的技术价值，展示了武汉食品工业从手工到机器再到新式机器的发展脉络。这些都可以借鉴台北啤酒文化园区的模式或者博物馆模式，以动静结合方式展示汽水的生产。其次一些保存比较完整、建筑风格突出的工业文化遗产可以参见淡水红楼餐厅的方式。如俄式风格的新泰砖茶厂大楼、斯拉夫风格的李维诺夫别墅都可以基于本身风格再进行修正，改造成茶楼或者餐厅。

八、其他

此外，国内对三线建设工业文化遗产的保护利用，以攀枝花、绵阳、六盘水为代表。例如，攀枝花市作为三线建设工程的"龙头之一"，从规模和影响来说都是非常巨大的，成为许多学者研究和参考的案例之一。攀枝花建立了三线建设博物馆（图6.1），主要展示当年涉及三线建设的全国十三个省（自治区）的建设过程与建设成就。三线建设博物馆收集了党和国家领导人对三线建设的题词、三线建设时期的物品、中央和全国十三个省（自治区）三线建设的决策文献史料，以及三线重点企业的航空、船舶、机械、交通、常规兵器等各类三线建设文物共1万余件。整个展览充分展示了半个世纪以来，中华民族工业建设史上一段气壮山河的光辉历程，再现了上千万人参与，四百万人迁徙，几辈人无私奉献的英雄业绩，能够让参观者充分感受到三线建设的恢弘气势、伟大成就和艰苦创业精神。作为目前我国唯一一家三线建设博物馆，对湖北省三线建设地区（如宜昌、襄阳、十堰）的工业文化遗产保护利用提供了经验参考。

图6.1 攀枝花三线建设博物馆

---

[1] 卢锐. 武汉食品工业文化遗产研究[D]. 华中师范大学. 2014.4。

位于川北三线工业建设带上的绵阳 126 文化创意产业园也是对三线工业遗产保护与利用一个较为典型的案例。126 文化创意产业园原是 126 电子九所老厂区，在国家三线建设期过后，这里留下了大片的园林式老房，以及数十栋保存完好的包豪斯风格的红砖青瓦建筑。为了更好地传承与保护好三线工业文化，该产业园已经被政府命名为"绵阳市首批市级文化产业示范园区"。同时，为支持文化产业发展，使该区域规划建设合法合规，绵阳市土地规划局于 2015 年 1 月按程序启动"126 文化创意产业园"地块规划调整工作，将用地性质调整为商务用地，部分兼容商业设施用地、文化设施用地和娱乐康体用地。并且获得市政府批复，为该园区发展建设提供了法定依据。

第二节　国外工业文化遗产保护和利用经验借鉴

一、美国："综合商业区"模式

美国是由殖民地国家直接跨度为工业国家的典型。尽管建国历史不长，但工业化发展程度高，因此拥有大量的工业文化遗产。美国对工业文化遗产的保护十分重视，不仅有立法支撑而且有社会各界的参与。从 1906 年的《联邦·文物法》至 1935 年的《历史遗址与建筑法》，再到 1966 年的《国家历史文物保护法》等，通过立法对工业文化遗产保护行为进行了指导和约束。[1] 组织机构，不仅有联邦政府下设的国家公园局、美国联邦历史保护咨询委员会、全美洲历史保护官员联合会等官方机构，还有著名的历史保护信托组织等民间组织，甚至还有社会基金会这种非盈利性的社区组织。如此一来，美国工业文化遗产保护的经典案例有如泉涌，而且其寓于再利用之中，模式多种多样。

西雅图煤气厂公园是公认的景观公园模式的典范。西雅图煤气厂公园于 1970 年在西雅图煤气厂旧址上建造而成。原工厂的许多设备都在设计师哈格有选择性地删减后得以保留，公园里的草地也因其自然生长的理念而完好保存。不仅如此，哈格还对被严重污染的土壤进行治理，清除积累了半个多世纪的化学污染物。经过改造，被刷漆的老机器变成了孩子们的游戏器械，旧厂房则成为了休息室或者餐厅，风筝山顶上的日暮给孩子们提供了极大的想象空间。而煤气厂公园不仅有着传统公园的功能，而且有着眺望西雅图中央区天际线的极佳视角以及迥异于传统公园的沧桑、另类的美感，成为了西雅图极负盛名的公园。

纽约曼哈顿岛的"苏荷区"则被公认是工业文化遗产综合开发利用的楷模。第二次世界大战后，许多铸铁企业由于纽约制造业的衰退而陆续搬离，而闲置的厂房因廉价的租金和宽敞的空间吸引了很多创意工作者的进驻，独具慧眼的画商们也纷纷在此地落脚并设立了诸多画廊。随着画廊和美术馆以及展厅的落成，具有文艺气息的书店、餐馆、咖啡厅等也相伴而生。苏荷区不仅成为了文艺与时尚聚集地，而且还成为了纽约市重要的综合商业区。

---

[1] 王高峰. 美国工业文化遗产保护体系形成的若干因素探讨 [J]. 科学技术哲学研究. 2014.6.

湖北省工业文化遗产的保护极度欠缺法律支撑与各方参与。湖北省应该完善工业文化遗产保护的地方法律法规或者各种规划，所负责的组织机构要落到实处，政府也不能忽略对人民的号召与感染，这样民间机构才易出现，人民热情才得以调动。此外，景观公园模式也是重工业文化遗产改造的一条可行之道。

二、英国："旅游文化模式"

英国是工业化的先驱，它在第一次工业革命中一枝独秀，煤炭、钢铁、运输等行业发展迅猛。同时英国也是最早经历逆城市化的国家，面对制造业逐渐衰落的情况，英国政府充分利用工业文化遗产资源，将传统的工业区转化为适应时代与社会需求的工业文化景观。这对世界工业区的改造都具有重大意义。

英国对工业文化遗产的保护分为两类。一类是对有形工业文化遗产的保护。有对生产与能源设备的保护如厂房、仓储等；有对运输设施的保护如铁路、桥梁、运河、码头等；还有对依附工厂而建的办公室与居住地的保护。另一类是对无形工业文化遗产的保护。无形的工业文化遗产包括史料、口传典故、技艺和技术等。英国是工业化的先驱，其工业技术具有很高的历史文化价值，如蒸汽机的发明是第一次工业革命的显著标志，英国就十分重视蒸汽机技术的保护和利用。

至于英国对工业文化遗产的利用模式，鉴于工业文化遗产旅游起源于英国，这里着重介绍以旅游文化为主导的开放型模式，其中比较突出的有曼彻斯特市卡斯菲尔德地区的案例。卡斯菲尔德是工业革命的摇篮，它于1830年建立了史上第一条铁路与铁路客运站，伴随着铁路运输的发展逐渐形成了铁路、砖桥、高架桥、运河交织的四通八达的交通运输体系。卡斯菲尔德也是以此为主导产业。但是自19世纪中叶以来，铁路与水运的功能已逐渐丧失，卡斯菲尔德向着工业旅游城市转型。基于其现成的丰富而鲜明的铁路与运河遗产资源，在旅游开发过程中重点便放在了完善基础设施，强化运输节点，整治节点上的重点建筑方面。有些重点建筑被改造为科学博物馆，还有些如上文中的火车站被整治后保留下来，这也成为它的一大特色。整治后的卡斯菲尔德改变了江河日下的命运，摇身一变成为全国性的旅游胜地。其中经济价值与文化价值自不必说，它更是社会资源循环利用的典范，工业文化遗产旅游的先锋。

当有，湖北省仅有4家全国工业旅游示范点，因此，湖北省理应借鉴上述经验，开展工业旅游路线，完善基础设施，积极宣传造势，将工业旅游打造成湖北省旅游产业新的增长点。

三、德国："整体性规划"模式

德国是欧洲老牌工业大国。而位于西部的鲁尔区是世界最大的工业区之一，更是德国"工业的引擎"。[1] 鲁尔区不仅有着丰富的煤炭资源而且临近法国洛林铁矿，逐渐形成了以煤炭、钢铁、机械、化工为主的重工业基地。但19世纪50—60年代以来，随着世界能源结构的变化和新技术革命的冲击，生产结构单一的鲁尔区逐渐衰落。面对这些危机，德国

---

[1] 孙浩, 郭洋, 唐志强, 等. 国外如何保护工业文化遗产 [J]. 决策探索. 2014.12.

政府进行了总体规划,充分挖掘其工业文化遗产的再利用价值,最终将鲁尔区变为了极具活力的创意产业、公共休闲与艺术活动场所。

鲁尔区工业文化遗产的保护遵循整体保护的理念,内容大致可划分为三个部分。第一是整体结构保护,即对厂区的整体空间结构,交通运输结构以及其中的构成元素等进行保护,如对蒂森钢铁厂的保护。第二是工业设施保护,对于鲁尔区的大多煤炭和钢铁厂而言,就是对其生产设施厂房、锅炉房、高炉、烟囱、水渠、油罐等的保护以及运输设施传送带、管道等的保护。第三便是场地环境保护,处理被污染的土壤、植物、河流之后进行景观规划以改善生态环境。

而在工业文化遗产的再利用上,鲁尔区主要采取了以下几种模式。一是博物馆模式。在埃森市"关税同盟"煤矿工业区中,人们可以参观由废弃铁路与火车车皮改造的儿童艺校表演场地,由旧厂房改造的鲁尔博物馆。更妙的是,鲁尔区还为参观者提供了可以亲身体验的动态博物馆。在"波鸿-达赫豪森"铁路博物馆中,人们还可以乘坐旧式蒸汽机车。二是景观公园模式。北杜伊斯堡景观公园就是一个十分成功的案例。废弃的瓦斯储放槽被改造成潜水训练基地,一些厂房甚至被用作电影拍摄基地,而用来存放焦煤的水泥建筑物被改造成一个攀岩训练场,吸引了很多攀岩爱好者。三是综合商业体。"关税同盟"煤矿XII号矿井建筑群便是其中的佼佼者。厂区的每一栋建筑都被赋予了新的功能,厂房被用作企业的展示空间或者工作室;涡轮压缩机房设计成著名的Casino酒吧、餐厅……这些改变吸引了众多艺术家、创意设计企业,已成为德国工业艺术和设计产业的中心。

如今,鲁尔区自1998年规划的"工业文化之路"已将区内景点全部串联起来且还在不断发展壮大。机动车环形线路总长400千米,自行车路网总长700千米。[1] 鲁尔区不仅为德国创造了巨大的经济收益,而且在文化方面也起到了关键作用。鲁尔区于2010年获得"欧洲文化首都"称号,其工业文化遗产的改造更是推动了德国成功申办2010年"欧洲文化城市"。

鲁尔区内工业文化遗产改造的模式多种多样,这些都是可以参考的。而湖北省在借鉴这些模式之外更重要的是借鉴整体保护和发展的理念和工业文化遗产联动发展的方法。湖北省政府要首先制定整体规划和城市设计导则,而不是让市场直接影响。另外要将湖北省的工业文化遗产联通起来,形成工业旅游网络,带动整个湖北省工业旅游的发展,改变现在的零散现状。

四、日本:"社会教育"模式

日本是亚洲最早进行工业文化遗产保护与利用的国家,其保护与利用的历史仅仅40年,但是已经取得了长足的进步。2007年,日本石见银山成功受批为世界遗产,这也是亚洲首例成功列入世界遗产名录的工业文化遗产。随后,2014年群马县富冈制丝厂及近代绢丝产业遗迹群成功申遗,2015年明治产业革命遗址群成功申遗。

这里以群马县富冈制丝厂及近代绢丝产业遗迹群为例。富冈制丝厂设立于明治维新时期,其经营活动一直维持到1987年。而此时,日本的产业逐渐转型升级倾向于高附加值的工业制成品,富冈制丝厂已不具竞争力。但是,富冈制丝厂也有着一大优势,只此一家

---

[1] 刘抚英,邹涛,栗德祥. 德国鲁尔区工业文化遗产保护与再利用对策考察研究[J]. 世界建筑. 2007(7)。

完整保留了明治维新时期的工业建筑。于是，地方政府接手了对于片仓集团来说已经是不良资产的富冈制丝厂。首先，群马县政府牵头举办了"第一回富冈制丝厂世界遗产传道士养成讲座"。❶ 随着影响的扩大，政府也广泛吸纳社会各界力量。许多社会团体便参与到富冈制丝厂的保护利用上来，开始分担政府的具体工作。像产业观光学习馆着重培养解说制丝技术的人才，已举办多场讲座。富冈制丝同好会涉及范围更广，不仅负责了厂内的清洁工作，印制了制丝厂的历史绘本，还拓展了一条生财之路，在制丝厂附近建起了旅游产品连锁店。政府作为第一推手并发挥社会团体的力量算是卓有成效。

此后，日本政府和企业财团陆续进驻工业文化遗产保护领域并逐渐发挥主导作用，政府高官和产业大亨们还于2013年在东京成立了产业遗产国民会议。富冈制丝厂申遗成功也使日本更加重视关乎民族精神的工业文化遗产，并大力推进山口—九州地区工业文化遗产的申遗。

日本在这一例上给湖北省最大的启发就是政府对于工业文化遗产保护有着巨大的推动力。而反观湖北省，武汉钢铁公司的效益年年下降，但是武钢博物馆开馆5年来高额的运行费用均由武汉钢铁公司自己承担，湖北省和武汉市政府均无任何补贴。政府应给予适当支持，如利用政府平台进行宣传给予政策支持，或在全城博物馆之间展开联动。❷

---

❶ 邹怡. 日本是如何保护和利用工业文化遗产的[N]. 文汇报. 2016 - 02 - 19.
❷ 吴晨，李瑞静. 台湾地区城市复兴过程中工业文化遗产的保护和再利用[J]. 北京规划建设. 2013 (2).

第七章 湖北省工业文化遗产多中心协同保护与利用的基本思路与政策建议

通过对湖北省工业文化遗产保护与利用现状的分析，并对国内外主要城市对工业文化遗产保护和利用的经验借鉴，我们认为应当从解决湖北省面临的实际问题出发，理顺湖北省工业文化遗产保护与利用的基本思路，并向相关部门提供一定的政策建议。

第一节 完善法律法规，探索长效机制

一、尽快制定并颁布《湖北省工业文化遗产保护与利用管理条例》

有法可依是工业文化遗产保护顺利进行的保障。对工业文化遗产的保护和再利用，需要政府的支持与引导，集中各方面专家的智慧，形成共同的纲领，国家或地区通过立法建立一系列完善的制度并由各级政府采取有效的行政管理手段加以执行。[1] 当前，受到经济利益的驱使和房地产行业的不规范操作，造成包含工业文化遗产等历史阶段性的破坏，其主要的原因就是缺乏法律依据和相关制度，缺乏监督机构和反馈机构，导致工业文化遗产自身的法律地位不明确，核心价值得不到保护。当前，湖北省工业文化遗产的保护主要套用《文物保护法》的相关内容，但是文物保护法规在有关工业文化遗产的内容方面不够明确和完善，许多工业文化遗产资源都存在人为的、缺乏认识的、基于利益导向的破坏活动。例如，武汉市工业遗产规划第一批选定了29处工业文化遗产，但该规划还未颁布时就有2处被拆毁，却无法律可依，无法追究其法律责任，最终第一批工业文化遗产名录只有27处。[2]

因此，湖北省应当尽快制定并颁布《湖北省工业文化遗产保护与利用管理条例》，并在此基础上进一步推动立法，确立工业文化遗产和其他文化遗产同等重要的法律地位，通过法律手段对工业文化遗产资源进行全面保护。具体来说，应开展工业文化遗产保护相关法律法规的制定工作，使经认定具有重要意义的工业文化遗产通过法律手段得到强有力的保护，禁止任何单位和个人擅自处置工业文化遗产资源，任何与工业文化遗产相关的设施建筑都应当受到保护。同时，鉴于工业文化遗产异于一般文物保护单位，尤其在价值定位方面有其自身的特点，因此，武汉市对工业文化遗产保护与利用的立法应充分考虑其特殊性，使其核心价值的完整性和真实性得到切实的保护。

---

[1] 李莉. 浅论我国工业遗产的立法保护[J]. 人民论坛. 2011（10）.
[2] 根据WRRH20160822am（访谈对象：武汉市规划研究院闵所长）整理而成。

二、将工业文化遗产保护与城市发展规划有机结合，探索长效保护和利用机制

政府是城市运营的决策者，在工业文化遗产保护和利用的认识问题上，不仅仅是对规划部门、建设部门、文化部门提出要求，作为宏观决策者的城市政府，首先要提高自身的认识水平，改进观念，重视顶层设计。

对湖北乃至全国大部分老工业基地而言，对工业文化遗产的保护其重点应考虑"利用型"保护。❶ 也就是说，工业文化遗产保护只有融入经济社会发展之中，融入城市建设之中，才能焕发生机和活力，才能在新的历史条件下拓宽工业文化遗产利用的路子，继续发挥其积极作用并得到有效保护。

因此，湖北省工业文化遗产的管理部门在规划方面应争取得到各级政府的支持，将工业文化遗产保护纳入到武汉市经济、社会发展和城乡建设规划之中，将工业文化遗产保护与城市发展规划有机结合，探索长效保护和利用机制。从国家宏观层面：一是要求将工业文化遗产的保护纳入国家的相关经济社会发展政策；二是要将工业文化遗产纳入城市和地区的发展规划，调整完善工业文化遗产保护的各种社会关系；三是要制定工业文化遗产保护专项规划。避免一而再，再而三地出现"抢救式"保护，应逐步形成完善、科学、有效的保护管理体系，探索长效保护和利用机制，由"抢救式"保护向"长效"保护转变。

第二节 加强政府规划，成立保护专班

一、建立常态工作机构和工作机制，理顺"横向"权责体系

由于当前工业文化遗产管理体制没有形成独立的体系，有的省市由国土规划部门在负责，有的省市依附于文物管理系统。而工业文化遗产管理体制的建立是一件系统工程，涉及文化、规划、房管、财税等多部门，因此，应尽快成立工业文化遗产管理机构，协调和统一各方面的相关制度，调节工业文化遗产保护利用管理中的问题。

从"纵向"结构来看，国家层面是由工业与信息化部直属事业单位工业文化发展中心下设的工业文化遗产研究所开展工业文化遗产的调查、发掘和整理工作，研究工业文化遗产的保护、开发和再利用；承担工业文化遗产项目评估与认定工作；推动工业文化博物馆建设和工业文化旅游发展。该机构自2014年成立以来进行了广泛的调研，也联合高校等研究机构开展了大量的理论研究。从我国行政管理体制的"条状"结构来看，各省及地方政府也应成立对口的业务机构。但从湖北省经济和信息化委员会以及武汉市经济与信息化委员会了解到，当前该部门并无对应设立的机构，而其他政府部门也没有设立武汉市工业文化遗产管理的专门机构。因此，在"纵向"结构缺失的情况下，湖北省政府应结合当前的实际情况，尽快建立常设工作机构和工作机制，承担当前湖北省工业文化遗产的抢救性工作。

此外，工业文化遗产认定和规划结束之后，具体由哪个部门来保护？工业文化遗产的归属由谁认定？维护、买卖、改造、收益等涉及的各个政府部门究竟在哪个环节参与？以上均是当前"横向"权责体制不清出现的困难和问题，需要全盘综合考虑。

---

❶ 根据 WRRH20160822am（访谈对象：武汉市规划研究院陈工程师）整理而成。

我们认为，应当尽快成立"湖北省工业文化遗产保护与利用工作小组办公室"，可由湖北省政府秘书长牵头，省经信委、省文化厅、省国土资源厅、省住房和城乡建设厅、省财政厅、省旅游局等局委办参与并协同完成湖北省工业文化遗产的保护和利用工作。该机构应常设办公室，牵头负责涉及湖北省工业文化遗产保护与利用的总体方案和重大政策的研究、拟定和调整；负责筹备召开联席会议，起草有关会议文件材料；负责重大汇报材料和对外提供综合性材料的起草报送工作；负责湖北省工业文化遗产资源库的建立、维护和监管以及有关数据统计的分析；追踪研究和整理湖北省不同时期工业文化遗产的史料及动态；负责湖北省工业文化遗产保护与利用法律、法规以及制定意见的研究起草和组织协调工作；对各局委办在工业文化遗产保护和利用的工作中进行权责的划分。由此，理顺"横向"权责体制，避免出现遇事推诿、无人担责的后果。

二、成立湖北省工业文化遗产专家委员会

在武汉市规划局的座谈会上，牵头完成武汉市第二批工业文化遗产名录的几位骨干一致认为，湖北省工业文化遗产的保护利用及其研究需要历史、建筑、文化、经济、政治、规划、考古、生态等不同领域的专业人员参与。[1] 湖北省作为我国的老工业基地之一，在工业化历程中留下了大量的遗迹、遗物、遗存，它们各自的价值内涵与意义不同，对其保护的力度也不尽相同。其中，哪些应做记录、调查、整理和宣传？哪些属于濒危项目需要优先保护？哪些具有重大意义可列为申报国家甚至工业文化遗产项目？因此，在现存的庞大的工业文化遗产资源中，标准是什么？价值如何认定？这都需要在充分调研的基础上建立评估标准，对不同类型的工业文化遗产进行认定。这些工作都需要专业人员给予有效的建议，甚至政府部门可以委托专家委员会制定评估标准和分级管理制度，对不同等级的工业文化遗产区别对待，并通过分级管理优化资源配置，提高管理效率。

因此，应尽快成立由湖北省各高校、研究所、咨询机构等从事工业文化保护与利用的相关专业人士构成的湖北省工业文化遗产专家委员会，作为湖北省工业文化遗产保护与利用的智囊机构，为前期规划及后期的实施提供专业的智力支持和政策建议。也唯有通过专家对湖北省工业文化遗产的用途有更加透彻的认识，在社会变迁的不同阶段对其变更都应当给予关注和评价，才能使湖北省工业文化遗产的真实性和完整性得到充分保证。同时，通过不同工业领域专家研究成果的共享、协调行动才能实现湖北省工业文化遗产的综合研究和全面判断，以此进一步为湖北省工业文化遗产的保护和利用提供理论支撑。

三、建立湖北省工业文化遗产数据库

通过调查我们认为，当前极有必要建立湖北省工业文化遗产数据库，将湖北省的工业遗产的历史背景、发展变迁、资源分布、社会影响、经济价值等方面进行信息采集和录入。湖北省政府自身应深刻认识到湖北省工业文化遗产资源的重要性和价值体现，积极呼吁湖北省政府和相关部门对工业文化遗产保护和开发利用的重视，争取更多的中央支持。

首先，应当从文化角度入手，对湖北省所有的文化主题进行梳理，并把所有涉及工业

---

[1] 根据 WRRH20170822am（访谈对象：武汉市规划研究院闵所长）整理而成。

文化遗产的内容按照文化体系置入各自的主题当中。例如，该体系可包括区域工业文化遗产系列、城市历史名人系列、城市历史事件系列、城市典型工业行业系列、城市交通运输发展和城市工人运动与革命等内容。其次，可以将所有的资源点在空间上进行列位和叠加，实现各主题文化脉络的工业遗产空间落位。最后，通过空间要素的叠加，构建出湖北工业文化遗产的空间结构。如武汉市可以初步形成"两轴四片区"的结构，"两轴"分别是沿长江工业遗产主轴和沿汉江工业遗产主轴，"四个工业文化遗产片区"是指汉口工业聚集区、汉阳武昌沿江工业聚集区、古田工业聚集区和青山工业聚集区。

第三节　引入市场机制，鼓励社会参与

一、建立"政府引导＋市场运作"的保护开发机制

工业文化遗产的保护与利用是一项长期的投资，单靠政府的资金注入难以为继。在政府对工业文化遗产的核心价值实施充分保护的前提下，可以按照"管办分离"的原则，充分发挥市场机制的积极作用，盘活工业文化遗产资源，从单纯依赖行政手段到面向市场的转变。其原因一是市场化过程过于看重短期效益，并且以产值作为唯一的经济指标。为了避免将工业文化遗产完全作为资产来经营，工业文化遗产的公益性视野部分应当交回政府文化部门实行事业化管理，这样才能保证工业文化遗产不会因为过度开发而丧失其本来的价值。二是通过市场化经营一方面可以加长工业文化遗产的价值链条；另一方面可以促进工业文化遗产保护和利用的多元参与者实现互利共赢。[1] 工业文化遗产市场化经营在西方一些国家已经开展起来，法国、英国、意大利等国家正在突破由国家对文化遗产事业统揽统包的格局，开始重视公众在遗产方面的文化消费，将遗产保护与市场经营相结合，充分发挥政府通过制定法律、规章、标准，提供经费等措施，对工业文化遗产保护运营进行监管与支持的作用。通过市场化经营一方面可以加长工业文化遗产的价值链条，另一方面也可以实现各大利益主体的互利共赢。

但是，湖北省与北京、天津、上海等直辖市对工业文化遗产保护和利用最大的不同点是，北京、天津、上海具有发育成熟的市场环境，是由市场在推动政府保护工业文化遗产，而且市场的需求量很大，投资者希望得到政府的政策支持，既能保护工业文化遗产，又能从中获得效益。但是湖北的情况完全不同，当前的实际情况是政府一头热，积极保护工业文化遗产，尤其是由国土资源厅挑大梁，但是没有成熟的市场环境，政府财力有限、能力有限，而开发商基于修缮、保护的成本过高而不愿意接手。

因此我们认为，首先，当前必须明确湖北省工业文化遗产保护与利用的功能定位，即"利用型保护"，只有利用起来才能体现工业文化遗产的价值所在。其次，湖北省政府需要进一步引导，适当地对工业文化遗产保护的投资者给予一定的政策扶持和优惠，利用各种优惠政策吸引社会资金参与工业文化遗产的保护和利用，并通过工业文化遗产的保护和利用使投资者从中获得效益。再次，在开发资金的运作上，可以借鉴国内外的经验，采取"政府＋社会"结合的方式，即政府主要致力于工业文化博物馆等公益性项目的建设，提

---

[1] 张京成，等. 工业遗产的保护与利用——"创意经济时代"的视角[M]. 北京：北京大学出版社. 2013.

第七章　湖北省工业文化遗产多中心协同保护与利用的基本思路与政策建议

通过对湖北省工业文化遗产保护与利用现状的分析，并对国内外主要城市对工业文化遗产保护和利用的经验借鉴，我们认为应当从解决湖北省面临的实际问题出发，理顺湖北省工业文化遗产保护与利用的基本思路，并向相关部门提供一定的政策建议。

第一节　完善法律法规，探索长效机制

一、尽快制定并颁布《湖北省工业文化遗产保护与利用管理条例》

有法可依是工业文化遗产保护顺利进行的保障。对工业文化遗产的保护和再利用，需要政府的支持与引导，集中各方面专家的智慧，形成共同的纲领，国家或地区通过立法建立一系列完善的制度并由各级政府采取有效的行政管理手段加以执行。❶ 当前，受到经济利益的驱使和房地产行业的不规范操作，造成包含工业文化遗产等历史阶段性的破坏，其主要的原因就是缺乏法律依据和相关制度，缺乏监督机构和反馈机构，导致工业文化遗产自身的法律地位不明确，核心价值得不到保护。当前，湖北省工业文化遗产的保护主要套用《文物保护法》的相关内容，但是文物保护法规在有关工业文化遗产的内容方面不够明确和完善，许多工业文化遗产资源都存在人为的、缺乏认识的、基于利益导向的破坏活动。例如，武汉市工业遗产规划第一批选定了 29 处工业文化遗产，但该规划还未颁布时就有 2 处被拆毁，却无法律可依，无法追究其法律责任，最终第一批工业文化遗产名录只有 27 处。❷

因此，湖北省应当尽快制定并颁布《湖北省工业文化遗产保护与利用管理条例》，并在此基础上进一步推动立法，确立工业文化遗产和其他文化遗产同等重要的法律地位，通过法律手段对工业文化遗产资源进行全面保护。具体来说，应开展工业文化遗产保护相关法律法规的制定工作，使经认定具有重要意义的工业文化遗产通过法律手段得到强有力的保护，禁止任何单位和个人擅自处置工业文化遗产资源，任何与工业文化遗产相关的设施建筑都应当受到保护。同时，鉴于工业文化遗产异于一般文物保护单位，尤其在价值定位方面有其自身的特点，因此，武汉市对工业文化遗产保护与利用的立法应充分考虑其特殊性，使其核心价值的完整性和真实性得到切实的保护。

---

❶ 李莉. 浅论我国工业遗产的立法保护 [J]. 人民论坛. 2011 (10).
❷ 根据 WRRH20160822am（访谈对象：武汉市规划研究院闵所长）整理而成。

二、将工业文化遗产保护与城市发展规划有机结合，探索长效保护和利用机制

政府是城市运营的决策者，在工业文化遗产保护和利用的认识问题上，不仅仅是对规划部门、建设部门、文化部门提出要求，作为宏观决策者的城市政府，首先要提高自身的认识水平，改进观念，重视顶层设计。

对湖北乃至全国大部分老工业基地而言，对工业文化遗产的保护其重点应考虑"利用型"保护。❶ 也就是说，工业文化遗产保护只有融入经济社会发展之中，融入城市建设之中，才能焕发生机和活力，才能在新的历史条件下拓宽工业文化遗产利用的路子，继续发挥其积极作用并得到有效保护。

因此，湖北省工业文化遗产的管理部门在规划方面应争取得到各级政府的支持，将工业文化遗产保护纳入到武汉市经济、社会发展和城乡建设规划之中，将工业文化遗产保护与城市发展规划有机结合，探索长效保护和利用机制。从国家宏观层面：一是要求将工业文化遗产的保护纳入国家的相关经济社会发展政策；二是要将工业文化遗产纳入城市和地区的发展规划，调整完善工业文化遗产保护的各种社会关系；三是要制定工业文化遗产保护专项规划。避免一而再，再而三地出现"抢救式"保护，应逐步形成完善、科学、有效的保护管理体系，探索长效保护和利用机制，由"抢救式"保护向"长效"保护转变。

第二节 加强政府规划，成立保护专班

一、建立常态工作机构和工作机制，理顺"横向"权责体系

由于当前工业文化遗产管理体制没有形成独立的体系，有的省市由国土规划部门在负责，有的省市依附于文物管理系统。而工业文化遗产管理体制的建立是一件系统工程，涉及文化、规划、房管、财税等多部门，因此，应尽快成立工业文化遗产管理机构，协调和统一各方面的相关制度，调节工业文化遗产保护利用管理中的问题。

从"纵向"结构来看，国家层面是由工业与信息化部直属事业单位工业文化发展中心下设的工业文化遗产研究所开展工业文化遗产的调查、发掘和整理工作，研究工业文化遗产的保护、开发和再利用；承担工业文化遗产项目评估与认定工作；推动工业文化博物馆建设和工业文化旅游发展。该机构自2014年成立以来进行了广泛的调研，也联合高校等研究机构开展了大量的理论研究。从我国行政管理体制的"条状"结构来看，各省及地方政府也应成立对口的业务机构。但从湖北省经济和信息化委员会以及武汉市经济与信息化委员会了解到，当前该部门并无对应设立的机构，而其他政府部门也没有设立武汉市工业文化遗产管理的专门机构。因此，在"纵向"结构缺失的情况下，湖北省政府应结合当前的实际情况，尽快建立常设工作机构和工作机制，承担当前湖北省工业文化遗产的抢救性工作。

此外，工业文化遗产认定和规划结束之后，具体由哪个部门来保护？工业文化遗产的归属由谁认定？维护、买卖、改造、收益等涉及的各个政府部门究竟在哪个环节参与？以上均是当前"横向"权责体制不清出现的困难和问题，需要全盘综合考虑。

---

❶ 根据WRRH20160822am（访谈对象：武汉市规划研究院陈工程师）整理而成。

二、引入多元主体协同参与湖北省工业文化遗产的保护和利用

《下塔吉尔宪章》阐明，要"尽量保证本地公众在保护本地工业遗产中的协商和参与活动""发挥志愿者联盟及协会在确认遗址、促进公众参与工业遗产保护及传播信息和研究方面的重要作用"。❶ 根据国外的保护和利用经验，民间组织通常是重要的保护力量，发挥着积极作用。如欧洲工业与技术遗产协会联盟、英国凤凰基金会、比利时法兰德斯工业考古协会、美国技术与工业考古学历史机构等。

工业文化遗产的存在状态是广泛而多样的，保护工作从清查、研究到具体的保护方式、保护手段以及资金的落实，是一个复杂的过程。如前所述，湖北省政府能够用于保护工业文化遗产的资源和能力是有限的，光凭政府单方面的努力远远不够，需要代表社会公众利益的社会组织从公众的角度来发现并认定部分工业文化遗产，需要通过对社会组织的支持来切实促进公众的参与，实现社会化的保护和利用。目前湖北还没有专门的工业文化遗产保护类的社会组织或协会。由于社会组织的资金来源主要依靠企事业单位和个人的捐赠，但是当前并无对捐助者的优惠政策，因此社会组织的资金来源比较紧张，从一定程度上限制了社会组织的成立和发展。湖北省政府可以考虑通过一定的资金、政策支持，来鼓励工业文化遗产社会组织的成立，并赋予"参与保护和利用程序"等合法权利，制定间接政策促使社会组织发挥作用。❷ 最终，实现社会组织、公众协同参与湖北省工业文化遗产的保护、研究和宣传工作，从而实现工业文化遗产保护的社会化，形成政府自上而下、社会多元主体协同保护的机制。

第四节　提高公众认知，加强宣传教育

工业文化遗产的保护和利用作为一种全新的理念，需要政府部门大力宣传其必要性、紧迫性和重要性。我们从一些国家和地区的成功经验可以看到，公众的关注和兴趣是做好工业文化遗产保护工作最可靠的保证。如要实现社会各个主体参与到工业文化遗产的保护和利用中，就需要提高公众对工业文化遗产的认知，尤其是工业文化遗产承载的重要价值。如果没有激发全社会对于保护工业文化遗产的认识和兴趣，取得全社会对工业文化遗产保护和利用的广泛共识，使其有效参与到工业文化遗产的保护中，那么，说服公众认可工业文化遗产是非常困难的，工业文化遗产将面临危险。因此，加强宣传教育，培养公众对工业文化遗产的保护意识非常必要和紧迫。

但是，当前湖北省各地主要是通过学术机构和两会委员的呼吁，地方政府及相关部门应当承担更大的宣传责任，通过教育、科技、文化等系统以及社团组织，加强工业文化遗产知识在企事业单位和人民群众中的普及工作，使工业文化遗产保护的观念深入人心，促

---

❶ 《下塔吉尔宪章》是由国际工业遗产保护协会（TICCIH）于2003年起草，后提交国际古迹遗址理事会（ICOMOS）认可，并由联合国教科文组织（UNESCO）最终批准。

❷ 张京成，等.工业遗产的保护与利用——"创意经济时代"的视角[M].北京：北京大学出版社，2013。

使整个社会充分认识工业文化遗产的价值以及保护利用的意义,明确工业文化遗产不是城市发展的历史包袱,而是宝贵财富。

一、将工业文化遗产保护的宣传融入学校教育中

通过对武汉市民的问卷调查,公众对工业文化遗产的认知度非常低。对于武汉市工业文化历史的演变而言,不了解的占21.85%,不太了解的占55.36%,基本了解的占21.51%,完全了解的占1.28%,如图7.1所示。

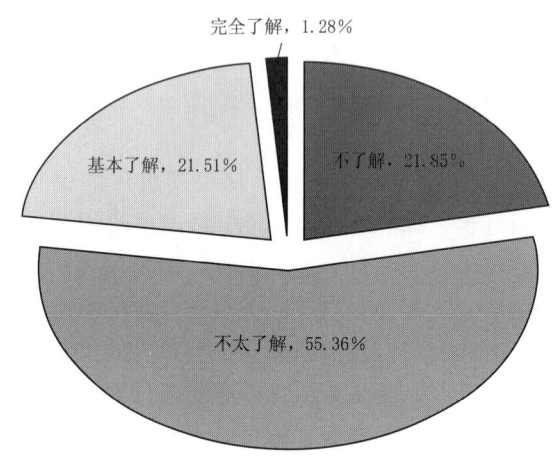

图7.1 武汉市民对工业文化遗产历史和演变的认知

基于此,我们认为可以从基础教育和高等教育两方面入手,将工业文化遗产的保护及其宣传融入到学校教育当中。

基础教育方面,湖北省教育厅可以将有关湖北省工业文化遗产的内容纳入教学计划,从小学、中学开始传播关于湖北工业发展史和保护工业文化遗产的知识,可以通过编写教材、开设选修课等方式融入到学校的教育当中,以此带动全社会了解保护湖北省工业文化遗产的意义。❶

高等教育方面,则应在技术学院和综合大学中开设关于工业文化遗产的保护方法、研究理论、历史变迁等方面的专业教育课程。例如,美国密歇根理工大学社会科学系设有工业考古学专业,设置了工业考古学硕士和博士课程,受到年轻人的欢迎。同时,可以开设论坛、讲座等学术活动,对工业文化遗产的意义和价值进行积极介绍,使更多的大学生了解湖北省工业文化遗产的丰富内涵。

此外,各级学校可以组织学生进行社会实践和参考观察等不同方式的学习活动了解湖北市情,通过湖北省工业文化遗产中蕴含的伟大智慧和创造力,激发湖北省青少年的爱国热情,增强民族自豪感和自信心。

二、将企业、科普场馆作为湖北省工业文化遗产保护与利用的主体宣传力量

工业企业应当是工业文化遗产保护的主体和重要力量。当前,非常有必要增强工业文化遗产保留者和当事人对此类特殊文化遗产的保护意识。例如,工业企业的在职人员或离退休人员在工业文化遗产的认定和保护中能够发挥不可替代的重要作用,是工业文化遗产保护过程中不可或缺的力量。他们对企业和职业的忠诚度与眷念度将使工业文化遗产的形象更加鲜活,他们的现身解说可以帮助更多的人参与到工业文化遗产的保护行动中,形成保护工业文化遗产的良好社会氛围。

此外,科协系统可以结合湖北省工业文化遗产的保护和保存情况,利用自身的科普优势,将科普馆建设向工业文化遗产延伸,采取多种形式、多种渠道积极参与到湖北省工

---

❶ 易新涛.工业遗产保护中的政府责任[J].湖北工大学学报.2013(3)。

文化遗产的宣传教育中去，提高公众对工业文化遗产的认知，使工业文化遗产保护的理念和意识深入人心，充分调动社会各界保护工业文化遗产的积极性，营造良好的社会保护氛围，推动湖北省工业文化遗产保护和开发利用工作的顺利开展。

三、利用各类信息技术平台拓宽湖北省工业文化遗产宣传的途径和手段

随着信息技术的高速发展，工业文化遗产的宣传和展示有多种途径和手段。因此，应当借助各种现代传播手段，采取多渠道的形式来展示、宣传湖北省工业发展的辉煌历史，使不同年龄、学历背景、职业背景的人都能通过网络、电子出版物和其他媒介获得湖北省工业文化遗产的相关知识和介绍。

当前，武汉市在工业文化遗产的保护和利用的宣传上，应当充分利用现有的微信公众号"众规武汉"进行宣传和普及。"众规武汉"是武汉市国土资源和规划局主创的大众规划工作平台。该平台基于"众筹"理念，秉承"人民城市人民建"的宗旨，在城市规划建设领域，搭建一个由社会大众和专业机构共同参与的众人规划平台，实现规划编制工作过程中的透明化和可参与化。公众参与的模块，目前已置于"记忆地图"的功能板块里，只需关注"中国武汉"微信平台就可以查询并看到武汉市第一批工业文化遗产的所有地点，如果公众发现自家门口有工业文化遗产具有保护和利用的价值，也可以通过该微信平台反馈此线索；如果公众发现有人破坏工业文化遗产，也可以通过该微信平台进行举报。如此一来，公众对工业文化遗产的保护和利用能够融入其生产和生活中，做到"实时保护、合理利用"的效果。此经验可以向湖北其他地（市、州）进一步推广。

四、加强工业文化遗产保护与利用的国内外交流

由于城市化发展的阶段不同，国内外许多城市对工业文化的保护和利用的经验都值得武汉学习和借鉴。我们应当提高认识、更新观念，加强与国内外在工业文化保护与利用方面的交流。

一是多举办会议和学术论坛。通过会议和学术论坛的方式了解国内外其他城市在工业文化遗产保护与利用方面的最新动态，同时可以促进湖北省各界对工业文化遗产保护的关注度。此方面最为典型的就是无锡市。无锡市在2006年举办了"工业遗产保护论坛"，在国内该领域掀起了极大的关注热潮，无锡也因此成为了工业文化遗产保护与利用的先导城市。

二是多进行项目合作。可以通过项目的方式与国内外工业文化遗产保护领先的国家和地区进行合作。❶ 一方面充分认识湖北省工业文化遗产保护与利用与国内外先驱城市的差距；另一方面可以通过项目参与，学习借鉴发达国家和地区在工业文化遗产保护利用方面的经验。❷ 尤其是国外对工业文化遗产的开发和再利用历史相对悠久、模式相对比较成熟。经实践证明是成功并富有成效的城市和地区，可以为湖北省在工业文化遗产改造再利用的实践中提供经验、少走弯路，用最少的成本取得最大的效益。此外，还可以通过项目合作积极宣传湖北省对工业文化遗产的保护和利用情况。

---

❶ 王星光，贾兵强．国外历史文化遗产保护机制及其对我国的启示［J］．广西民族研究．2008（1）．
❷ 单霁翔．关注新型文化遗产——工业遗产的保护［J］．中国文化遗产．2006（6）．

结 论 与 展 望

工业文化遗产真实反映了中国重大建设时期的工业化过程，是城市工业化发展的历史见证，传承了工业文化等多方面独特的价值。当前，工业文化遗产的保护与利用面临着多重考验，既要有效保护与利用，又要与城市发展相互协调，给地方政府带来了机遇与挑战。通过对湖北省工业文化遗产保护利用的调查与分析，本书得出如下结论：

第一，湖北省工业文化遗产保护与利用工作有待加强。工业文化遗产的保护与利用是城市治理的新课题，是城市传承工业化文化、增加文化认同、凝聚城市力量的重要契机。由于对工业遗产的保护与利用才刚刚起步，经验不足，一部分工业文化遗产正悄然消失，对其保护与利用迫在眉睫。从湖北省武汉市、黄石市、襄阳市、宜昌市、十堰市的实践来看，工业文化遗产的保护与利用已经得到政府部门的重视，部分城市已经有了典型案例与先进经验，但从整体来看还需要更系统化、科学化的保护与利用方案，需要从城市发展长远角度考虑，纳入城市规划的体系当中，促进工业文化的有效传承和创新。

第二，多中心治理理论为工业文化遗产保护与利用的政府实践提供理论支撑。多中心治理理论为工业文化遗产保护与利用探索改变传统单一主体保护与利用的固有格局，促进政府、企业、民众的广泛参与等方面提供了新思路。同时倒逼立法，并要求优化权责体系、促进行政部门间的紧密配合。企业通过开发相关工业文化产品，发展工业文化产业，与经济效益、人文环境、自然环境有机地统一。社会团体能够为工业遗产保护与利用的前期规划及后期的实施提供专业技术支持。同时将工业文化知识普及到学校教育、融入到公众生活之中，能够扩宽民众的参与监督渠道。多中心主体的参与共同促进了建设工业遗产的保护与利用。

由于个人能力和时间条件的限制，搜集的资料和数据不够完整和详尽，特别是典型案例调研不够全面深入，有待于在今后的研究中进一步探索，望此书可以为地方工业文化遗产保护与利用的理论与实践提供一定参考。

附　　录

附录一　工业和信息化部 财政部关于推进工业文化发展的指导意见

工信部联产业〔2016〕446 号

工业是强国之本，文化是民族之魂。工业文化是伴随着工业化进程而形成的、渗透到工业发展中的物质文化、制度文化和精神文化的总和，对推动工业由大变强具有基础性、长期性、关键性的影响。为贯彻落实《中国制造 2025》，推进工业文化加快发展，现提出以下意见。

一、深刻认识工业文化发展的战略意义

我国在推进工业化的探索实践中，孕育了大庆、"两弹一星"、载人航天等工业文化典型，形成了自力更生、艰苦奋斗、无私奉献、爱国敬业等中国特色的工业精神，涌现了一大批彰显工业文化力量的优秀企业，也留下了一大批承载工业文化的物质财富，为工业发展提供了巨大的精神动力。

当前，我国已经跃居世界第一制造大国，但工业大而不强的问题仍然突出，这与工业文化发展相对滞后密切相关，集中表现为创新不足、专注不深、诚信不够、实业精神弱化等问题，严重制约了我国工业的转型升级和提质增效。

工业文化在工业化进程中衍生、积淀和升华，时刻影响着人们的思维模式、社会行为及价值取向，是工业进步最直接、最根本的思想源泉，是制造强国建设的强大精神动力，是打造国家软实力的重要内容。在着力推进制造强国和网络强国战略的关键时期，既需要技术发展的刚性推动，也需要文化力量的柔性支撑。大力发展工业文化，是提升中国工业综合竞争力的重要手段，是塑造中国工业新形象的战略选择，是推动中国制造向中国创造转变的有力支撑。

二、总体要求

（一）指导思想

全面贯彻党的十八大和十八届三中、四中、五中、六中全会精神，深入贯彻习近平总书记系列重要讲话精神，牢固树立创新、协调、绿色、开放、共享的发展理念，践行社会主义核心价值观，以推进实施《中国制造 2025》为主线，大力弘扬中国工业精神，夯实工业文化发展基础，不断壮大工业文化产业，培育有中国特色的工业文化，提升国家工业形象和全民工业文化素养，推动工业大国向工业强国转变。

（二）基本原则

坚持传承创新。 充分吸收中华优秀传统文化元素，广泛借鉴世界工业文化精髓，在保

护中发展、在传承中创新，推动新时期我国工业文化的全面发展。

坚持融合提升。发挥硬实力的载体作用，推动软实力的延伸与拓展，促进其相互渗透与融合，最大限度地发挥综合优势与最佳效能。

坚持协同推进。凝聚发展工业文化的社会共识，整合工业文化各类资源，加强与相关部门协同，培育和发展工业文化产业，建设各类主体共同参与工业文化发展的良好环境。

坚持重点突破。聚焦突出问题，重点抓好工业设计、工业遗产、工业旅游、企业征信以及质量品牌、企业文化建设等领域工作，形成竞争新优势。

（三）主要目标

传承和培育中国特色工业精神，树立工业发展新理念，提高全民工业文化素养，打造经济增长新动能。通过5～10年时间，涌现一批体现时代精神的大国工匠和优秀企业；工业产品的文化元素充分展现，工业文化产业成为经济增长的新亮点；中国制造的品质内涵和美誉度显著提升。

三、主要任务

（一）发扬中国工业精神

弘扬工匠精神。培育一批尊崇工匠精神的高素质产业工人，引导企业建立高技能人才奖励机制，树立"大国工匠"标杆，发挥模范带动作用，使工匠精神成为生产者的行为准则和消费者的价值取向。引导企业"十年磨一剑"，长期专注于产品的质量提升和品牌培育，将工匠精神融入现代工业生产与管理实践。

践行创新精神。提高工业企业创新意识，鼓励企业通过"众创"等新型方式激发创新活力，建设一批创新创业示范基地，统筹推进科技、管理、品牌、组织、商业模式创新，把创新的理念融入企业的核心价值观。组织开展创新创业大赛、成果展示、技术沙龙等丰富多彩的创新活动，树立一批创新典型，激发全社会的创新激情和活力。

倡导诚信精神。传承"言必信、行必果"的诚信精神，推进工业诚信体系建设，推动部门间企业信息共享，发展工业征信服务，适时发布失信企业名单，形成诚信光荣、失信可耻的社会环境，让诚信担当成为自觉行动。

培育企业家精神。倡导实业兴国的发展理念，树立开放、合作、共赢的博大胸怀，强化创业兴业的价值导向。通过创业训练营、行业领军人才培训等活动，培育一批敢于担当、勇于作为、把握时代脉搏、具有全球视野的企业家队伍。

（二）夯实工业文化发展基础

强化工业文化理论支撑。鼓励开展工业文化基础研究，形成工业文化理论体系。开展工业文化对工业软实力提升和制造强国建设支撑作用的研究。探索建立工业文化发展指数，对我国工业文化发展情况进行全面评估。

统筹利用各类工业文化资源。开展工业文化资源调查，梳理和挖掘工业遗产、工业旅游、工艺美术、工业精神及专业人才等资源，建立工业文化资源库。加强各类资源的统筹协调，推动资源的保护和开放共享，创新使用模式。

健全政策标准体系。组织开展相关政策研究，推动形成支持工业文化发展的产业、财税、人才等政策体系。发挥行业组织和企业的积极作用，完善基础制度和标准体系，建立科学的工业遗产等级评估标准。

(三) 发展工业文化产业

推动工业设计创新发展。 强化创新设计引领,推动工业设计从产品设计向高端综合设计服务转变。鼓励企业工业设计中心与设计机构协同发展,壮大工业设计产业。建设开放共享、专业高效的创新设计公共服务平台和具有国际影响力的设计集群。鼓励发展体现中国实力和文化魅力的设计产品和设计服务。

促进工艺美术特色化和品牌化发展。 加强对传统工艺美术品种、技艺的保护与传承,推出一批工艺美术珍品。积极引导企业运用新技术、新工艺、新材料、新设计,创新发展工艺美术产业。培育一批示范性创新创业工艺美术特色区域和大师工作室,打造工艺美术特色区域品牌。

推动工业遗产保护和利用。 开展调查摸底,建立工业遗产名录和分级保护机制,保护一批工业遗产,抢救濒危工业文化资源。引导社会资本进入工业遗产保护领域,合理开发利用工业遗存,鼓励有条件的地区利用老旧厂房、设备等依法建设工业博物馆。

大力发展工业旅游。 倡导绿色发展理念,鼓励各地利用工业博物馆、工业遗址、产业园区及现代工厂等资源,打造具有鲜明地域特色的工业旅游产品。加强与相关部门协同,促进工业旅游与传统观光旅游、工业科普教育相结合。鼓励企业通过开放生产车间、设立用户体验中心等形式进行产品展示和品牌宣传,建设一批具有社会公益功能的工业旅游示范点。

支持工业文化新业态发展。 利用数字技术、网络技术、虚拟现实技术等现代技术手段,推动工业文化创新发展。推动工业文化与数字媒体、可穿戴设备、机器人、智能汽车等新领域的融合发展,催生一批新技术、新工艺、新产品、新业态。结合区域优势和地方特色,打造一批工业创意园区和工业文化特色小镇。

(四) 加大工业文化传播推广力度

完善工业文化传播机制。 充分发挥全社会各方力量,构建运行高效、支撑有力的工业文化传播体系,不断增加传承载体,拓展传播渠道,使公众更好地理解、掌握、运用和参与工业文化建设和发展。

推动工业文化教育。 鼓励开展工业文化进校园、技能人才进课堂等活动,支持企业、工业园区等设立工业实训基地、青少年工业文化教育示范基地,开展多层次的工业文化教育活动。

开展工业文明科普活动。 支持企业和社会组织提高工业文明科普服务能力,举办中国工业主题日等形式多样的科普活动。针对社会关注的重点行业和热点领域,普及工业知识,提高全民对工业发展的认知水平。

加强工业文化宣传。 综合利用传统媒体、新媒体等多种传播途径,扩大工业文化宣传。通过博览会、讲坛、大赛等活动,展示工业文化成果,营造发展氛围。支持创作工业题材的文化作品,弘扬中国工业精神,传播当代工业价值观。

(五) 塑造国家工业新形象

强化绿色工业理念。 推进落实绿色制造,构建高效、清洁的绿色制造体系,发展绿色工业。加强企业履行社会责任的效能和水准,强化安全、环保、节能意识,开展产品全生命周期绿色管理,打造中国制造绿色形象。

培育国家工业品牌。 实施质量品牌提升专项行动,提高工业品的质量和文化内涵。强化品牌意识,坚持增强科技研发能力与实施品牌战略并重,调动各类创新主体的积极性,打造具有国际竞争力的工业企业和工业品牌。

推动产业迈向中高端。 促进工业文化发展与科技实力、制造能力的同步提升,丰富中国制造的文化内涵,推动中国制造向高端化、智能化、绿色化、服务化方向发展,提高我国工业的综合竞争力。

树立中国制造国际形象。 多角度、立体化传播和塑造国家工业形象,展现工业整体实力,提高国民对中国工业产品的认同感,增强国外公众对中国工业产品的认可度,提升中国制造美誉度。

四、保障措施

(一)完善支撑服务体系

引导各类行业组织参与工业文化建设,支持成立相关行业组织。培育一批业务能力强、服务质量高的工业文化中介服务机构,打造一批工业文化领域综合服务平台。探索开展工业文化产业市场监测和经济运行分析。

(二)加大政策支持力度

加强产业政策与财税等政策的协同。健全完善政府支持引导、全社会参与的多元化投融资机制。探索采取政府和社会资本合作(PPP)模式建设综合服务平台、工业博物馆,促进工业遗产保护与利用等。鼓励各类资本设立工业文化发展基金。鼓励各地在推进实施《中国制造2025》过程中,统筹加强工业文化建设。鼓励各地设立专项资金支持工业文化发展。

(三)加强人才培养

加强产业工人的职业精神培育,推进产学研协同育人,培养一批具有工匠精神的人才队伍。鼓励各类机构在创新设计、工业遗产、质量品牌等方面开展职业教育和培训,加强专业人才培养。大力培养工业文化理论研究人才,打造一批素质过硬的宣传队伍。支持行业组织研究开展从业水平认定。

(四)加强示范引领与交流合作

建设工业文化产业基地,有序推进工业文化城市、园区和企业试点示范,选树一批行业与企业文化标杆。鼓励政产学研商等各界加强交流,共同推动工业文化发展。支持各地围绕工业文化发展理念、质量品牌建设、企业文化等举办多层次、多领域的交流活动,结合建设"一带一路"等国家战略,打造若干具有广泛影响的国际性工业文化活动,促进工业文化的国际交流与合作。

(五)加强组织实施

加强规划统筹,积极与相关部门沟通协调,建立有利于工业文化发展的协同工作机制。各地工业和信息化主管部门、财政部门要明确推动工业文化发展的责任,结合实际制订实施方案,推动各项任务和措施落到实处。

附录二 《关于推进工业文化发展的指导意见》解读
工业和信息化部工业文化发展中心

2017年1月11日

一、指导意见出台的背景和意义？

2015年5月，国务院颁布了《中国制造2025》，部署全面推进实施制造强国战略。这是我国实施制造强国战略第一个十年行动纲领，是第一次从国家战略层面描绘建设制造强国"三步走"战略愿景。《中国制造2025》明确了重点实施的五大工程及重点发展的十大领域，也明确提出要"培育有中国特色的制造文化"。

苗圩部长多次强调，"实体经济尤其是制造业，始终是一国经济发展并走向强盛的基础"。建设制造强国既是国家战略，也是一项系统工程，"既需要技术发展的刚性推动，也需要文化力量的柔性支撑"。特别是在我国制造业发展的现阶段，创新不足、专注不深、诚信不够、实业精神弱化等问题，已经成为制约我国工业转型升级和提质增效的严重障碍，这对大力发展工业文化提出了迫切要求。

工业文化在工业化进程中衍生、积淀和升华，时刻影响着人们的思维模式、社会行为及价值取向，是工业进步最直接、最根本的思想源泉，是制造强国建设的强大精神动力，是打造国家软实力的重要内容。当前，中国工业化进程进入到了需要以工业文化作为重要支撑的新阶段。大力发展工业文化，不断增强中国制造业软实力，已经成为推进工业经济转型升级、提质增效的战略选择。

为加强工业文化建设的顶层设计和总体布局，工业和信息化部、财政部联合制定了《关于推进工业文化发展的指导意见》。

二、工业文化的内涵有哪些？

工业文化概念和内涵丰富，在理论界存在多种不同的表述。我们在文件起草过程中，针对当前制造业发展过程中存在的最突出的问题，并充分吸收已有的研究成果，提出了"工业文化是伴随着工业化进程而形成的、渗透到工业发展中的物质文化、制度文化和精神文化的总和"的宽口径定义，旨在从产业层面、制度层面、精神层面着力，推动工业文化发展，进而更好地发挥工业文化对制造业的柔性支撑作用。

三、发展工业文化总体上是怎么考虑的？

发展工业文化，既要从对制造强国建设支撑作用明显的领域着手，又要把握好与制造强国战略任务的协同，全面推动工业文化发展，推动工业大国向工业强国转变。因此，《指导意见》提出"要全面贯彻党的十八大和十八届三中、四中、五中、六中全会精神和习近平总书记系列重要讲话精神，牢固树立创新、协调、绿色、开放、共享发展理念，践行社会主义核心价值观，以推进实施《中国制造2025》为主线，大力弘扬中国工业精神，夯实工业文化发展基础，不断壮大工业文化产业，培育有中国特色的工业文化，提升国家工业形象和全民工业文化素养，推动工业大国向工业强国转变"的指导思想，提出了"坚持传承创新、坚持融合提升、坚持协同推进、坚持重点突破"等四项基本原则。

在推进工业文化发展目标的确定上，坚持总体目标和细化目标相结合。提出"传承和培育中国特色工业精神，树立工业发展新理念，提高全民工业文化素养，打造经济增长新动能"的总体目标。同时，充分注重与制造强国建设目标的协同，提出"通过5~10年时间，涌现一批体现时代精神的大国工匠和优秀企业；工业产品的文化元素充分展现，工业文化产业成为经济增长的新亮点；中国制造的品质内涵和美誉度显著提升"的阶段性细化目标。

四、《指导意见》明确了哪些重要的工作任务？

《指导意见》坚持夯实工业文化发展基础与发挥工业文化支撑作用并重，提出了发扬中国工业精神、夯实工业文化发展基础、发展工业文化产业、加大工业文化传播推广力度、塑造国家工业新形象等五大重点任务，并细化为20项具体举措。

发扬中国工业精神。聚焦阻碍制造业转型升级最突出的问题，提出"弘扬工匠精神、践行创新精神、倡导诚信精神、培育企业家精神"等四项具体举措。

夯实工业文化发展基础。着眼工业文化自身建设，提出"强化工业文化理论支撑、统筹利用各类工业文化资源、健全政策标准体系"等三项具体举措。

发展工业文化产业。从工业文化作用最凸显领域率先突破，壮大工业文化产业，提出"推动工业设计创新发展、促进工艺美术特色化和品牌化发展、推动工业遗产保护和利用、大力发展工业旅游、支持工业文化新业态发展"等五项具体举措。

加大工业文化传播推广力度。针对当前对工业文化认知不深的问题，为营造促进工业文化发展的良好氛围，提出"完善工业文化传播机制、推动工业文化教育、开展工业文明科普活动、加强工业文化宣传"等四项具体。

塑造国家工业新形象。突出与制造强国建设重点任务的协同效应，提出"强化绿色工业理念、培育国家工业品牌、推动产业迈向中高端、树立中国制造国际形象"等四项具体举措。

五、《指导意见》有哪些保障措施？

为保障各项重点任务的实施，《指导意见》分别从服务体系、政策支撑、人才培养、交流合作、组织实施等方面提出有针对性的保障举措。

一是完善支撑服务体系。培育一批工业文化中介服务机构，打造一批工业文化领域综合服务平台。二是加大政策支持力度。重点加强产业政策与财税等政策的协同，鼓励各类资本设立工业文化发展基金、各地设立专项资金支持工业文化发展。三是加强人才培养。鼓励各类机构在创新设计、工业遗产、质量品牌等方面开展职业教育和培训，加强专业人才培养。四是加强示范引领与交流合作。有序推进工业文化城市、园区和企业试点示范，打造若干具有广泛影响的国际性工业文化活动，促进工业文化的国际交流与合作。五是加强组织实施。积极与相关部门沟通协调，各地要明确推动工业文化发展的责任，结合实际制订实施方案，共同推动各项任务和措施的落实。

附录三 工业和信息化部关于印发《国家工业遗产管理暂行办法》的通知

工信部产业〔2018〕232号

各省、自治区、直辖市及计划单列市、新疆生产建设兵团工业和信息化主管部门，有关中央企业：

现将《国家工业遗产管理暂行办法》印发给你们，请遵照执行。

工业和信息化部
2018年11月5日

国家工业遗产管理暂行办法

第一章 总　则

第一条　为推动工业遗产保护利用，发展工业文化，根据《中共中央办公厅 国务院办公厅关于实施中华优秀传统文化传承发展工程的意见》《国务院办公厅关于推进城区老工业区搬迁改造的指导意见》，以及《工业和信息化部 财政部关于推进工业文化发展的指导意见》，制定本办法。

第二条　开展国家工业遗产保护利用及相关管理工作，适用本办法。

第三条　本办法所称国家工业遗产，是指在中国工业长期发展进程中形成的，具有较高的历史价值、科技价值、社会价值和艺术价值，经工业和信息化部认定的工业遗存。

国家工业遗产核心物项是指代表国家工业遗产主要特征的物质遗存和非物质遗存。物质遗存包括作坊、车间、厂房、管理和科研场所、矿区等生产储运设施，以及与之相关的生活设施和生产工具、机器设备、产品、档案等；非物质遗存包括生产工艺知识、管理制度、企业文化等。

第四条　开展国家工业遗产保护利用管理工作，应当发挥遗产所有权人的主体作用，坚持政府引导、社会参与、保护优先、合理利用、动态传承、可持续发展的原则。

第五条　工业和信息化部负责国家工业遗产认定等管理工作，指导地方和企业开展工业遗产保护利用工作。

省级工业和信息化主管部门、中央企业公司总部负责组织本行政区域内或本企业国家工业遗产的申报、推荐工作，协助工业和信息化部对国家工业遗产保护利用工作进行监督管理。

第六条　鼓励和支持公民、法人和社会机构通过科研、科普、教育、捐赠、公益活动、设立基金等多种方式参与国家工业遗产保护利用工作。

第二章 认 定 程 序

第七条　申请国家工业遗产，需工业特色鲜明，并具备以下条件：

（一）在中国历史或行业历史上有标志性意义，见证了本行业在世界或中国的发端、对中国历史或世界历史有重要影响、与中国社会变革或重要历史事件及人物密切相关；

（二）工业生产技术重大变革具有代表性，反映某行业、地域或某个历史时期的技术创新、技术突破，对后续科技发展产生重要影响；

（三）具备丰富的工业文化内涵，对当时社会经济和文化发展有较强的影响力，反映了同时期社会风貌，在社会公众中拥有广泛认同；

（四）其规划、设计、工程代表特定历史时期或地域的风貌特色，对工业美学产生重要影响；

（五）具备良好的保护和利用工作基础。

第八条　由遗产所有权人提出申请，经所在地县级或市级人民政府同意，通过省级工业和信息化主管部门初审后报工业和信息化部；中央企业直接向公司总部提出申请，由公司总部初审后报工业和信息化部。

遗产项目涉及多个所有权人的，应协商一致后联合提出申请。

第九条　遗产所有权人应当按要求提交书面申请，同时提交以下文件、材料（复印件）：

（一）遗产产权证明；

（二）图片、图纸、档案、影像资料；

（三）管理制度和措施；

（四）保护与利用规划；

（五）其他可以证明遗产价值的文件、材料。

上述材料内容均不得涉及国家秘密。

第十条　工业和信息化部组织专家对申请项目进行评审和现场核查，经审查合格并公示后，公布国家工业遗产名单并授牌。

第三章　保护管理

第十一条　国家工业遗产所有权人应当在遗产区域内醒目位置设立标志，内容包括遗产的名称、标识、认定机构名称、认定时间和相关说明。国家工业遗产标识由工业和信息化部发布。

第十二条　国家工业遗产所有权人应当在遗产区域内设立相应的展陈设施，宣传遗产重要价值、保护理念、历史人文、科技工艺、景观风貌和品牌内涵等。

第十三条　鼓励各地方人民政府和省级工业和信息化主管部门将国家工业遗产的保护利用工作纳入相关规划，通过专项资金（基金）等方式支持国家工业遗产的保护利用。

第十四条　国家工业遗产所有权人应当设置专门部门或由专人监测遗产的保存状况，划定保护范围，采取有效保护措施，保持遗产格局、结构、样式和风貌特征，确保核心物项不被破坏。遗产格局、结构、样式和风貌特征出现较大改变的应当及时恢复，核心物项如有损毁的应当及时修复。有关情况应在30个工作日内通过省级工业和信息化主管部门或有关中央企业公司总部向工业和信息化部报告。

第十五条　国家工业遗产所有权人应当建立完备的遗产档案，记录国家工业遗产的核心物项保护、遗存收集、维护修缮、发展利用、资助支持等情况，收藏相关资料并存档。

工业和信息化部负责建立和完善国家工业遗产档案数据库，国家工业遗产所有权人应当予以配合。

第十六条　国家工业遗产的核心物项调整按原申请程序提出。

第十七条　国家工业遗产所有权人应当按照工业和信息化部的要求，向省级工业和信息化主管部门或有关中央企业公司总部提交遗产保护利用工作年度报告，内容包括当年工作总结、下一年的工作计划、国家工业遗产权属变更和规划调整情况等。

第四章　利 用 发 展

第十八条　国家工业遗产的利用，应当符合遗产保护与利用规划要求，充分听取社会公众的意见，科学决策，保持整体风貌，传承工业文化。

第十九条　加强对国家工业遗产的宣传报道和传播推广，综合利用互联网、大数据、云计算等高科技手段，开展工业文艺作品创作、展览、科普和爱国主义教育等活动，弘扬工匠精神、劳模精神和企业家精神，促进工业文化繁荣发展。

第二十条　支持有条件的地区和企业依托国家工业遗产建设工业博物馆，发掘整理各类遗存，完善工业博物馆的收藏、保护、研究、展示和教育功能。

第二十一条　支持利用国家工业遗产资源，开发具有生产流程体验、历史人文与科普教育、特色产品推广等功能的工业旅游项目，完善基础设施和配套服务，打造具有地域和行业特色的工业旅游线路。

第二十二条　鼓励利用国家工业遗产资源，建设工业文化产业园区、特色小镇（街区）、创新创业基地等，培育工业设计、工艺美术、工业创意等业态。

第二十三条　鼓励强化工业遗产保护利用学术研究，加强工业遗产资源调查，开展专业培训及国内外交流合作，培育支持专业服务机构发展，提升工业遗产保护利用水平和能力，扩大社会影响。

第五章　监 督 检 查

第二十四条　工业和信息化部对国家工业遗产保护利用工作进行指导和监督。省级工业和信息化主管部门、有关中央企业公司总部应根据工业和信息化部要求，组织开展本行政区域内或本企业的国家工业遗产保护情况的检查和评估工作，向工业和信息化部及时报告检查、评估发现的问题。

第二十五条　鼓励社会公众对国家工业遗产保护利用工作进行监督，公众发现国家工业遗产保护利用不符合本办法规定的，可向工业和信息化部反映。

第二十六条　国家工业遗产核心物项损毁并无法修复，不再符合认定条件的，由工业和信息化部将其从国家工业遗产名单中移除，遗产所有权人及有关方面不得继续使用"国家工业遗产"字样和相关标志、标识。

第六章　附　　则

第二十七条　省级工业和信息化主管部门可结合本地区实际，参照本办法组织开展省级工业遗产的认定和管理工作。

第二十八条　本办法由工业和信息化部负责解释，自发布之日起施行。

附录四 工业和信息化部 国家发展和改革委员会 教育部 财政部 人力资源和社会保障部 文化和旅游部 国务院国有资产监督管理委员会 国家文物局关于印发《推进工业文化发展实施方案（2021—2025年）》的通知

工信部联政法〔2021〕54号

各省、自治区、直辖市、计划单列市及新疆生产建设兵团工业和信息化、发展改革、教育、财政、人力资源社会保障、文化和旅游、国资、文物主管部门，各有关单位：

现将《推进工业文化发展实施方案（2021—2025年）》印发给你们，请结合实际认真贯彻实施。

附件：推进工业文化发展实施方案（2021—2025年）

工业和信息化部
国家发展和改革委员会
教育部
财政部
人力资源和社会保障部
文化和旅游部
国务院国有资产监督管理委员会
国家文物局
2021年5月11日

推进工业文化发展实施方案（2021—2025年）

为深入贯彻习近平总书记关于建设社会主义文化强国的重要讲话精神，落实党中央、国务院关于实施中华优秀传统文化传承发展工程的意见等文件部署，更好发挥工业文化在推进制造强国和网络强国建设中的支撑作用，制定本方案。

一、总体要求

（一）指导思想。

以习近平新时代中国特色社会主义思想为指导，全面贯彻党的十九大和十九届二中、三中、四中、五中全会精神，坚持新发展理念，以深化供给侧结构性改革为主线，坚持以社会主义核心价值观引领文化建设，把工业文化建设作为推动制造业高质量发展的重要内容，完善工业文化发展体系，强化承载重要文化的工业遗产的保护利用，弘扬中国工业精神，促进文化与产业融合发展，丰富中国制造的文化内涵，培育工业文化的新业态新模式，不断增强国家文化软实力和中华文化影响力。

（二）基本原则。

政策引领。发挥政府在方向引导、政策支持、试点示范等方面的积极作用，统筹整合资源，加强分类分级指导，明确发展路径。

需求导向。以满足产业发展需求为出发点和落脚点，探索工业文化软实力支撑制造业高质量发展的有效路径，发挥市场主体作用，加强市场推广应用，激发工业文化活力。

协同推进。建立健全部门协同工作机制，加强统筹协调，形成工作合力。发挥地方和行业组织作用，形成各类主体共同推进的工作格局。

融合发展。发挥工业文化赋能产业发展的作用，提高设计创新、质量品牌、管理服务等文化要素驱动能力，促进企业提质增效、产业转型升级。

（三）主要目标。

通过五年努力，工业文化支撑体系基本完善，理论研究与应用实践进一步深入，工业文化新载体更为丰富，初步形成分级分类的工业遗产保护利用体系和分行业分区域的工业博物馆体系；打造一批具有工业文化特色的旅游示范基地和精品路线，建立一批工业文化教育实践基地，传承弘扬工业精神；推动工业文化在服务全民爱国主义教育，满足并引领人民群众文化需要，增强人民精神力量等方面发挥积极作用，推动形成工业文化繁荣发展的新局面。

二、重点任务

（四）弘扬工业文化价值内涵。

深入挖掘工业文化内涵，以社会主义核心价值观和爱国主义教育为引领，弘扬企业家精神、创新精神、工匠精神、劳模精神、诚信精神等，与时俱进、集成创新，阐释工业文化当代价值，提升中国特色工业软实力，为制造业高质量发展提供强大精神动力。深化工业文化基础研究，丰富和完善工业文化理论体系，加强研究成果转化应用，夯实工业文化发展基础。（工业和信息化部牵头，国家发展改革委、教育部、人力资源社会保障部、文化和旅游部、国资委、国家文物局参与）

（五）促进工业文化与产业融合发展。

加强工业文化助推行业发展的路径模式研究，支持行业协会等各类机构开展工业文化赋能产业发展专项活动，利用新模式、新业态，实施文化＋产品系列行动，充分挖掘文化要素对品牌建设、品质提升、提质增效的潜力，提升产业、企业和产品竞争力。加强企业文化建设，引导企业将工业文化融入创新管理的各环节。有效保护利用工业的遗存遗迹、标识标记、风情风貌，打造文化地标，延续城市文脉，以文化振兴带动城市振兴。（工业和信息化部牵头，国家发展改革委、文化和旅游部、国家文物局、国资委参与）

（六）推动工业旅游创新发展。

建立健全并积极推广工业旅游相关标准和规范，支持各地依托当地工业遗产和老旧厂房、工业博物馆、现代工厂等工业文化特色资源，打造各类工业旅游项目，创建一批工业旅游示范基地。开发工业旅游创意产品，打造一批沉浸式工业文化体验产品和项目，推出工业旅游精品线路，构建工业旅游目的地。支持文旅装备协同创新发展，拓展文化消费新空间。指导相关社会组织和活动平台建设。（文化和旅游部、工业和信息化部牵头，国家发展改革委、国家文物局、国资委参与）

（七）开展工业文化教育实践。

发挥工业文化研学教育功能，鼓励各地利用工业遗产、老旧厂房等设施培育一批工业文化研学实践基地（营地）。创新工业文化研学课程设计，开展工业科普教育，培养科学

兴趣，掌握工业技能。（工业和信息化部牵头，教育部、文化和旅游部、国家文物局、国资委参与）

推进工业文化进校园，加强普通高等学校和职业学校的相关专业、学科建设，支持开展理论研究和教学实践，将工业文化有机融入精品课程，推动工业文化学科体系建设（教育部、工业和信息化部牵头，国资委参与）。鼓励大国工匠、工程师、企业家进讲堂，围绕工业道路、工业创造、工业精神等方面，传承弘扬优秀工业文化。（工业和信息化部牵头，教育部、国资委参与）

（八）提高工业遗产保护利用水平。

持续开展国家工业遗产认定，发布国家工业遗产名单，鼓励地方因地制宜开展省、市级工业遗产调查、评估、认定，形成分级保护利用体系。修订《国家工业遗产管理暂行办法》，开展工业遗产保护立法研究。（工业和信息化部牵头，国家发展改革委、国家文物局、国资委参与）

积极推动将符合条件的工业遗产纳入文物保护体系，价值突出的推荐申报世界文化遗产。推动制定保护准则和指南，建立工业遗产保护与修复的工艺过程规范和效果评价标准，促进关键技术研发应用。（工业和信息化部、国家文物局牵头）

统筹工业遗产保护利用与城市转型发展，将老工业城市工业遗产纳入老工业城市更新改造政策支持范围，结合地方资源特色和历史传承，将工业遗产融入城市发展格局，保持功能协调、风格统一。（国家发展改革委牵头，工业和信息化部、文化和旅游部、国家文物局、国资委参与）

构建工业遗产保护利用项目库。鼓励利用工业遗产和老旧厂房资源，建设工业遗址公园、工业博物馆，打造工业文化产业园区、特色街区、创新创业基地、文化和旅游消费场所，培育工业旅游、工业设计、工艺美术、文化创意等新业态、新模式，不断提高活化利用水平。（工业和信息化部牵头，国家发展改革委、文化和旅游部、国家文物局、国资委参与）

（九）完善工业博物馆体系。

发挥工业博物馆展示历史、展现当下、展望未来的作用，探索建设国家级行业博物馆、国家（网上）数字工业博物馆，支持各地建设具有地域特色的城市工业博物馆，鼓励企业建设博物馆或工业展馆、纪念馆。支持运用新一代信息技术打造数字化、可视化、互动化、智能化新型工业博物馆。（工业和信息化部、国家文物局牵头，国家发展改革委、国资委参与）

探索建立工业博物馆联合认证、共建共管机制，发布工业博物馆名录，鼓励参加博物馆评估定级，引导文物系统富裕资源在运营管理、充实藏品、保护修复、开放服务等方面支持工业博物馆规范发展。创建一批工业博物馆，实施工业博物馆品牌培育提升行动，强化工业博物馆专业化建设，提升管理与服务水平，形成具有示范性和影响力的工业博物馆文化品牌。（工业和信息化部、国家文物局牵头）

鼓励利用和共享馆藏资源，开发教育、文创、娱乐、科普产品，举办各类工业文化主题展览、科普教育、文创体验和研学实践活动。（国家文物局、工业和信息化部牵头，教育部、文化和旅游部参与）

(十) 加大传播与交流。

鼓励创作工业题材的文化作品,通过工业影视作品、工业文学作品征集活动、高峰论坛等方式,宣传工业故事、典型人物,弘扬中国工业精神,践行社会主义核心价值观。支持媒体开设工业频道和专栏,传播工业声音。通过国家工业遗产发布、现场经验交流、新媒体宣传等多种方式和渠道,做好工业遗产保护利用项目宣传推介。(工业和信息化部牵头,文化和旅游部、国家发展改革委、国资委、国家文物局、相关行业协会参与)

依托"一带一路"建设,加强文化交流和多层次文明对话,推动国际工业文化交流合作,促进工业文化走出去,塑造和传播新时代中国工业形象。(工业和信息化部牵头,文化和旅游部、国家文物局、国家发展改革委、国资委、相关行业协会参与)

(十一) 健全工业文化发展体系。

发挥规划和政策引导作用,统筹加强工业文化建设。完善基础制度和标准体系。加强各类工业文化资源统筹利用,促进工业文化资源数字化,推动工业文化产业数字化建设,鼓励数字技术在工业文化企业、体验产品和项目建设中的应用。加快发展新型文化业态、消费模式,丰富工业文化载体,扩大优质工业文化产品供给,满足人民群众文化需求。(教育部、工业和信息化部、文化和旅游部、国资委、国家文物局按职责分工负责)

三、保障措施

(十二) 拓宽资金支持渠道。

加强产融合作,发挥试点示范作用,建立详实完备的工业文化企业数据库,为项目合作提供优质、精准的信息和服务。用好中央预算内投资等投资政策,鼓励社会资本设立文化产业发展基金,推动工业文化重大项目建设。鼓励地方积极完善支持政策,开展工业旅游、工业研学、产融合作、工业遗产和老旧厂房保护利用等试点示范。(国家发展改革委、工业和信息化部、教育部、财政部、文化和旅游部、国资委、国家文物局按职责分工负责)

(十三) 健全人才保障体系。

结合制造业与教育融合发展工程的实施,深化产教融合校企合作,强化人才培养培训,培养更多高技能人才和大国工匠。围绕工业文化学术研究、教育培训、经营管理、宣传推广等领域,打造一批领军人才。加强专业人才队伍建设,培育一批工业遗产、工业博物馆、工业旅游以及其他工业文化新业态等方面专业人才。鼓励设立工业文化智库。(工业和信息化部、教育部、人力资源社会保障部、文化和旅游部、国家文物局、国资委按职责分工负责)

(十四) 发挥中介机构作用。

充分发挥行业协会和各类社会组织作用。支持行业组织研究制定标准规范,开展工业文化资源调查,建立资源库,加强工业文化产业的市场监测和经济运行分析,发布研究报告;引导工业文化的研究应用与推广,宣贯相关政策,指导企业开展文化建设、管理创新、国际交流等工作。支持高校、高职院校、企事业单位和地方建立专业化程度高、业务能力强的工业文化相关机构,打造一批工业文化领域公共服务平台,充分调动社会力量参与工业文化建设,营造共商共建共享的良好氛围。(相关行业协会等中介组织负责)

四、组织实施

(十五)加强统筹协调。

各部门加强统筹协调,发挥职能作用,做好业务指导,在资源整合、要素供给、项目实施、人才保障、环境营造、宣传教育等方面提供支持,加强制度、政策、标准的协调对接,形成工作合力,确保各项工作取得实效。(工业和信息化部牵头,国家发展改革委、财政部、教育部、人力资源社会保障部、文化和旅游部、国家文物局、国资委参与)

(十六)抓好细化落实。

各地要建立和完善推动工业文化发展的工作机制,结合本地实际,研究制定本地区"十四五"期间推动工业文化发展的实施细则方案,明确目标任务,合力推进实施一批重点项目、重点工程。持续开展工业文化资源调查、评估和认定,健全资源数据库,丰富省市级名录。认真总结成功案例和经验做法,加强宣传推广,为工业文化发展营造良好社会环境。(各地工业和信息化主管部门牵头、相关部门参与)

附录五　工业和信息化部关于公布第一批国家工业遗产名单的通告

工信部产业函〔2017〕589号

为贯彻落实党的十九大关于加强文化遗产保护传承的决策部署，推动工业遗产保护和利用，根据《关于推进工业文化发展的指导意见》（工信部联产业〔2016〕446号）和《关于开展国家工业遗产认定试点申报工作的通知》（工信厅产业函〔2017〕455号），在辽宁、浙江、江西、山东、湖北、重庆和陕西等省市开展试点工作。经工业遗产所有权人自主申请并报本级人民政府同意、相关省市工业和信息化主管部门推荐、专家评审和网上公示等程序，确定了第一批国家工业遗产名单，现予公布。

工业遗产是工业文化的重要载体，记录了我国工业发展不同阶段的重要信息，见证了国家和工业发展的历史进程，具有重要的历史价值、科技价值、社会文化价值和艺术价值。国家工业遗产项目所属单位要采取有效措施，加强对遗产项目的保护、管理。各地工业和信息化主管部门要高度重视工业遗产保护利用工作，在确保有效保护工业遗产基础上，探索利用发展新模式，推动发展工业文化产业，为制造强国建设提供有力支撑。

附件：国家工业遗产名单（第一批）

工业和信息化部
2017年12月20日

国家工业遗产名单（第一批）

序号	名　称	地　　址	核　心　物　项
1	张裕酿酒公司	山东省烟台市芝罘区	地下酒窖、"张裕酿酒公司"老门头、"张裕路"石牌及张裕地界石、1892俱乐部（张弼士故居）及张裕金库、亚洲桶王及清代进口橡木桶、板框过滤机、蒸馏器、金星高月白兰地葡萄酒、1912年孙中山"品重醴泉"题词、1915年巴拿马万国博览会奖牌、1937年解百纳注册证书
2	鞍山钢铁厂	辽宁省鞍山市铁西区	昭和制钢所运输系统办公楼、井井寮旧址、昭和制钢所迎宾馆、昭和制钢所研究所、昭和制钢所本社事务所、烧结厂办公楼、东山宾馆建筑群（主楼、1号楼、2号楼、3号楼、贵宾楼）、北部备煤作业区门型吊车、建设者（XK51）机车车头、昭和制钢所1号高炉、老式石灰竖窑、2300mm三辊劳特式轧机、401号电力机车、1150轧机、1100轧机、鞍钢宪法
3	旅顺船坞	辽宁省大连市旅顺口区	船坞、木作坊、吊运库房、船坞局、电报局、泵房、坞闸1部、台钳3部
4	景德镇国营宇宙瓷厂	江西省景德镇市珠山区	锯齿形、人字形、坡字形老厂房，陶瓷生产原料车间、成型车间、烧炼车间、彩绘车间、选瓷包装车间，四代窑炉遗址，20世纪50—80年代陶瓷成型作业线、陶瓷生产工具及相关历史档案资料

续表

序号	名称	地址	核心物项
5	西华山钨矿	江西省赣州市大余县	矿选厂、机械厂工业建筑群、主平窿、苏联专家办公及居住场所、勘探原始资料、全套苏联俄语版采选设计文本、图件
6	本溪湖煤铁公司	辽宁省本溪市溪湖区	本钢一号高炉、洗煤厂、2号黑田式焦炉、铁路机务段与编组站、本钢第二发电厂冷却塔、洗煤车间、煤铁公司事务所（小红楼）、煤铁公司旧址（大白楼）、中央大斜井、彩屯煤矿竖井、东方红火车头、EL型电力机车及敞车
7	宝鸡申新纱厂	陕西省宝鸡市金台区	窑洞车间、薄壳工厂、申福新办公室、乐农别墅、1921年织布机、1940年电影放映机
8	温州矾矿	浙江省温州市苍南县	鸡笼山矿硐群、南洋312平硐、1号煅烧炉、1号结晶池、福德湾村矿工街巷
9	菱湖丝厂	浙江省湖州市南浔区	码头、茧仓库、50t水塔及配套水池、烟囱、锅炉房、立缫机2台、复整车间厂房、复摇机8组、黑板机2台、灯光检验设备、宿舍3栋、招待所、医务所、广播室、大礼堂、园林景观、徐家花园及厂志
10	重钢型钢厂	重庆市大渡口区	钢铁厂迁建委员会生产车间旧址、双缸卧式蒸汽机、蒸汽火车头2台及铁轨、烟囱3处、铣床、压直机、刮头机、相关档案资料
11	汉冶萍公司——汉阳铁厂	湖北省武汉市汉阳区	矿砂码头、高炉凝铁、汉阳铁厂造钢轨、1894年铸铁纪念碑、汉阳铁厂造砖瓦、卢森堡赠送相关资料、转炉车间、电炉分厂冶炼车间、电炉分厂维修备品间、水塔、钢梁桁架、铁路和机车、烟囱及管道设施
12	汉冶萍公司——大冶铁厂	湖北省黄石市西塞山区	1921年冶炼高炉残基、瞭望塔、水塔、高炉栈桥、日式建筑4栋、欧式建筑1栋、钢轨
13	汉冶萍公司——安源煤矿	江西省萍乡市安源区	总平巷、盛公祠（萍矿总局旧址）、安源公务总汇（谈判大楼）、株萍铁路萍安段、萍乡煤矿工程全图、萍乡煤矿机土各矿周围界限图

附录六　工业和信息化部关于公布第二批国家工业遗产名单的通告

工信部产业函〔2018〕417号

为贯彻落实党的十九大关于加强文化遗产保护传承的决策部署，推动工业遗产保护和利用，根据《关于推进工业文化发展的指导意见》（工信部联产业〔2016〕446号）和《关于开展第二批国家工业遗产认定申报工作的通知》（工信厅产业函〔2018〕108号），经工业遗产所有权人自主申请，相关省市工业和信息化主管部门、有关中央企业推荐，专家评审和网上公示等程序，确定了第二批国家工业遗产名单，现予以公布。

各地工业和信息化主管部门、有关中央企业和国家工业遗产所有权人要高度重视工业遗产保护利用工作，贯彻落实《国家工业遗产管理暂行办法》相关要求，采取有效措施，加强对国家工业遗产项目的保护、管理，在确保有效保护基础上，探索利用发展新模式，积极推动工业文化传承和发展。

附件：国家工业遗产名单（第二批）

工业和信息化部

2018年11月15日

国家工业遗产名单（第二批）

序号	名称	地址	核心物项
1	国营738厂	北京市朝阳区	"五角大楼"及附属工业景观、我国第一代0500系列微型计算机、我国第一台立德牌ATM机、模拟程控交换机等老一代电子产品、建厂以来历史档案、影音资料
2	国营751厂	北京市朝阳区	1号15万m^3煤气储罐（现名79罐）、脱硫塔（现改为时尚回廊）、火车专运线（现改为火车头广场）、动力管廊（现改为廊桥-空中步道）、裂解炉及附属工艺区域（现改为动力广场、炉区广场）
3	北京卫星制造厂	北京市海淀区	一号、四号厂房，坐标镗床，坐标镗铣床，万能工具铣床，东方红一号卫星诞生地纪念碑
4	原子能"一堆一器"	北京市房山区	101堆反应堆主厂房、101堆反应堆堆本体重混凝土屏蔽体、101堆主控室、回旋加速器厂房、回旋加速器主磁铁核心部件
5	井陉煤矿	河北省石家庄市井陉矿区	井陉煤矿总办大楼（西大楼）、老井井架、皇冠塔、正丰矿1号井、汽绞车房、电绞车房、正丰矿仓库、电厂机组车间、正丰矿大烟囱、凤山车站、小姐楼及附属建筑、总经理办公大楼及附属建筑、地道及北斜井巷道
6	秦皇岛西港	河北省秦皇岛市海港区	大码头，老船坞区域，南山街一号房特等房，开滦矿务局高级员司俱乐部，南山高级引水员住房，南栈房，三菱、松昌洋行，南山饭店，老港站地磅房，开滦矿务局秦皇岛经理处车务处
7	开滦矿务局秦皇岛电厂	河北省秦皇岛市海港区	建筑主楼、燃料运输铁路、1928年修建厂时使用的开滦缸砖、建筑内原有的瓷墙裙和地砖、开滦矿务局秦皇岛电厂建筑图纸和结构蓝图原图、原厂房内天车及照明灯具、日本产6kV单相变压

续表

序号	名　称	地　址	核　心　物　项
8	山海关桥梁厂	河北省秦皇岛市山海关区	原钢梁车间厂房、打风机厂房、清光绪二十四年（1898）桥牌、两米铣边机床、型钢矫正机、1914年交通部直辖京奉铁路管理局电报、武汉长江大桥钢梁制造过程图册、铁道部山海关桥梁工厂志
9	开滦唐山矿	河北省唐山市路北区	一号、二号、三号井及附属巷道与绞车房，铁路公路立交桥达道，中央回风井，唐胥铁路零公里标志，29号员司别墅，1901—1952年企业财务大账本，开平矿务局老股票，上游型蒸汽机车
10	启新水泥厂	河北省唐山市路北区	车间厂房共16座，1906—1995年的老机器设备24台/套，1862—1957年的办公用品25个，1907—1947年的历史档案22项，1904年至民国时期的商标、徽章、牌匾30个，1909—1927年的4种水泥制品
11	太原兵工厂	山西省太原市杏花岭区	厂房建筑共52栋、星火俱乐部、机器设备225台/套、武器装备实物27台/件
12	阳泉三矿	山西省阳泉市矿区	一号井平硐，二号井斜井，裕公井斜井及附属巷道绞车房，竖井主、副井等为标志的集中提升区，贾地沟矿井遗址，东丈八井（阳泉三矿二坑）遗址，以一号井+780、裕公井+660、竖井+606、竖井扩+550共40000余米的四个水平巷道及其附属设施为标志的物料运输区，与石太铁路联通的选煤专用铁路为标志的煤炭外运区，以洗煤厂及附属设施为标志的洗选加工区，以大墩沟瓦斯抽放泵站为标志的瓦斯集采区，以阳泉三矿中学、职工学校为标志的文化教育区，以蒙村降压站为标志的电力供应区，以退坡窑洞为标志的职工集体宿舍区，以马家坡主扇机房为标志的矿井通风区，保晋公司档案，三矿井下巷道图纸
13	沈阳铸造厂	辽宁省沈阳市铁西区	沈阳铸造厂一车间厂房，10t、5t冲天炉，排砂系统，烘砂系统，抛丸系统，传砂带，送料斗，送料仓，运料斗，干燥窑，10t、5t天吊，10t抽尘设备，30t落砂机基座，5t中频感应保温电炉，铁水包，离心通风机，炉前风扇，冷轧罐，配砂控制室，砂池
14	国营庆阳化工厂	辽宁省辽阳市文圣区	梯恩梯生产线硝化工房、梯恩梯生产线精制工房、梯恩梯生产线包装工房、唐户屯变电所、供水工房、唐户屯火车站、东京陵火车站、台子沟办公楼、台子沟供销楼、台子沟福利楼、台子沟图书馆楼、台子沟西外招、台子沟东外招、台子沟资料室、唐户屯街区、东京陵街区、建厂工程图纸及地形图、八十年代初工厂地形图、厂史（1937—1987）、荣誉资料
15	铁人一口井	黑龙江省大庆市红岗区	萨-55井、卸车台、钻井架、水井
16	金陵机器局	江苏省南京市秦淮区	机器正厂、机器右厂、机器左厂、机器大厂、木厂大楼、捲铜厂/炎铜厂、熔铜厂、熔铜房、工房12栋、办公楼6栋、物料库2栋、宿舍楼3栋
17	永利化学工业公司铔厂	江苏省南京市江北新区	1936年采购自德国A·BORSIG公司的压缩机、"永利旧物"实物雕塑、硝酸塔、硫酸铔厂房、合成氨装置厂房和设备、五所洋房、老三村、六村、老三楼、新四楼、凤凰路380号碉堡、《海王》旬刊、四大信条、《永利化学工业公司硫酸铔厂成立经过及其概况》
18	茂新面粉厂旧址	江苏省无锡市梁溪区	毛麦仓库、制粉车间、粉库、办公楼、面粉生产机器设备

续表

序号	名称	地址	核心物项
19	大生纱厂	江苏省南通市港闸区	钟楼、公事厅、专家楼、清花间厂房、南通纺织专门学校旧址、实业小学教学楼
20	合肥钢铁厂	安徽省合肥市瑶海区	1958年小高炉、高炉区、铁轨、《合钢战讯》《合钢小报》《合钢报》、合钢老人口述史（视频资料）
21	泾县宣纸厂	安徽省宣城市泾县	宣纸制作技艺、成品库（现改为宣纸博物馆）、542生产区、宣纸厂老办公楼、大会堂、招待所（现名金乌楼）、晒滩
22	李渡烧酒作坊遗址	江西省南昌市进贤县	老厂区办公室、酒仓库、机修车间、窖房、发电房等15栋，元代酒窖16个、明代酒窖12个、清代酒窖32个、明代晾堂1个、清代晾堂1个、明代蒸馏设施1个、清代蒸馏设施1个、明清代炉灶1个、明代水井1个、明代水沟1条，陶瓷器、酒醅、石臼、青铜用具、铁具、铭文砖、木具、竹签共350余件
23	济南第二机床厂	山东省济南市槐荫区	厂房建筑29栋、设备工具2台、办公用具4件/套、档案资料
24	青岛啤酒厂	山东省青岛市市北区	原综合办公区、原酿酒生产区、原职员俱乐部、1896年西门子电机、糖化锅、糊化锅、过滤锅、煮沸锅、德国厂房图纸、啤酒发酵桶、麦汁冷却器、锦旗、酵母回收罐、啤酒滤酒器、洗棉机、压棉机、过滤机、桶式装酒机、麦芽上料斗、啤酒节酒桶、"美女"啤酒广告、"三国"啤酒广告、钢印、股票发行中签表
25	青岛国棉五厂	山东省青岛市市北区	锯齿型主体厂房、水塔、老井、纺织设备（棉布打包机、细纱机、粗纱机、并条机、小打包机、44吋自动换梭织布机、加码天平、大变压器、小变压器、摇纱机、废棉处理机、粗砂硬度仪、棉条测长仪、电压电流表、湿式报警阀、蒸汽分配阀门、并线机头）、铁路专线桥、空调室、"红松檩仓库"、溴化锂制冷站、老墙、纺织博物馆
26	第一拖拉机制造厂	河南省洛阳市涧西区	办公大楼、厂前广场、冲压车间、工具车间、装配车间、发动机车间、厂大门
27	洛阳矿山机器厂	河南省洛阳市涧西区	一金工车间、二金工车间，焦裕禄带领员工制造的首台直径2.5m卷扬机、习仲勋同志旧居
28	铜绿山古铜矿遗址	湖北省黄石市大冶市	采矿遗址、冶炼遗址、四方塘遗址墓葬区、铜绿山遗址博物馆新馆、柯锡太冶炼遗址、露天采矿遗址
29	安化第一茶厂	湖南省益阳市安化县	靠背式茶叶木库、单开门茶叶木库南栋、单开门茶叶木库北栋、锯齿形车间及西大门、清代茶叶作坊、50年代兴建的三栋扬场、50年代兴建的茶叶审评室、70年代兴建的办公楼、60年代兴建的电影院、秤砣、木质飘筛机、桶式揉茶机、茶样（茶素、黑茶、红茶、绿茶、乌龙茶）
30	成都国营红光电子管厂	四川省成都市成华区	研磨废水处理站（现改为游客中心）、老锅炉罐体（现改为喷水池）、锅炉罐体（现改为供销社、罐体手绘群）、廊桥、显像管装配厂房（现改为演艺中心）、干部警示录、烟囱3根、漏斗式水塔2处、火车头广场
31	泸州老窖窖池群及酿酒作坊	四川省泸州市江阳区、龙马潭区	明万历年间4口和清代1615口酿酒窖池，16处酿酒古作坊，天然藏酒洞3个（纯阳洞、龙泉洞、醉翁洞），龙泉井及清代古碑，泥石厂堂，甑桶、云盘、木轮鸡公车等传统酿酒设施，1915年巴拿马太平洋万国博览会奖牌，唐宋窑址遗址及出土酒文物

续表

序号	名称	地址	核心物项
32	中国工程物理研究院院部机关旧址	四川省绵阳市梓潼县	大礼堂、院部机关办公楼、模型厅、情报中心、邓稼先同志旧居、王淦昌同志旧居、将军楼、战备防空洞
33	五粮液窖池群及酿酒作坊	四川省宜宾市翠屏区、叙州区	"长发升""利川永"等明清酿酒古作坊8处，地穴式曲酒发酵古窖池15口（始建于1368年），清代古窖池159口，"五和堂"四合院，酿酒窖房3处，老窖池679口（建于20世纪60年代），手推车、木云盘、木甑子、木掀、泥掌子、木铲、木掌子、量水桶、拖把、挑水桶、竹枝子、纯锡冷凝器等酿酒设施设备及工具，出土的战国酒器、汉代执壶和陶罐，宋、元、明、清代饮酒具和容器具文物，商标、酒瓶、包装
34	茅台酒酿酒作坊	贵州省遵义市仁怀市	"成义"烧房烤酒房旧址、"荣和"烧房干曲仓旧址、踩曲房旧址、烤酒房旧址，"恒兴"烧房烤酒房旧址，制曲一片区发酵仓，制曲二片区踩曲房、发酵仓，制曲二片区石磨坊、干曲仓，勾贮车间下酒库第五栋酒库、第八栋酒库
35	黎阳航空发动机公司	贵州省安顺市平坝区	菜花洞、牛洞、34车间、工具室、检验室、机修室、生产加工设备、发动机转运车
36	石龙坝水电站	云南省昆明市西山区	德国西门子公司制造的发电机、福伊特公司生产的水轮机、第一车间、办公楼、第二车间、第三车间、第四车间、德国西门子公司制造的高压开关、1910年德国工程师使用的保险柜、耀龙公司股票及股票存根、部分技术图纸
37	昆明钢铁厂	云南省昆明市安宁市	桥钢厂轧钢车间和办公楼，本部一烧、二烧，六号高炉及设施，本部三号、四号、五号高炉，本部第二炼钢厂厂房及设施
38	王石凹煤矿	陕西省铜川市印台区	井下735水平采煤巷道、动力用风系统、主扇（主要通风机）、主副井筒、主绞提升室、主绞提升系统、副提升室、副绞提升系统、地面乘人绞车、污水处理系统、运输系统、蒸汽机车头、选煤楼、苏联专家楼、办公楼、矿工俱乐部、苏式单边楼、史料档案馆、革命阶级教育馆——霸王窑、火车道、钻床
39	延长石油厂	陕西省延安市延长县	延一井、七里村炼油厂、七1井和七3井、延深探一井、延长石油三大石油地质教育教学实践点、延长石油厂工人何延年的窑洞、苏联专家招待所
40	中核四〇四厂	甘肃省	反应堆、六氟化铀生产厂、后处理中间试验厂、自备铁路车站（福中站）、生产生活用水取水口、212科技图书馆、机关办公楼（红楼）、职工俱乐部、1968年毛主席全身塑像、苏联专家楼（调试专家用房）、生活基地（五华山）、6140球面车床、蒸汽机车JF164、SY1261、SY1282
41	刘家峡水电站	甘肃省临夏回族自治州永靖县	挡水大坝、排沙洞、泄水道、溢洪道、泄洪洞、水电站厂房、1969年门式起重机、中央控制台、档案文件
42	可可托海矿务局	新疆维吾尔自治区阿勒泰地区富蕴县	三号脉露天开采矿坑、矿硐、采运设备、87-66选矿厂厂房主体及相关设备、水电站厂房、海子口大坝、发电机组、配套设备、机械厂厂房及设备、木桁架老桥、办公楼、专家楼、大食堂、地质陈列馆俄式风格建筑、馆藏地质标本及展品

附录七　工业和信息化部关于公布第三批国家工业遗产名单的通告

工信部产业函〔2019〕403号

为贯彻落实党的十九大关于加强文化遗产保护传承的决策部署，推动工业遗产保护和利用，根据《关于推进工业文化发展的指导意见》（工信部联产业〔2016〕446号）和《关于开展第三批国家工业遗产认定申报工作的通知》（工产业函〔2019〕129号），经工业遗产所有权人自主申请、相关省（区、市）工业和信息化主管部门及有关中央企业推荐、专家评审、现场核查和网上公示等程序，确定了第三批国家工业遗产名单，现予以公布。

各地工业和信息化主管部门、有关中央企业和国家工业遗产所有权人要积极贯彻落实《国家工业遗产管理暂行办法》相关要求，采取有效措施加强对国家工业遗产的保护管理，创新工业遗产活化利用模式，积极推动工业文化传承和发展。

附件：国家工业遗产名单（第三批）

工业和信息化部
2019年12月6日

国家工业遗产名单（第三批）

序号	地址	名称	核心物项
1	北京市东城区	北京珐琅厂	原职工食堂；制地机、鳔丝机、手摇梭子机、滚床、烧活大炉、冲压机等机械设备；反映不同时期景泰蓝生产工序（制胎、掐丝、点蓝、烧活）的工具；1956年公私合营原始登记资料、钱美华大师人事档案及设计原稿、珐琅厂老艺人作品拓片等历史档案；景泰蓝制作技艺
2	北京市西城区	度支部印刷局	主工房大楼，钟楼，水塔，专家楼3栋；万能雕刻机，单针缩刻机，手扳凹印机
3	天津市滨海新区	大港油田港5井	港5井；华北石油勘探会战时期用过的钻头及工具箱、管钳和样桶；港5井的岩芯；历史档案
4	河北省唐山市古冶区	开滦赵各庄矿	1号、2号、3号、4号井井架；1号井绞车房及内部绞车设备；建矿初期使用的工具及工牌；9号、10号洋房子；图纸
5	山西省长治市潞州区	"刘伯承工厂"旧址	厂部，火工库工房，机工部工房，窑洞（双孔），总装部工房，完成库残墙，水塔，烟囱；朱德总司令任命书、生产计划等历史档案
6	山西省长治市潞州区	石圪节煤矿	南副立井、北副立井、主斜井，"三天轮"提升装置，洗煤厂及附属设施，更新厂2栋，职工集体宿舍3栋，苏式矿工俱乐部，1978年建成的矿工俱乐部，裕丰煤矿工人抗日救国会旧址与康克清到石圪节煤矿传播革命火种旧址；清末生产的道轨、朝鲜机床；部分媒体报道、老照片、全国科学大会奖状等历史档案
7	山西省晋城市高平市	高平丝织印染厂	锯齿型联排厂房；卷纬机3台、浆丝机1台，定型机、拉幅机各1台，染丝机2台，绳状染色机10台；潞绸织造技艺

续表

序号	地 址	名 称	核 心 物 项
8	辽宁省抚顺市望花区	抚顺西露天矿	矿坑；大型挖掘机2台，电力机车4辆，推土犁1台，108t采矿汽车1辆，蒸汽机车2辆
9	辽宁省营口市站前区	营口造纸厂	大罐厂房，切苇厂房，九号机厂房，十五号机厂房；157m³的立式蒸煮锅3台，220m³蒸煮锅4台，圆盘式切苇刀，干法除尘系统，3150长网多缸凸版纸机2台
10	辽宁省大连市沙河口区	大连冷冻机厂铸造工厂	铸造工厂厂房，迪沙3030机器设备，模具；历史档案及文献资料
11	黑龙江省齐齐哈尔市富拉尔基区	一重富拉尔基厂区	重型装备制造厂，热处理制造厂，水压机锻造厂，金属结构制造厂；12500t自由锻造水压机，捷克产6000t水压机，苏联产9m立车，H3TC车床、井式热处理炉沉箱等机器设备，建厂初期吊具等生产工具；开工纪念章，厂前广场毛主席不锈钢塑像；历史档案
12	黑龙江省佳木斯市桦南县、勃利县、宝清县、七台河市	龙江森工桦南森林铁路	6台28t蒸汽机车及完整的森铁路线，设备厂房和森林铁路运输的整套架构（包括森铁机加车间、外燃车间、内燃车间、烘炉车间、翻砂车间、车站及42km窄轨铁路）；120马力的内燃机车1台，240马力内燃机车1台，PB15型平板车50辆，YZ型54座客车车厢3辆，15t棚车3辆，守车4辆，敞车4辆；森林铁路配套设施25处，配套设备40台；历史档案
13	上海市普陀区	上海造币厂	办公楼，国民政府期间财政部部库旧址，蓄水塔；万两天平，轧机，冲床，光边机，美式压印机，仿法雕刻机，翻模机
14	江苏省常州市钟楼区	常州恒源畅厂	纺织车间2栋，电工间，高配间，木工间，锅炉房，机修车间，清末砖木结构建筑，办公楼5栋，工人食堂，女工宿舍，医务室；梳毛机和水喷淋空调装置，印染轧机和定型设备，纤子车，石槽2个，恒源厂界碑，雷明顿英文打字机，双鸽牌中文打字机；清光绪二年（1876）土地买卖契约、冯玉祥题写厂名牌匾拓件、民国三十六年（1947）的产权证明单等历史档案
15	江苏省镇江市润州区	恒顺镇江香醋传统酿造区	恒顺荣炳老厂房，恒顺老作坊，传统酒窖，传统晒醋场，老门楼，恒顺米业老厂房；传统制醋工具，传统制酒工具；晚清时期营业执照，民国时期商标证书，新中国成立初期的生产资料记录，20世纪60—70年代商标、印章；镇江恒顺香醋酿制技艺
16	江苏省宿迁市宿城区	洋河老窖池群及酿酒作坊	明清窖池，新中国成立初期酿酒厂房，50年代一号酒库，60年代二号酒库，70年代地下酒窖；清代和近代陶坛；历史档案；洋河酒传统酿造技艺
17	浙江省绍兴市柯桥区	绍兴鉴湖黄酒作坊	南大门、前大楼、后大楼等清代建筑，民国建筑西厢房，一组落作间、二组落作间、三组落作间、一组坛酒仓库、三组坛酒仓库、包装材料仓库等20世纪50—60年代建筑；鉴湖水取水口，原货物进出码头；瓦缸，瓦坛，木榨机，开耙工具，蒸饭木桶，专用弯斗，牌印；绍兴黄酒酿制技艺
18	安徽省亳州市谯城区	古井贡酒年份原浆传统酿造区	宋井，明井，明代窖池群，清代窖池群，明清酿酒遗址，古井贡酒二号窖池群
19	安徽省池州市贵池区	贵池茶厂	祁红木仓，手工拣厂，精制茶车间及木质祁红生产线，拼配车间（外贸仓），包装车间，祁红审评大楼，办公楼，祁红加工培训场，职工之家；历史档案

续表

序号	地　址	名　　称	核　心　物　项
20	安徽省黄山市歙县	歙县老胡开文墨厂	生产车间3栋，古法点烟车间，办公楼，职工宿舍；点烟机、压墨机、搅坯机等生产设备，清同治年间模具（十大仙）10套；历史档案；徽墨制作技艺
21	福建省泉州市鲤城区	泉州源和堂蜜饯厂	蜜饯腌制池，蜜制车间，10t锅炉房、6t锅炉房，饮料生产车间，冰糖大楼（含冰糖车间和蜜糖晒场），白糖仓库，包装车间和成品仓库，厂大门，地磅，办公楼，行政办公室，员工食堂；蜜饯汤汁浓缩罐，蜜饯搅拌机、搅拌棍、晾晒拨勺，蜜饯腌制缸、晾晒簸箕；历史照片12件套，《泉州中侨》期刊一套
22	福建省龙岩市长汀县	福建红旗机器厂	厂房，办公楼，大礼堂，宿舍楼，商店，食堂，澡堂，医院，幼儿园，学校，灯光球场，人工开凿洞体
23	江西省景德镇市珠山区	景德镇明清御窑厂遗址	明清时期御窑厂窑业遗迹（含窑炉遗迹、作坊遗迹），墙体、道路遗迹，古井、古树，窑业堆积遗迹，衙署建筑及其他附属建筑遗迹，与明清御窑紧密相关的元代官窑遗迹，出土御窑遗物
24	江西省景德镇市珠山区	景德镇国营为民瓷厂	原料车间，成型二车间、三车间，琢器车间，彩绘车间，辊道窑，白胎仓库，红花仓库，倒焰窑厂房，隧道窑厂房，成品仓库，配电车间，模型车间，锅炉房，厂大门，行政办公楼，工会大楼，职工食堂，放映厅，烟囱，太湖石；发电机、砂轮、喇叭口、漏斗等生产工具；老照片、证书、奖状、书籍等历史档案
25	江西省吉安市吉安县	吉州窑遗址	本觉寺龙窑遗址，茅庵岭遗址，丹砂渡古码头遗址；24个古窑包；木叶天目盏、剪纸贴花、彩绘瓷等出土文物；吉州窑匣钵古道，制瓷作坊遗址
26	江西省赣州市兴国县	兴国官田中央兵工厂	总务科（厂部）旧址，弹药科旧址，枪炮科旧址，利铁科旧址，俱乐部旧址，护厂特务连旧址；10马力发电机、30马力发电机、手摇钻床、手摇冲压机、车床等生产设备原件；历史档案
27	山东省潍坊市奎文区	潍坊大英烟公司	烟叶复烤车间，东小洋楼，西小洋楼，账房，1号储烟库，2号储烟库，1~16号仓库，1~15码垛基座，工业和消防用400m³蓄水池（2.5m×9m×18m），总长约6km战备逃生地道群；历史档案
28	山东省聊城市东阿县	东阿阿胶厂78号旧址	原料处理车间，阿胶生产楼，琉璃井，糖浆剂生产楼，冷冻站，擦胶包装楼，复方阿胶浆生产车间，仓库大楼，综合办公楼；EH-4蒸汽化皮机，脚踏式切胶机，机械自动化切胶机，小型压盖机，颗粒包装机，卧螺离心机，生产设备、工具19件套；1966年东阿牌商标注册证等历史档案
29	湖北省襄阳市老河口市	湖北5133厂	建设指挥部，北办公楼，301工房，302工房，305工房，铁路专用线，工人俱乐部，招待所，溜冰场，篮球场；车床、机床16台，滚齿机，插齿机，圆刻线机，剪板机，长刻线机，投影仪，光切显微镜
30	湖北省黄石市黄石港区	华新水泥厂旧址	卸石坑，联合储库，厚浆池，储浆池，1~3号湿法回转窑，2000t水泥库，包装车间
31	湖南省衡阳市珠晖区	中核二七二厂铀水冶纯化生产线及配套工程	铀纯化老生产线，铀水冶生产线，铀尾矿库，铁路专用线和蒸汽机火车头，高射炮，江边泵房

续表

序号	地址	名称	核心物项
32	广东省佛山市禅城区	南风古灶	南风灶和高灶石湾龙窑主体构筑（包括地基、窑炉炉头、窑室、窑尾、窑棚）
33	重庆市涪陵区	核工业816工程	堆工机械加工厂，配套取水制水装置，配套职工生活区，烈士陵园；历史档案
34	重庆市长寿区	重庆长风化工厂	光气合成生产线，中定剂生产线，工人俱乐部，单身宿舍及职工食堂，生活水塔；历史档案
35	四川省成都市锦江区	成都水井街酒坊	T字型结构制酒生产车间，L1~L3晾堂，J1~J8窖池，老1~老22窖池，新1~新40窖池，Z1~Z4灶坑，蒸馏设备冷凝器基座，路基，散水，柱础
36	四川省自贡市贡井区、大安区	自贡井盐——大安盐厂	大安盐厂：真空制盐主厂房及真空制盐设备，热水池，储物仓库，软水房，59号盐仓，白水泵房，水塔，波钢塔，输盐传输带通道，沉淀池
		自贡井盐——东源井	东源井：矿井，木制井架，井帽子，窠盆，烟巷，碓房，过浆房，机车房，大车房，小车房，平锅制盐作坊，踩架；地辊，天辊，机车，木质大车，马槽辊子，大木楻桶，车心石输气沟道
		自贡井盐——燊海井	燊海井：碓房及打井设备和井口，大车房及卷扬机房，灶房及制盐设施设备，柜房，盐仓；天车，大车，笕管，楻桶，烟巷，晒卤台
37	四川省攀枝花市东区	攀枝花钢铁厂	朱家包包铁矿（含狮子山大爆破遗址），弄弄坪主厂区工业建筑群，兰家火山大坪硐，渡口造船厂船坞及码头；攀钢1号高炉，提钒炼钢厂1号转炉，3号汽轮鼓风机组，009号电力机车
38	四川省泸州市龙马潭区	洞窝水电站	拦河坝，引水渠，厂房；发电机组；《泸县济和水力发电厂股份有限公司营业工程两部说明表》
39	四川省内江市隆昌市	隆昌气矿圣灯山气田旧址	隆2井，隆10井，炭黑车间办公室，炭黑火房遗址，炭黑试验室，隆昌气矿1号、2号、3号办公楼，传动车间和工人休息室，跃进礼堂，隆昌气矿招待所；20世纪50年代炭黑产品2瓶，炭黑车间回收的硫磺2瓶，炭黑火房的基脚石1块，火嘴1套；《隆昌圣灯山气田地质研究报告（1964年12月）》、天然气槽法炭黑生产工艺设计图纸等历史档案
40	四川省乐山市市中区	核工业受控核聚变实验旧址	451主机大厅、控制室、电机大楼、工程实验室、整流大楼，303大厅，实验工厂主车间及机加工设备；中国环流器一号实验装置，反场箍缩环形实验装置，预试环流器实验装置，微型环流器实验装置；李正武院士档案，何成逊先生捐赠图书资料与手绘稿
41	四川省乐山市犍为县	嘉阳煤矿老矿区	黄村井，行政办公楼，大礼堂，专家楼6栋，矿工排房6栋，芭石窄轨铁路；蒸汽机车机头ZM16-45辆
42	贵州省六盘水市六枝特区	六枝矿区	地宗选煤厂原（精）煤运输走廊，装（卸）煤仓，洗选车间，地宗煤矿主井硐，职工澡堂，六枝煤矿主副井硐，四角田煤矿主井硐，生产连（区）队办公区，矿锻工房，筒子楼，职工干打垒成片住房，职工大食堂，苏式办公楼与礼堂；地宗铁路专用线及補林大桥，物资总仓库木架构站台，火工品库，六枝电厂老厂房1栋，六枝电厂除尘设施

续表

序号	地 址	名 称	核 心 物 项
43	贵州省铜仁市万山区	贵州万山汞矿	黑硐子，仙人洞，云南梯主硐口，300t机选厂，冶炼厂冶炼炉车间，贵州汞矿科学文化中心，大礼堂，苏联专家楼，万山特区商店，医院门诊大楼，劳动服务中心，技工学校，职工食堂，百货商店，电影院，粮店
44	云南省临沧市凤庆县	云南凤庆茶厂老厂区	苏式建筑办公楼，冯绍裘铜像，烘干、筛分、成品、制箱、包装车间，仓库3栋；铁轨3段；1975年德国进口500HW低速柴油发电机，1975年购置的解放牌消防车，精制茶生产线，木制匀堆机2套，风选机；冯式"三桶式手揉机""脚踏与动力两用之揉茶机""脚踏与动力两用之烘茶机"黑白照片
45	西藏自治区拉萨市当雄县	羊八井地热发电试验设施	试验机厂房；汽轮机，汽轮发电机，行车，扩容器，冷凝器，射水抽气器，水泵3台，配电盘柜6个
46	陕西省宝鸡市凤县	红光沟航天六院旧址	科研楼，机要室，行政后勤楼，力学试验室，"厕所"试验室，201洞，小泵试验室，张贵田院士之家，科研区1号、2号专家楼，红光工人俱乐部，指挥部办公楼，大礼堂，招待所；红光沟航天六院旧址总体分布手绘图等历史档案及口述历史材料
47	陕西省渭南市蒲城县	中国科学院国家授时中心蒲城长短波授时台	金帜山短波授时台发播大厅，杨庄长波授时台地下发播大厅；短波发射机及辅助设备，长波发射机及辅助设备；四塔倒锥形长波发射天线
48	陕西省榆林市定边县	定边盐场	苟池盐湖及盐田，三五九旅打盐盐田和住宿遗址，三五九旅盐湖拦洪坝遗址，定边盐化厂办公楼遗址；盐罐（带陕甘宁边区定边盐场字样），秤砣（带陕甘边区盐场堡盐场字样）
49	甘肃省兰州市西固区	中核504厂	邓小平留影处，工人俱乐部，河心泵站，黄河铁桥，老主工艺大厅遗址；国家科技进步奖一等奖奖牌、奖状（1978年）

附录八 工业和信息化部关于公布第四批国家工业遗产名单的通告

工信部政法函〔2020〕348号

为加强文化遗产保护传承，推动工业遗产保护利用，根据《国家工业遗产管理暂行办法》（工信部产业〔2018〕232号）和《关于开展第四批国家工业遗产认定申报工作的通知》（工信厅政法函〔2020〕68号），经工业遗产所有权人自愿申请、相关省级工业和信息化主管部门或中央企业推荐、专家评审、现场核查和网上公示等程序，确定了第四批国家工业遗产名单，现予以公布。

各地工业和信息化主管部门、有关中央企业和国家工业遗产所有权人要按照《国家工业遗产管理暂行办法》相关要求，进一步重视工业遗产保护利用工作，采取有效措施加强对国家工业遗产的保护管理，创新工业遗产活化利用模式，积极推动工业文化传承和发展，弘扬优秀工业文化。

附件：国家工业遗产名单（第四批）

工业和信息化部

2020年12月17日

国家工业遗产名单（第四批）

序号	地 址	名 称	核 心 物 项
1	北京市西城区	北京电报大楼	北京电报大楼；7512（丙）型电子管无线收报机，BD055型电传打字机，电报投递用摩托车；北京电报局牌匾，晶体管电子式计费设备程序操作表，1952年版《标准电码本》，北京电报局营业日戳和营业时间牌，东方红报时曲音乐，20世纪50—80年代老照片
2	天津市滨海新区	海鸥表业手表生制作产线	滚齿机，立铣，小型车床，四工位铣床，自动车，精密冲床，高精多工位机床，测量仪器，精密线切割机；"五星牌"手表（1955年），"五一表"（1957年），音叉电子表（1965年），"304"航空计时码表（1966年），"东风表"（1966年），"海鸥牌"手表（1973年），女表（1975年）；技师王慈民使用过的制表工具计量卡尺、锉、镊子、各种表壳后盖扳子；档案资料
3	天津市河东区	天津第三棉纺织厂	一纺厂，二纺厂，一布厂，二布厂，机修车间，铸造车间，发电厂，综合办公楼，仓库；三相交流发电机，丰田织布机，粗纱头机，立式开棉机，提花织机；档案资料
4	河北省张家口市怀来县	张家口沙城酒厂	葡萄酒车间，葡萄酒发酵、储存池197个，葡萄酒实验室，架盘天平、双联电炉子、离子交换器、气相色谱仪、培养箱、净化工作台等葡萄酒检验实验仪器设备，干白葡萄酒新工艺技术；白酒酿造车间7座，白酒酿造窖池150个，万吨地下酒库，储酒陶缸60个，沙城老窖酒酿造技艺；档案资料
5	河北省保定市徐水区	刘伶醉古烧锅	宋代古井，金元时期灶台、炭坑、墙基等遗迹，金代初期建的古窖池16口，明清时期陆续建造的古窖池165口；明洪武年间建造的木制酒海4口，清代建造的木制储酒海86口，清代制作的荆编酒海43口

续表

序号	地 址	名 称	核 心 物 项
6	山西省吕梁市汾阳市	杏花村汾酒老作坊及传统酿造区	清代老作坊（含古房屋建筑20间、古井2眼、发酵地缸150口），酿酒车间3座，成装车间，酒库2座，酿酒一厂办公楼，档案馆2座，醉月楼，醉仙居，汾酒厂俱乐部，"酒如泉"门；20世纪20—50年代生产设备；档案资料
7	辽宁省沈阳市大东区	老龙口酒厂	"老龙口"古井，1662年"老龙口"古窖池，老陈酿车间，老酿酒车间，佐料酒酿造车间；明末清初石磨5个、木酒海及清代酒海残片，日制储酒铜罐，木质蒸馏器拍盖，机械化蒸馏器；"老龙口"高粱酒老商标、1958年"老龙口大曲酒"商标注册证、义龙泉账册、木质蒸馏器照片、1941年股东会照片等档案资料
8	辽宁省大连市西岗区	大连造船厂修船南坞	修船南坞，配套泵房及水泵
9	辽宁省阜新市海州区、新丘区	阜新煤炭工业遗产群	新邱煤田遗址，海州矿坑，阜新万人坑遗址，平安煤矿职工俱乐部；单斗挖掘机（99号电镐），3D型推土犁，ZG·150-1500型电机车，上游（SY）型蒸汽机车
10	吉林省长春市朝阳区	长春电影制片厂	混合录音棚，第三摄影棚，第三录音室，第四录音室，洗印车间，第五放映室，第十二放映室，长影主办公楼，长影小白楼，厂门，毛主席雕像；洗片、接片、配光、磨片、编辑、缩片等设备42台；档案资料（1949—1980年），伪满映主楼建筑设计档案1套，电影胶片5000本
11	吉林省吉林市桦甸市	夹皮沟金矿	洪沟铺天盖原矿场，下戏台矿，三道岔矿，苏式运输处厂房，生产调度办公楼，东风楼公寓，苏式职工电影院，老牛沟碉堡；变压器组，淘金工具（1945年之前）；大金牛商标
12	黑龙江省哈尔滨市南岗区	哈尔滨卷烟厂旧址	砖造纸烟工厂，更夫用房；手摇切丝机，迈克·老巴夺办公桌；50℃高温发酵法资料（20世纪50年代），厂区车间老照片（1922年，17张）
13	黑龙江省哈尔滨市平房区	东北轻合金加工厂	熔铸分厂，轧板分厂，挤压分厂，201中心实验室，老办公楼，文化宫；2000mm热轧机
14	黑龙江省哈尔滨市香坊区	哈尔滨电机厂	水电分厂大型厂厂房和汽发分厂厂房，中型厂房，线圈分厂厂房，大电机研究所主楼，办公楼，正门；1591式立车，S2500/15m卧车
15	黑龙江省哈尔滨市香坊区	哈尔滨锅炉厂	一厂房，原厂办公楼；φ114～426cm弯管机，1500/2000t水压机
16	黑龙江省齐齐哈尔市富拉尔基区	北满钢厂	轧钢厂大棒生产车间，实验室，办公楼，825轧机；档案资料（1950—1958年）
17	上海市黄浦区	大北电报局	大北电报局大楼，楼层指引牌；史温生铜像，大北电报公司铜制招牌；1897年电报原件，大北电报公司水线图，《电报书籍》初版原本
18	上海市浦东新区	运十飞机	运十飞机；工艺文件、工装图、试飞文件、质量文件、照片专辑等档案资料1282盒
19	江苏常州经济开发区	常州大明纱厂	纺纱机车间，机修车间，仓库，火炬形砖筑水塔，化验室、计量室，刘国钧办公室及北侧和西侧办公区，办公楼，业务中心办公区，高管和客人住宿楼，公司员工宿舍区，浴室，食堂；A512细纱机机架126台，A006B型清棉机3台；刘国钧、查济民使用过的红木办公桌椅、书柜1套，"不织布总厂"厂牌，公私合营协议书、公司规章制度、业务往来凭证、人事档案、图纸、手稿等档案资料

续表

序号	地　　址	名　　称	核　心　物　项
20	江苏省宿迁市泗洪县	双沟老窖池群及酿酒作坊	老窖池群，宋元酿酒遗址坑，老酿酒工坊，第一机械化酿酒车间，散酒一库，地下大容量储酒库；"双沟醴泉"墨宝，档案资料
21	浙江省湖州市南浔区	善琏湖笔厂	水盆车间，装套择笔车间，仓库，行政办公区域；切杆机，梳毛机器，刻字机器，牛角车床10台，笔头联结牢度检测仪，毛笔耐磨度检测仪
22	安徽省合肥市庐江县	庐江矾矿	东山平硐，西山平硐，127竖井，1~8号竖窑及各项附属设施，明矾结晶池，大照壁，叫化窿，红楼，青楼，明矾大食堂，老街，矾矿工人俱乐部，矾矿职工医院，矾工村；矿山机械设备；矾矿老人口述史，《矾矿春秋》书籍等档案资料
23	安徽省淮北市濉溪县	口子窖窖池群及酿酒作坊	酿酒1~3号车间，老城酿酒车间，明清地下酒库；锅甑，独轮车，四平车，酒篓，打糟机，晾糟机
24	安徽省宣城市广德市	中国航天603基地	笼式火箭发射架，探空火箭试验测试厂房7~10号
25	安徽省安庆市大观区、迎江区	安庆胡玉美酱园	温酿房，通风池，晒酱场，传统晒酱瓦缸，酱油生产线，职工之家（员工宿舍），清朝建筑石籖门一扇，胡玉美坤大门市部
26	福建省福州市马尾区	福建船政	轮机厂，铁肋厂，绘事院，铁水坪，1号船坞，钟楼，船政衙门遗址，官厅池
27	福建省泉州市安溪县	安溪茶厂	筛分车间，无烟灶，乌龙茶精制流水线，小包装车间，毛茶仓库，办公楼，职工宿舍，防空洞；木炭电两用干燥箱，X-63型万能铣床，吊杆式平面圆筛机，钉箱机；《乌龙茶精制工艺程序》《安溪茶厂工人工资、劳保、福利、奖励开支办法》等档案资料
28	江西省南昌市青云谱区	洪都机械厂旧址	102号飞机总装厂和部装厂，标准件厂（八角亭），理化中心，32号设备维修厂，29~30号钳焊液压附件厂，24~25号工装工具厂，712号热表厂喷漆工段，试飞站机库，物流配送中心库房3处，冷却塔（动力中心），老航管楼，新航管楼（试飞站），办公大楼
29	江西省九江市永修县	江西星火化工厂	星火分部魔岗沟生产区：动力车间、电解车间、电仪车间，有机硅生产区；氯甲烷车间、有机硅合成车间、氯化聚乙烯车间、机修车间、深加工车间、基建车间、车队；生产门岗、职工住房、工会俱乐部、电影院、食堂、医院、招待所、购物中心、银行、青年之家、派出所、学校；燎原分部生产故址、生活故址；档案资料
30	江西省九江市瑞昌市	铜岭铜矿遗址	古采矿区，选矿区，冶炼区，生活区；铜锛、铜凿、木斧、木锛、木滑车、木支护、木桶、木扁担、淘砂竹盘等工具，陶鬲、陶鬶、陶鼎、陶豆等器具
31	江西省景德镇市珠山区	景德镇国营建国瓷厂	明清窑作群的坯房群落，窑砖砌墙的砖木结构的生产坯房，手工成型车间，机压成型车间（含日用瓷车间），晒架塘，烧炼车间（老罗汉肚窑房），60m高的青砖烟囱，选瓷包装车间，徐家窑，锅炉房，方形烟囱，老窑砖、青石板铺设的巷道，行政办公楼，车间办公楼，周边民居；档案资料
32	山东省济南市槐荫区	津浦铁路局济南机器厂	日式厂房，厂长办公大楼，水塔，油库，厂长寓所，高级管理人员寓所；日本剪冲机，西德车床，德国克虏伯公司、英国、俄罗斯等生产的百年钢轨，1911年汉阳钢铁厂生产的钢轨，蒸汽机车牛钟；档案资料

续表

序号	地　址	名　称	核　心　物　项
33	山东省济南市市中区	山东省邮电管理局旧址	山东省邮电管理局旧址建筑；沪烟沽海底通信电缆，20世纪40—70年代的磁石、共电式人工电话交换机，20世纪电报发报机、载波电报机，便携式10门交换机，日式九二式电话机，"登州府递信局"木匾；清末德国在青岛发行的邮票一套10枚，山东解放区第二版毛主席像邮票15枚
34	山东省淄博市高青县	扳倒井窖池群及酿酒作坊	扳倒井，扳倒井井窖酿造坊，圆形井窖窖池，明清储酒酒窖旧址，麸曲酵母法酿酒发酵车间旧址；民国木制酒海26个，清末民国及近代储酒陶坛650个；巴拿马国际博览会金质奖章（1915年）等档案资料
35	山东省东营市东营区	胜利油田功勋井	华八井，营二井，坨十一井；影像资料（口述史）等档案资料
36	山东省潍坊市安丘市	景芝酒窖池群和酿酒作坊	南校场烧锅遗址，景芝白乾车间，窖群，机械化白乾酒生产线，7号、11号酒库，1号、2号调酒车间，景芝酒厂水塔；酿酒器具；档案资料，景芝酒传统酿造技艺
37	山东德州运河经济开发区	德州机床厂	原德州机床厂六车间厂房、七车间厂房、热处理车间厂房、锅炉房、办公楼；原德州建华铁工厂职工大礼堂、职工食堂；20世纪60年代厂职工挖造的防空洞，毛主席纪念像；40—80年代老机床26件套
38	河南省洛阳市涧西区	洛阳耐火材料厂	高铝车间旧址，一矽车间旧址，机械化原料库旧址
39	河南省洛阳市涧西区	洛阳铜加工厂	办公大楼，检测中心办公楼，技术中心办公楼
40	湖北省宜昌市西陵区	葛洲坝水利枢纽	左岸土石坝，三江非溢流坝，黄草坝混凝土坝，右岸混凝土重力坝，二江泄水闸，三江冲沙闸，大江泄洪冲沙闸，1号船闸，2号船闸，3号船闸，二江电站，大江电站，三江防淤堤，大江防淤堤
41	湖北省咸宁市赤壁市	二三四八蒲纺总厂	纺织厂厂房，针织一厂俱乐部，空调冷却水塔遗址，热电厂遗址，专用铁路线遗址，跃进门；1511M-44型织布机
42	湖北省咸宁市赤壁市	湖北省赵李桥茶厂	青砖生产线厂房，推斗机、开栓机、取帽机、预压机、主压机、出砖机和斗模流转机，复制车间厂房，老复制主料生产线，烘包车间，原料第2号仓库，原料第3号仓库
43	湖南省株洲市石峰区	粤汉铁路株洲总机厂	粤汉铁路株洲总机厂筹备处，联合厂房，筹备处（复建）办公楼；牛头刨床（1935年购）；厂房、机车、轨道设计图纸等档案资料
44	湖南省怀化市新晃侗族自治县	新晃汞矿	猫猫洞火法开采遗迹，供运科，石油库遗址，发电厂，湾坨淘砂溪职工住宅；湘黔汞矿公司分部旧址，大礼堂（电影院），招待所，矿部职工宿舍区；古人矿洞，现代矿洞，机电维修部，子弟小学，幼儿园，职工澡堂，酒店塘中心街区，码头；四方定现代矿洞遗址，安坡矿渣场，炸药库，汞矿职工俱乐部，老虎坳职工宿舍区
45	湖南省娄底市冷水江市	锡矿山锑矿	南矿百年老采矿场遗址，南矿一号竖井，南矿二号竖井，南矿压风机房，采选厂二百井，采选厂主斜井，同仁福办公楼，锡矿山展览馆，工人文化宫，羊牯岭碉堡，南区345人防工程；以锡矿山地名发行的市币（1911年）等档案资料

续表

序号	地　址	名　称	核心物项
46	重庆市九龙坡区	兵工署第一兵工厂旧址	生产洞；刨床、钻床、铣床等车床10件套，扳手、铁锹等工具50余件套；中正式步枪、捷克式轻机枪、掷弹筒、迫击炮弹等产品；《军政部兵工署第一工厂职员通讯录》等档案资料
47	重庆市长寿区	狮子滩梯级水电站枢纽	狮子滩水库大坝，六角亭，八角亭，狮子滩水电站厂房及办公楼，调压井及发电设备；上硐水电站大坝，调压井，厂房及发电设备；回龙寨水电站大坝，厂房及发电设备；下硐水电站大坝，厂房及发电设备
48	四川省泸州市合江县	先市酱油酿造作坊	江汉源作坊，天然晒露场，同仁合号办公区，三官庙
49	四川省绵阳市江油市	航空发动机高空模拟试验基地旧址	高空模拟试车台，供抽气系统，冷却水系统，配套厂房和其他设备厂房，白果寺办公楼，干打垒宿舍楼，董绍庸故居
50	四川省乐山市五通桥区	乐山永利川厂旧址	纯碱厂，炼水室，实验室，机械厂房，发电厂房，地下隧道，现场指挥部，办公室，新塘沽石刻
51	四川省眉山市东坡区	四川国际电台旧址	收信台部分：地上油机房，地下油机房，收信大厅，中央控制室，电传报房，载波室，办公楼，部队岗亭，部队营房；监测台，马可尼收信机，马可尼电报纠错机，伯尔尼电报纠错机，ZB320载报机，ZB319载报机，单边带无线电话终端机，带电键电报训练机，75kW柴油发电机，国产收信机，天线共用器； 发信台部分：馈线阻抗变换室，天线东西交换室，发信台水塔，发电机冷却水泵房，冷却水池，部队营房，军代表室，警卫部队暗堡，工作人员入口碉堡；天线交换开关鼓，机房配电机柜，地下油机房200kW柴油发电机组，35kW单边带发信机激励器，7kW发信机激励器，6～8kW单边带发信机激励器，激励器交换柜，载报机，控制时钟，线路放大器，频率合成器； 地下机房：地下油机房，油机房配电室，地下风机室，机房检修室
52	贵州省遵义市汇川区	长征电器十二厂	总装车间，冷作车间，落料车间，油漆车间，供应仓库，成品仓库，厂大门；35t开式双柱可倾压力机，CW6140A普通车床，J23-100开式可倾压力机，M-8950B成型磨床，Z3040摇臂钻床，立式升降铣床，继电器、变压器等产品17件；中共中央 国务院 中央军委贺电、国防科工委感谢信等档案资料
53	贵州省安顺市镇宁县	贵飞强度试验中心旧址	飞机强度试验厂房，强度试验中心，主厂房；手动加载操纵台，注油车，手拉葫芦，作动筒，机械振动台，电动双梁起重机
54	云南省昆明市西山区	国营第二九八厂旧址	3号、4号等山洞13个；德国产螺纹车床，德国产金属切割机，玻璃圆刻度机，六轴抛光机，工厂自制设备起重机，万能工具显微镜，阿基米德螺旋刻线机，瑞士产真空镀膜机，玻璃压型机
55	云南省玉溪市易门县	易门铜矿	木奔选厂，易门矿务局机修厂，木奔变电站，矿务局客车库，木奔大桥，吊桥2座，苏联专家楼3栋，绿汁电影院；重型铁板给矿机、旋回破碎机等设备19件套，铸件木模一批
56	西藏自治区拉萨市城关区	纳金电站	顺河土石混合坝，溢流坝，拦河坝，进水口，厂房，尾水渠
57	西藏自治区拉萨市城关区	夺底电站	拦河堤坝，引水渠，厂房；单机容量220kW的发电机组3台，阀门及控制系统、调速器、励磁系统、保护装置、直流电源、送电系统、供排水系统等辅助设备

续表

序号	地　　址	名　　称	核　心　物　项
58	陕西省铜川市王益区、印台区	耀州陶瓷工业遗产群	耀州窑遗址黄堡保护区：三彩作坊7间，三彩窑炉2座，唐代窑炉2座，宋代窑炉3座。 铜川市电瓷厂：东大房，西大房，烧成窑炉，办公楼，前楼，中楼。 铜川市建筑陶瓷厂：墙地砖车间，黄堡电影院。 陈炉陶瓷总厂：七面窑、几孔砖窑等陶瓷作坊，匣钵生产车间，釉料车间，原陈陶一厂、原陈陶二厂等13座窑炉，圆窑，泥料场，总厂办公楼，职工礼堂，陈炉陶瓷总厂小学；2T球磨机8台
59	甘肃省酒泉市玉门市	玉门油田老君庙油矿	选矿厂粗中碎车间，精选车间，检验室，机修厂，储库，货棚，厂区道路，工人文化馆，矿区职工宿舍，矿区职工浴池，矿区综合办公楼，矿区邮电局，矿区水泵房，矿区职工子弟小学校，武装部，物资处公安处综合楼，运输处，职工食堂，职工医院，职工医院门诊部
60	青海省海西蒙古族藏族自治州茫崖市	茫崖石棉矿老矿区	选矿厂粗中碎车间，精选车间，检验室，机修厂，储库，货棚，厂区道路，工人文化馆，矿区职工宿舍，矿区职工浴池，矿区综合办公楼，矿区邮电局，矿区水泵房，矿区职工子弟小学校，武装部，物资处公安处综合楼，运输处，职工食堂，职工医院，职工医院门诊部
61	新疆维吾尔自治区克拉玛依市独山子区	独山子炼油厂	独山子油田遗址，新疆第一口油井，石油工人俱乐部；蒸馏釜及配套设施；档案资料
62	北京市海淀区	北京卫星制造厂	三号厂房（为第二批国家工业遗产项目增补核心物项）

附录九　工业和信息化部关于公布第五批国家工业遗产名单的通告

工信部政法函〔2021〕332号

根据《国家工业遗产管理暂行办法》（工信部产业〔2018〕232号）和《关于开展第五批国家工业遗产认定申报工作的通知》（工信厅政法函〔2021〕63号），经工业遗产所有权人自愿申请、相关省级工业和信息化主管部门或中央企业推荐、专家评审、现场核查和网上公示等程序，确定了第五批国家工业遗产名单，现予以公布。

各地工业和信息化主管部门、有关中央企业和国家工业遗产所有权人要按照《国家工业遗产管理暂行办法》相关要求，加强国家工业遗产的保护管理，创新活化利用方式，传承弘扬优秀工业文化，促进企业转型和城市更新协同发展。

附件：国家工业遗产名单（第五批）

工业和信息化部
2021年11月30日

国家工业遗产名单（第五批）

序号	地　址	名　称	核　心　物　项
1	北京市朝阳区	北京电子管厂	一分厂，三分厂，十分厂；拉力试验机，苏制绕栅机，仿苏铣床，平面磨床，苏制封口机2个，苏制烘箱，脉冲器，示波器，微瓦仪，电子管产品样品8件；建筑图纸、产品图纸、国家领导人讲话稿等档案资料
2	北京市朝阳区	北京化工研究院	试验大楼，综合楼，辐射化学实验室，机修车间，化一车间；TG320型精密标准天平，冷热联动模压机，高压毛细管流变仪，交流试验变压器，催化剂等研发成果样品；国家科学技术奖证书、成立批文等档案资料
3	内蒙古自治区赤峰市元宝山区	元宝山发电厂	1号机汽机厂房，一号机主控室，一号机烟囱，220kV变电站，一号煤场，一期输煤廊道，铁路线；一号机汽轮发电机组；设备图纸、验收证书等档案资料
4	辽宁省沈阳市大东区	沈阳造币厂	办公主楼，牌楼耳房，奉天机器局牌楼柱础、门当及过梁；大洋机，日式压印机，日式冲饼机，美式冲饼机，法国产雕刻机，日式验饼机，日式剪裁机，日式天平，大清银币、铜币等重要钱币原模、印模，伪满时期硬币石膏型、电铸铜型，奉天机器局造一圆银币，第一套人民币纸钞票样和钞版，东北银行纸币、钞版及票样
5	上海市浦东新区	上海船厂	造机车间
6	江苏省常州市经济开发区	常州戚墅堰机厂	老机车厂房，机车联合厂房，轧钢车间，动力车间，冷轮南北露天跨，老三楼，上海工人武装起义纪念碑；联合剪冲机，牛头刨床，道钉锻造机，插床，万能工具磨床，普通车床，280单缸柴油机，龙门刨床，单柱立式车床，剪板机，槽钢校直机，十一辊平板机；机车设计图纸等档案资料

续表

序号	地 址	名 称	核 心 物 项
7	江苏省扬州市广陵区	扬州谢馥春香粉厂旧址	谢氏老宅香件调香室、办公场所，香粉生产作坊，老厂护肤膏制车间、厂房、化验室、办公室、仓库，胭脂井；鲜花熏染炉，碾槽；谢馥春香粉油传统制作技艺；档案资料
8	浙江省宁波市鄞州区	宁波和丰纱厂	成品车间，小洋楼；槽筒式络筒机，粗纱测长仪，总经理俞佐宸办公室电话；和丰史（1905—1989年）等档案资料
9	浙江省湖州市吴兴区	湖州七〇一三液体火箭发动机试车台	液体火箭发动机试车台；FY－20发动机，指挥室总控台，配气台；档案资料
10	浙江省台州市温岭市	温岭江厦潮汐试验电站	潮汐能发电厂房，泄水闸，大坝；原1号机组，中央控制台
11	福建省宁德市古田县	古田溪水电厂	一级电站大坝、地下厂房，二级、三级、四级电站大坝及厂房；1956—1959年的发电机组6台，1956年的中央控制台；古田溪水电厂厂志等档案资料
12	山东省济南市章丘区	山东明水浅井黏土矿	浅井矿区斜井，熟料拣选楼，铸造车间，金工车间，清理车间，锻铆焊车间，热处理车间，机修车间，成品库，办公楼，职工食堂，职工俱乐部礼堂；露天吊栈，车床4台，钻床2台，牛头刨床，冲床，专用划线平台，铣床2台，矿车；地质勘探报告、闭坑总结报告等档案资料
13	山东省烟台市芝罘区	烟台醴泉啤酒股份有限公司旧址	后发酵车间，办公楼，大麦立仓；卡氏罐，显微镜，啤酒泵，铜制淋酒器，老格兰特铜槽，手动塞瓶器2个，酒窖卧罐2个；账本、股票、信函、图纸等档案资料
14	河南省焦作市中站区、解放区	焦作煤矿	英福公司机电厂锅炉房、机电厂厂房、机电厂办公楼，王封矿井架、发电机房、矿工会楼、人事财务楼、小礼堂、档案楼、澡堂，李封矿英人矿师房，中共焦作矿区工委旧址
15	湖北省武汉市青山区	青山热电厂	110kV配电室，生产办公楼，厂区铁路；一号机组汽轮机转子，八～十一号机组电气盘；青山热电厂电气一次系统模拟盘、四号机组发电机铭牌、十一号机组汽轮机设备铭牌、七号机组档案文献、苏联专家文献、苏联发电设备图纸、电视剧《老梅外传》等档案资料
16	湖北省武汉市青山区	武钢一号高炉	一号高炉厂房，东、西出铁场；一号高炉炉体，热风炉，重力除尘器，上料斜桥钢结构；档案资料
17	湖南省郴州市苏仙区	中核711铀矿	1号主井，202铁路专线矿仓，办公楼，1号、2号专家楼，矿招待所，矿人防工程；辐射仪FD－122G4，辐射仪FD－42
18	广东省江门市蓬江区	江门甘蔗化工厂	糖厂主厂房，控制室，糖仓库，货运码头；预灰罐，一碳饱充罐，一碳压滤机，二碳饱充罐，二碳压滤机，硫漂罐，洗滤布机，蒸发罐，煮糖罐，助晶箱，分蜜机，丙糖连续离心机，种子箱，储糖箱，控制台，资料柜，拖车，仪表柜，控制柜，起重机，移动式起重机，铁质工具箱，滤布加工设备，钳工台，码头吊机，糖厂码头输送带
19	广东省清远市英德市	英德红旗茶厂	揉捻车间，发酵车间，烘干车间，碎茶车间，萎凋车间，精制车间，包装车间，仓库，工人饭堂，宿舍；热风萎凋槽，转子揉切机，揉捻机，烘干机，碎茶机，抖筛机，静电拣梗机，爪式粉碎机，解块筛分机，平型机，旧式鼓风机，匀堆机，风选机，平园筛机

续表

序号	地 址	名 称	核 心 物 项
20	广西壮族自治区柳州市柳北区	柳州空气压缩机厂	锻造翻砂车间,锻造清砂车间,砖机加工车间,机加工一车间,机加工二车间,铆锻车间,总装车间,柳空影剧院;V系列自制专用生产线,钻床4台,1.25m单柱立式车床,X63W型万能卧式铣床,M131W型350mm万能外圆磨床,手动螺杆压力机,100t开式可倾压力机,双盘摩擦压力机,4L-20/8型空气压缩机,VY-9/7型空气压缩机
21	广西壮族自治区来宾市合山市	合山煤矿	里兰矿主斜井、人工选煤廊、蓄水池,合山矿老矿屯矿井,东矿主斜井、3m绞车、斜井选煤楼、405平硐矿井、平硐井选煤楼2座、八角楼及设备、机修厂房;单体金属支柱升柱器,探水钻,刮煤机,3t矿车,除尘机2台,锻造设备,转子Ⅱ型喷射机,蜂窝煤机,乙炔发生器,L型两集双缸复式动水冷式空气压缩机,东矿矿灯充电架,井下电机车,火车蒸汽机车上游型0919;档案资料
22	四川省绵阳市培城区	西南应用磁学研究所旧址	0号楼(综合办公楼),1号、2号、3号楼(科研楼),8号楼(液氮制备站),16号楼(木工房),28号楼(主科研大楼),67号楼(情报室、标准化办公室、图书馆),73号楼(办公楼),101A号楼(锅炉房),文化墙,牌坊,防空洞;压床1个,卧式烧结炉2个,真空熔炼炉1个,门式液压机1个;档案资料
23	四川省遂宁市大英县	卓筒井和蓬基井	打井修井装置(碓架子、平车),汲卤装置(羊角车),计量装置(计量缸、储卤池),晒盐装置(晒盐坝、晒盐架、筒车),沉淀过滤装置(卤水储桶),煎盐装置(大顺灶灶房、大平坦盐锅);蓬基井(卤井、卤池、兑卤池、合格卤池、合格卤输卤泵及管道、天然气卤水分离器),晒卤装置(晒卤支架平坝、斜板澄清桶)制盐装置(除钡车间、除铁池、除铁澄清池、真空制盐主厂房),辅助设施(干燥房、盐仓、水处理房、电机房、值班房、维修房、锅炉房)
24	四川省乐山市夹江县	中国核动力九〇九基地	第一代核潜艇陆上模式堆旧址,中国核动力研究设计院院部旧址,山头指挥部,彭士禄故居,赵仁恺故居,设计大楼,力学实验室,长楼
25	四川省南充市高坪区	六合丝厂	六合院,青砖茧库,望江茧站,煮茧车间,立缫车间,锅炉码头及窄轨火车线,职工医院,1号、2号、9号、10号职工宿舍,张澜手植桑;制丝设备,办公老设备,抗战时期民国政府奖励的美式吉普车;档案资料
26	云南省曲靖市沾益区	昆明电波观测站110雷达	玻璃钢天线罩,天线主体,320计算机,指挥调度台,雷达主控台,雷达接收机,雷达发射系统(含发射控制台、前级激励管、后级放大器、末级速调管、脉冲变压器),离心通风机,雷达检修维护用仪器仪表;640工程材料、工程专家技术笔记等档案资料
27	陕西省西安市雁塔区	西安电影制片厂	老办公楼,洗印车间,摄影棚,置景车间,8.75车间;电影放映机等设备,老爷车等电影道具;档案资料
28	陕西省宝鸡市凤翔区	西凤酒厂	901车间A区,1号、2号、3号、6号、14号酒库,制曲车间,成品酒包装车间,酒海,甑桶6个,航式单吊梁天车,轨道式搅拌机,冷却器,花壶、花苞、丫丫、接酒笼、接酒管等酿酒工具;档案资料

续表

序号	地　　址	名　　称	核　心　物　项
29	青海省海北藏族自治州海晏县	核武器研制基地国营二二一厂	一分厂（101车间、102车间、103车间、104车间、105大楼），二分厂（201工号、209工号、215工号、229工号、半地下装配工号），三分厂（办公大楼、301车间、305车间、动力车间空压工段），四场区（402工号、407工号、411工号、411A工号），爆轰试验场（656工号），七分厂（701工号、703工号），二二一厂总指挥部，上星站，二二一厂影剧院，中国第一个核武器研制基地纪念碑；10t四柱校正压装液压机，空气压缩机3组，ST-Z型触发同步机，HM4-I型毫秒计，QP279I型电平表，平行吊车
30	宁夏回族自治区石嘴山市大武口区	西北煤机一厂	机工车间，机具车间，防空洞；B665牛头刨床，X62W万能升降台铣床，Y38滚齿机，YN31125滚齿机，CQ61100车床，M7150A卧轴距台平面磨床，T4163单柱坐标镗，NHG-1514EM铣刨联合机床
31	新疆维吾尔自治区克拉玛依市克拉玛依区	克拉玛依油田	办公楼，克拉玛依一号井，沥青丘及纪念碑，克拉玛依黑油山地窖；贝乌40型钻机；野外地质调查记录本、岩心标定记录本、四等水准观测手簿等档案资料

附录十 关于印发《推动老工业城市工业遗产保护利用实施方案》的通知

发改振兴〔2020〕839号

有关省、自治区、直辖市发展改革委、工业和信息化主管部门、国资委、文物主管部门，国家开发银行有关分行：

为贯彻落实《中共中央办公厅 国务院办公厅关于实施中华优秀传统文化传承发展工程的意见》（中办发〔2017〕5号）、《中共中央办公厅 国务院办公厅关于加强文物保护利用改革的若干意见》（中办发〔2018〕54号）、《国务院办公厅关于推进城区老工业区搬迁改造的指导意见》（国办发〔2014〕9号），探索老工业城市转型发展新路径，以文化振兴带动老工业城市全面振兴、全方位振兴，我们制定了《推动老工业城市工业遗产保护利用实施方案》。现印发你们，请认真组织实施。

国家发展改革委
工业和信息化部
国务院国资委
国家文物局
国家开发银行
2020年6月2日

推动老工业城市工业遗产保护利用实施方案

为贯彻落实习近平总书记2019年11月在上海杨浦滨江考察时关于"生活秀带"的重要讲话精神，按照党中央、国务院有关文件要求，加快推进老工业城市工业遗产保护利用，促进城市更新改造，探索老工业城市转型发展新路径，现提出以下实施方案。

一、重要意义

工业遗产是工业文明的见证，是工业文化的载体，是人类文化遗产的重要组成部分。自19世纪后半叶洋务运动以来，特别是新中国成立之后的不同历史时期，都留下了宝贵的工业遗产。这些工业遗产集中分布在老工业城市，不仅见证了我国近现代工业化不同寻常的发展历程，也蕴藏着丰富的历史文化价值，是社会主义先进文化的典型代表。当前，我国工业遗产保护利用工作相对薄弱，特别是一些工业遗产遭到破坏、损毁甚至消亡，亟须采取措施进行有效保护与合理利用。

在全国老工业城市加快推进高质量发展的新形势下，应不断深化对推动老工业城市工业遗产保护利用重要意义的认识。从当前和长远看，做好老工业城市工业遗产保护利用，有利于更好地积淀前人的文化和智慧，展现中华民族百折不挠的奋斗足迹，弘扬优秀中国工业精神，增强民族凝聚力，坚定文化自信；有利于更好地统筹产业发展与消费升级，培育发展新动能，不断满足人民群众对美好生活的新期待；有利于更好地提升城市功能，丰富城市内涵，彰显城市特色，实现从"工业锈带"到"生活秀带"的转变。

为此，必须切实将思想和行动统一到党中央、国务院的决策部署上来，结合老工业城市发展实际，加快推进老工业城市工业遗产保护利用，更好推动新时代中国特色工业文化建设，培育高质量发展的新动力源，以文化振兴带动老工业城市全面振兴、全方位振兴。

二、总体要求

（一）指导思想。

以习近平新时代中国特色社会主义思想为指导，全面贯彻党的十九大和十九届二中、三中、四中全会精神，坚持新发展理念，坚持以供给侧结构性改革为主线，坚持把工业遗产保护利用作为推动老工业城市高质量发展的重要内容，加快发展新时代中国特色工业文化，推动工业遗产保护利用与文化保护传承、产业创新发展、城市功能提升协同互进，打造一批集城市记忆、知识传播、创意文化、休闲体验于一体的"生活秀带"，延续城市历史文脉，为老工业城市高质量发展增添新的动力。

（二）基本原则。

保护优先，以用促保。 充分认识工业遗产除了物质形态还有制度形态和精神形态，具有区别于其他自然文化遗存的特殊性，应突出强调其保护方式的灵活性，寓保护于利用之中，让工业文化融入群众生活，真正实现在发展中保护、在保护中发展。

完善体系，形成合力。 强化顶层设计和分级分类管理，形成能够彰显发展历程和文化特色的工业遗产保护利用体系。加强政策协同，强化部门合作，形成工作合力。

明确路径，多方参与。 充分发挥地方积极性，鼓励因地制宜探索工业遗产科学保护与合理利用的有效路径。发挥政府投资引导作用，有效汇聚各类社会资源，营造各类主体共同参与的良好氛围。

全面推进，突出重点。 全面加强、有序推进各级各类工业遗产的保护利用工作。重点做好国家级和省级工业遗产保护利用。注重利用现代科技手段提高工业遗产保护利用水平。

三、主要任务

推动老工业城市工业遗产保护利用是一项系统工程。老工业城市应从尊重历史、尊重文化的角度出发，立足城市发展实际，学习借鉴国内外有益经验，探索加强工业遗产保护利用、打造"生活秀带"的有效路径。

（一）开展资源认定管理。

建立工业遗产分级保护机制，全面开展工业遗产的调查、评估和认定工作，摸清工业遗产底数，明确工业遗产构成，评估工业遗产价值，建设工业遗产数据库，为科学规划、分类保护、有效利用提供有力支撑。经认定的工业遗产清单及时向社会公布，具有重要价值的工业遗产及时核定公布为文物保护单位和珍贵可移动文物。加快甄别和抢救濒危工业遗产，完善工业遗产档案记录，加强修缮保养。建立监测评估制度，开展工业遗产动态监测和保护利用效益评估。

（二）推进重点保护展示。

切实加强重点工业遗产本体保护和周边环境治理，实施一批具有示范性、带动性的工程项目，消除工业遗产安全隐患。依托价值突出、内涵丰厚的重点工业遗产，特别是已核定公布为全国重点文物保护单位和省级文物保护单位的工业遗产，开展工业遗产价值阐释展示，弘扬工业遗产当代价值。支持老工业城市依托工业遗产保护利用创建国家文物保护利用示范区。

（三）完善工业博物馆体系。

支持设立重要工业遗产博物馆、专业性工业技术博物馆、传统行业博物馆等，利用数字技术开发博物馆资源，建设智慧博物馆。鼓励设立省市工业博物馆，推动建设分行业、分区域工业博物馆体系。调动工业博物馆利用馆藏资源开发教育科普、文创、娱乐产品的积极性，推出各类工业文化主题展览、社教研学活动与文创体验活动等，培育新型文化业态及产业模式。鼓励各类学校结合课程设置组织学生到博物馆开展综合实践活动。

（四）繁荣新业态新模式。

将工业文化元素和标识融入内容创作生产、创意设计，利用新技术推动跨媒体内容制作与呈现，孕育新型文化业态。完善配套商业服务功能，发展以工业遗产为载体的体验式旅游、研学旅行、休闲旅游精品线路，形成生产、旅游、教育、休闲一体化的工业文化旅游新模式。促进工业遗产与现代商务融合，改造利用老厂区、老厂房、老设施发展文化创意园区和影视拍摄基地，发展以工业遗产为特色的会展经济和文化活动，促进工艺美术产品、艺术衍生产品的设计、生产和交易。

（五）拓展文化生活新空间。

加快城市滨水地区港口和传统工业区的转型升级和用地更新，修复城市沿岸厂房、仓库和其他历史遗存，推动以工厂仓库为主的生产岸线转型为以公园绿地为主的生活岸线、生态岸线。强化博物馆、美术馆、纪念馆等公共文化服务功能，推动工业遗产保护利用工程对公众开放，提升城市公共文化服务能力。依托工业遗产建设一批主题突出的工业遗址公园、城市文化公园等，形成融入现代设计观念、适应当代生活方式的城市人文景观和公共开放空间。

（六）塑造城市文明新形象。

推动工业遗产保护与城市形象提升相融合，将能够凸显工业文化特色的景观标志纳入城市建设规划。支持工业遗产保护利用与文化节、艺术节、博览会、体育比赛等交流活动相结合，举办工业遗产主题研讨会和工业文物交流展，拓展工业遗产的价值普及和传播推广渠道，弘扬新时代中国特色工业文化。实施城市工业遗产品牌培育提升行动，形成一批具有示范性、带动性和影响力的工业遗产文化产品和服务品牌，提升城市品质，彰显城市特色。

四、组织实施

为做好推动工业遗产保护利用、打造"生活秀带"的工作，国家发展改革委、工业和信息化部、国务院国资委、国家文物局、国家开发银行将加强沟通协调，从理论研究、方案设计、清单制定、重点项目、环境营造和宣传教育等方面完善举措，强化落实。

（一）加强系统理论研究。

加强近现代以来我国工业史研究和工业文化研究，系统开展工业遗产价值研究，凝练中国工业遗产价值体系。开展工业遗产保护理论研究，借鉴国内外工业遗产保护的经验，围绕价值体系、认定原则、保护策略、利用模式等开展系统研究，探索适合我国国情的工业遗产保护方法和利用途径，形成相对完整独立的当代工业遗产保护理论体系。

（二）做好方案设计指导。

各老工业城市要结合本地实际，研究提出《推动老工业城市工业遗产保护利用、打造"生活秀带"工作方案》，明确工作思路、目标任务、重点项目、保障措施等，于7月底前通过省（区、市）发展改革委报送国家发展改革委地区振兴司。国家发展改革委将会同有关部门组织第三方机构对地方上报的工作方案进行统一评估，并向地方反馈评估意见。工作方案请老工业城市人民政府印发实施。

（三）制定工业遗产清单。

各老工业城市开展工业遗产的调查、评估和认定工作。有关部门加强对老工业城市工业遗产保护的业务指导，完善工业遗产档案记录，建设工业遗产数据库，及时向社会公布工业遗产清单。

（四）强化重点项目实施。

根据老工业城市印发实施的工作方案，选择部分具有重大价值或影响力、规模较大且工业历史风貌完整的优秀工业遗产，编制年度项目导向计划。对纳入导向计划的项目，帮助协调解决建设中遇到的困难和问题。适时启动工业遗产保护利用综合工程建设，形成一批可复制可推广的成功经验。国家开发银行将研究利用开发性金融加大对重点项目的支持。

（五）努力优化政策环境。

优化工业遗产保护利用相关行政审批流程和规范标准。探索工业遗产国有资产确权和合法流通交易体制机制。发挥企业主体作用，支持以厂房租赁、企业资产重组等多种方式，实现市场化运作。鼓励各类市场主体以多种形式参与工业遗产保护利用，营造共建、共用、共享的良好氛围。

（六）加大宣传教育力度。

各老工业城市要切实加大工业遗产保护利用的宣传力度，定期组织研讨、宣传、推介等相关活动，推动工业遗产保护利用成果进校园、进社区，以多种形式讲好"中国工业故事"，传承和弘扬中国工业文化。国家发展改革委、工业和信息化部、国务院国资委、国家文物局等部门适时组织工业遗产保护利用相关活动，推动形成全社会共识。

附录十一　国家文物局关于加强工业遗产保护的通知

文物保发〔2006〕10号

各省、自治区、直辖市文物局、文化厅（局）、文管会：

在我国经济高速发展时期，随着城市产业结构和社会生活方式发生变化，传统工业或迁离城市，或面临"关、停、并、转"的局面，各地留下了很多工业旧址、附属设施、机器设备等工业遗存。这些工业遗产是文化遗产的重要组成部分。加强工业遗产的保护、管理和利用，对于传承人类先进文化，保护和彰显一个城市的底蕴和特色，推动地区经济社会可持续发展，具有十分重要的意义。

目前，各地对工业遗产的保护还存在一些问题，一是重视不够，工业遗产列入各级文物保护单位的比例较低；二是家底不清，对工业遗产的数量、分布和保存状况心中无数；界定不明，对工业遗产缺乏深入系统的研究，保护理念和经验严重匮乏；三是认识不足，认为近代工业污染严重、技术落后，应退出历史舞台；四是措施不力，"详远而略近"的观念偏差，使不少工业遗产首当其冲成为城市建设的牺牲品。

鉴于工业遗产保护是我国文化遗产保护事业中具有重要性和紧迫性的新课题，国家文物局就加强工业遗产保护的有关要求通知如下：

一、各地文物行政部门应结合贯彻落实《国务院关于加强文化遗产保护的通知》的精神，按照科学发展观的要求，充分认识工业遗产的价值及其保护意义，清醒认识开展工业遗产保护的重要性和紧迫性，注重研究解决工业遗产保护面临的问题和矛盾，处理好工业遗产保护和经济建设的关系。

二、各地文物行政部门应努力争取得到地方各级人民政府的支持，密切配合各相关部门，将工业遗产保护纳入当地经济、社会发展规划和城乡建设规划。认真借鉴国内外有关方面开展工业遗产保护的经验，结合当地情况，加强科学研究，在编制文物保护规划时注重增加工业遗产保护内容，并将其纳入城市总体规划。密切关注当地经济发展中的工业遗产保护，主动与有关部门研究提出改进和完善城市建设工程中工业遗产保护工作的意见和措施，逐步形成完善、科学、有效的保护管理体系。

三、制订切实可行的工业遗产保护工作计划，有步骤地开展工业遗产的调查、评估、认定、保护与利用等各项工作。首先要摸清工业遗产底数，认定遗产价值，了解保存状况，在此基础上，有重点地开展抢救性维护工作，依据《文物保护法》加以有效保护，坚决制止乱拆损毁工业遗产。

四、像重视古代的文化遗产那样重视近现代的工业文化遗存，深入开展相关科学研究，逐步形成比较完善的工业遗产保护理论，建立科学、系统的界定确认机制和专家咨询体系。开展对工业遗产价值评判、保护措施、理论方法、利用手段等多方面研究，并形成具有一定水平的研究成果，从而指导工业遗产保护与利用的良性发展。

五、结合工业遗产保护与保存情况，利用多种渠道，采取多种形式，开展保护工业遗产的宣传教育，提高公众对工业遗产的认识，使工业遗产保护的理念和意识深入人心，充分调动社会各界保护工业遗产的积极性，营造良好的社会保护氛围，推动我国工业遗产保护工作的顺利开展。

国家文物局

二〇〇六年五月十二日

附录十二　国家文物局关于工业遗产保护和利用导则

（征求意见稿）

第一章　总　则

第一条　工业遗产是文化遗产的重要组成部分。为了加强工业遗产的妥善保护和合理利用，传承工业文明，弘扬优秀历史文化，制定本导则。

第二条　本导则所称工业遗产，是指1840年中国近代工业产生以来，具有历史、科技、艺术、社会价值的近现代工业文化遗存。

工业遗产包括物质遗产和非物质遗产。物质遗产包括车间、作坊、厂房、矿场、仓库、码头桥梁道路等运输基础设施、办公楼、住房教育休闲等附属生活服务设施及其他构筑物等不可移动的物质遗存，机器设备、生产工具、办公用具、生活用具、历史档案、商标徽章及文献、手稿、影像录音、图书资料等可移动的物质遗存。非物质遗产包括生产工艺流程、手工技能、原料配方、商号、经营管理、企业文化等工业文化形态。

第三条　工业遗产的重点为：

（1）新中国成立前（1840—1949年）的民族工业企业、中外合办企业；

（2）新中国成立后五六十年代"一五"及"二五"期间建设的重要工业企业；

（3）"文革"期间及三线建设时期建设的具有较大影响力的企业；

（4）改革开放以后建设的非常具有代表性的企业。

第四条　工业遗产的保护和利用，应当遵循科学规划、分类管理、有效保护、合理利用的原则，保护历史文化遗产的真实性、完整性、可持续性。

第五条　县级以上文物主管部门应当积极会同同级工业主管部门等相关部门，做好本行政区内工业遗产保护利用的组织、协调和监督管理工作。应当积极推动工业遗产保护利用立法，健全保存、保护和利用工业遗产的政策法规和标准规范体系。

第六条　县级以上文物主管部门应当设立工业遗产保护专家委员会。专家委员会由文物、工业、历史、文化、社会、城乡规划、房产、建筑、国土资源、法律和经济等方面的专业人士组成。专家委员会为工业遗产的认定、调整、撤销以及规划、保护、利用等有关事项决策提供咨询意见。

第二章　调查与认定

第七条　县级以上文物主管部门应当定期对有保护价值的工业遗存组织普查和专项调查，并根据调查成果，进行历史资料挖掘和保护价值与类别的评估。

工业遗存所有权人、使用人以及其他单位和个人，可以向文物主管部门推荐工业遗产。

主管的文物部门应当会同同级工业主管部门等相关部门在调查和社会推荐基础上提出工业遗产建议名录，征求所有权人、使用人以及社会公众意见后，经专家委员会评审，报请本级人民政府确定公布并设立保护标志。

第八条　调查要制定调查计划，制作登记表格，绘制调查图纸。

要将调查到的工业遗产完备的外观特征和遗址保存状况、工艺流程情况等进行梳理并登记、建档。记录应包括对物质、非物质遗产的描述、绘图、照片、影像等资料。记录档案宜进行数字化处理以便管理使用和公众查询。

第九条 工业遗产的调查和保护是一项长期的工作,在城市更新改造、工业企业搬迁、新型城镇化过程中发现有价值的工业资源,文物主管部门应加强与相关工业企业沟通,在工序停止或者场所关闭之前即对工业遗产进行详尽调查、记录,尽可能保留大量信息,同时企业停产后应该记录其清理流程。

第十条 工业遗产的评估应以历史价值、科技价值、艺术价值和社会价值为准则,并依据遗产的真实性、完整性、可利用性以及稀缺性、濒危性等因素综合考虑。省级文物主管部门应根据实际制定详细的工业遗产价值评估标准和办法,并予以公布。

第十一条 具备下列条件之一的,经评估可确定公布为工业遗产:
(1) 企业在相应时期内具有稀缺性、唯一性,在全国或区域具有较高影响力。
(2) 企业在全国或区域同行业内具有代表性或先进性,同一时期内开办最早,产量最多,质量最高,品牌影响最大,工艺先进,商标、商号全国著名。
(3) 企业建筑格局完整或建筑技术先进,并具有时代特征和工业风貌特色。
(4) 与著名工商实业家群体有关的工业企业及名人故居及公益建筑等遗存。
(5) 其他有较高价值的工业遗存。

第十二条 根据遗产特征及价值评估结果,可将工业遗产分为三类。其中尚未列入各级文物保护单位的工业遗产,在符合不可移动文物的条件下,可申报为各级文物保护单位:
(1) 优秀工业遗产:遗产价值突出,具有全国或区域重大意义或影响力、规模较大且工业风貌完整的遗存。
(2) 比较重要工业遗产:遗产价值比较突出,与区域工业发展密切相关的、具有突出的发展阶段标志性和行业代表性、工业风貌相对完整的遗存。
(3) 一般工业遗产:具有遗产价值,能相对体现工业风貌的遗存。

第十三条 对于工业遗产集中成片,具有一定规模,工业风貌保存完整,能反映出某一历史时期或某种产业类型的典型风貌特色,有较高历史价值的区域,可列为工业遗产保护区,进行整体保护与利用。

第三章 保护与利用

第十四条 对工业遗产按照"谁使用、谁负责、谁保护、谁受益"的管理原则。在企业拍卖、转产、转制、置换等过程中,受让方应采取积极措施,切实履行保护工业遗产的职责。

第十五条 工业遗产保护责任人应完善工业遗产保护工作体系,针对各类工业遗产要素制定相应的日常维护制度和预防性措施,开展检测评估、防护加固、持续监测,并按照有关规范实施清理、复位、修缮、维护或整治工程。

应编制工业遗产保护专项规划,明确遗产构成,发掘工业遗产价值内涵,制定遗产保护要求和强制性条款,明确工业遗产利用策略和具体利用措施。

鼓励应用综合专项技术实施高效的保护机制和措施,妥善保护工业遗产核心要素的整体性和功能完整性。加强对工艺流程、生产技术、口述工业历史等非物质文化遗产的保护，避免脱离工业遗产核心价值的"空洞化"保护。

第十六条 已列入文物保护单位的工业遗产及工业遗产保护区，参照《中华人民共和国文物保护法》《中华人民共和国城乡规划法》和《历史文化名城名镇名村保护条例》规定的文物保护单位和历史文化街区的管理办法开展保护利用。尚未列入文物保护单位的工业遗产，采取针对性保护利用措施，充分挖掘其再利用价值：

（1）优秀工业遗产，对工业遗产建、构筑物、设施设备等遗产构成的外部风貌、主要平面布局、特色结构和构件进行整体保留，不得随意改变或拆除，应在整体保护的前提下进行合理的修缮和展示利用。

（2）比较重要工业遗产，对工业遗产建构筑物、设施设备等遗产构成的外部风貌、特色结构和构件进行整体保留，重视原有工业文化特性的展示利用。

（3）一般工业遗产，尽可能保留工业遗产建构筑物、设施设备等遗产构成的外部风貌、特色构件等主要特征，可对工业建构筑物进行适当改造，实现工业特色风貌与现代生活的有机结合。

第十七条 工业遗产的利用应遵循真实性保护与适应性利用相结合的原则，以促进工业文化的阐释与传播为目的，在工业遗产价值妥善保护的前提下，因地制宜地挖掘工业遗产利用的现实价值和可持续发展途径。应避免过度开发对遗产价值带来的损害。工业遗产的保护利用应带动该地区生态环境的修复，并注重已受到污染的河流、土壤、植被等生态要素的修复和整体生态环境的可持续发展。

第十八条 对于在用的工业遗产，鼓励其原有功能的持续发挥，并为活态保护和可持续发展提供足够的空间。

对于工业废弃区的工业遗产，除具有特殊历史价值的外，可赋予工业遗产新利用功能。新利用功能应尊重原有工艺流程、重要建构筑物结构和材料等，并应当与原始功能相协调。宜保留一个记录和阐释原始工业生产功能的区域。

工业遗产中的可移动实物，应尽量在其原有环境中利用，或由博物馆、图书馆及档案馆等文物收藏单位予以征集收藏、陈列展示。

第十九条 工业遗产展示利用应编制专项规划，涵盖工业遗产利用条件分析、功能策划、利用主题、空间利用、阐释方式及具体利用策略或利用方案设计等内容。应以原址原状的现场展示利用为优先，有效保护厂房、机器、地下要素、建筑综合整体及工业景观，并兼顾遗产区的考古及生态价值。对于无法重现或恢复的工业遗存，鼓励利用数字化的方式记载、展示工业遗产与工业文化的各种存在状态。

第二十条 鼓励根据工业遗产的构成要素、空间尺度、结构特性等状况，运用与文化活动相关的多种模式进行工业遗产综合利用。

除原生态现场展示利用外，可以依托工业遗产设立工业技术博物馆或其他专业博物馆、主题文化公园、社区历史陈列馆、文化艺术创意中心等文化设施，并将区域景观环境整治与休憩、展览、演出等综合文化功能相结合，促进工业遗产的生态可持续发展，提高整体景观和文化环境特色。

可以将工业遗产设置为节点，形成区域或跨区域的工业旅游线路，并将其作为提高公众对工业遗产认知和价值认可的手段，强调工业遗产丰富的当代社会意义。

第二十一条 鼓励保护责任人将工业遗产对公众开放。国有工业遗产、接受政府补助的非国有工业遗产应适度开放大众参观。

第四章 管 理 与 引 导

第二十二条 主管的文物部门应编制工业遗产保护利用总体规划，并作为专项规划纳入当地文物事业发展规划，纳入当地国民经济与社会发展规划。总体规划应与《城市总体规划》相衔接，明确工业遗产位置、控制范围及保护要求，并落实在城市控制性详细规划图中作为规划管理依据。

主管的文物部门应当定期对工业遗产的保护利用情况进行检查评估，督促工业遗产保护责任人加强保护措施，合理地再利用工业遗产。

第二十三条 主管的文物部门应当根据工业遗产保护利用总体规划的要求，编制每处工业遗产的保护使用导则，明确工业遗产的保护类别、修缮维护、保护管理等具体要求。

主管的文物部门应当将工业遗产的保护和使用要求及时书面告知保护责任人。书面告知应当明确保护责任人在工业遗产保护管理中的权利与义务。

主管的文物部门可以与国有工业遗产使用人、非国有工业遗产所有人签订工业遗产保护协议，对工业遗产的保护义务和享受补助等事项作出约定。

第二十四条 注重对工业遗产保护科学研究和工业遗产保护专业人才培养，提高工业遗产保护利用的科技含量。

鼓励在相关技校及高校和遗产保护研究机构中开展工业遗产方法、理论及历史方面的专门培训。鼓励将工业历史及遗产纳入中小学教学计划。

第二十五条 鼓励社会力量特别是本地公众在工业遗产调查、信息传播、保护利用中的协商和参与活动。鼓励社会力量通过捐赠、资助、技术服务等方式参与工业遗产保护利用工作。重视志愿者在工业遗产保护利用中的作用。

第二十六条 运用出版物、展览、电视、互联网等多种媒体和渠道，加强对保护利用工业遗产重要意义和成果的宣传，提高公众对工业遗产价值的认知及欣赏水平，增强全社会保护工业遗产的自觉性。

附录十三　武汉市工业遗产保护与利用规划

武汉市国土资源和规划管理局
2013 年 5 月

一、工业历史资源的现状

基于武汉市志工业志以及各区区志记载，从 1860 年至 1990 年选取具有重大影响力的 371 家企业（新中国成立前 132 家、新中国成立后 239 家）作为本次规划的调研对象。通过对 371 处企业的全面调查，目前全市还存有实物的工业企业为 95 处。

二、工业遗产的评判标准

一是在相应时期内具有稀缺性、唯一性，在全国或武汉具有较高影响力的工业企业；二是在全国同行业内具有代表性或先进性，同一时期内开办最早，产量最多，质量最高，品牌影响最大，工艺先进，商标、商号全国著名的工业企业；三是建筑格局完整或建筑技术先进，并具有时代特征和工业风貌特色的工业企业；四是其他有较高价值的工业遗存。

三、工业遗产推荐名单

在 95 处工业遗存中确定 29 处作为武汉市推荐工业遗产名单。该 29 处工业遗产从发展阶段上涵盖了 6 个时期、13 个行业。其中，具有稀缺性、在全国有较高影响力等具有"最"字特点的遗产 13 处，已被列为国家、湖北省、武汉市文物保护单位的遗产 15 处（其中第五批市级文物保护单位 6 处）；从建筑形式上则包含了建筑群 11 处，单体建筑 16 处，附属建构筑物 2 处（详见附表 1）。

四、工业遗产的分级保护

《规划》分为三个保护级别进行保护，其中一级工业遗产 15 处（其中国家级文物保护单位 3 处，省级文物保护单位 3 处，市级文物保护单位 9 处），二级工业遗产 6 处，三级工业遗产 8 处（详见附表 2）。

一级工业遗产：已列入文物保护单位的工业遗产参照《中华人民共和国文物保护法》《中华人民共和国城乡规划法》规定的文物保护单位管理办法实施管理。此类工业遗产以保护为主，充分尊重历史特征，对建筑原状、结构、式样进行整体保留，不得随意拆除，应在合理保护的前提下进行修缮。

二级工业遗产：对其中具有历史、科学、艺术价值，体现城市传统风貌和地方特色，或具有重要的纪念意义、教育意义，且尚未被公布为文物保护单位、文物保护点、优秀历史建筑的建构筑物，下步可申报作为武汉市优秀历史建筑、文物保护单位的备选名单。此类遗产在严格保护建筑外观、结构、景观特征的前提下，对功能可做适应性改变，对遗产的利用必须与原有场所精神兼容，不宜作大规模的商业开发。

三级工业遗产：满足工业遗产评定标准，但是暂时达不到优秀历史建筑甚至文物保护单位级别的工业遗产。此类遗产可对原建筑物进行加层或立面装饰，尽可能保留建筑结构和式样的主要特征，实现工业特色风貌与现代生活的有机结合。可增加现代设施，赋予新功能，与周边城市环境和功能互动发展。

五、工业遗产保护内容

《规划》划定遗产的保护建筑和风貌协调区范围，制定遗产保护要求，提出相关强制性保护要求，并提出遗产保护利用措施（详见附表1）。

六、工业遗产保护与利用模式

《规划》对全市工业遗产提出保护、利用、非实物保护等三类模式。其中：严格保护模式适用于一级工业遗产，即文物保护单位、优秀历史建筑，按照文物法规定的文物保护单位管理办法实施严格管理；利用模式适用于二级、三级工业遗产，即通过城市开放空间、博物馆纪念展示馆、创意产业园、商业综合开发等四种方式进行工业遗产的再利用；非实物保护模式主要针对已消失的重要工业遗产，即在遗址位置进行软性保护、虚拟复原或将企业名称与地名、街名、巷名结合等。

七、工业遗产旅游线路

对工业遗产相对较为密集的江汉区、硚口区、汉阳区，规划结合城市绿道将工业遗产点串联起来，形成完整的工业遗产旅游线路，丰富武汉市旅游产品（详见附表2）。

附表1　　　　　　　　　　武汉市推荐工业遗产详细情况一览表

序号	发展阶段	区位	名称	建厂时间	主要特色	保护类别	工业类型
1	近代工业产生与初步发展阶段	汉阳区	汉阳铁厂矿砂码头旧址	1890年	位于汉阳区洗马长街北段江边，建于清末，是张之洞时期汉阳铁厂配套建设的矿砂码头，现为市级文物保护单位	构筑物	黑色金属冶炼和压延加工业
2		江岸区	江岸车辆厂（芦汉铁路江岸机厂）	1901年	位于解放大道东侧，其前身是武汉市最早的铁路维修工厂	单体建筑	铁路、船舶、航空航天和其他运输设备制造业
3		江岸区	汉口电灯公司	1905年	位于合作路，由英方集资修建，专供英租界内用电，汉口电灯公司在租界内经营35年，是租界内存在时间最长，规模最大的电力公司。建筑极具特色，属文艺复兴式建筑，现为省级文物保护单位	单体建筑	电力、燃气及水的生产和供应业
4		江岸区	平和打包厂旧址	1905年	位于青岛路沿线，是英商在汉口旧租界内建立最早的加工打包仓库，建筑外立面具有特色，内部空间宽敞，现为市级文物保护单位	单体建筑	通用设备制造业
5		江汉区	汉口既济水塔	1908年	属于既济水电公司建设，位于中山大道前进五路路口。是当时武汉市最高的建筑，也是近代武汉的地标，现为全国重点文物保护单位	单体建筑	电力、燃气及水的生产和供应业
6		硚口区	宗关水厂	1908年	位于解放大道与建一路交口、沿河大道北侧，武汉市最早的水厂，建筑形式具有一定的特色，现为市级文物保护单位	建筑群	电力、燃气及水的生产和供应业

续表

序号	发展阶段	区位	名称	建厂时间	主要特色	保护类别	工业类型
7	近代工业迅速发展阶段	硚口区	太平洋肥皂厂	1914年	位于仁寿路西段,紧邻武汉卷烟厂,为当时较为知名度的民营肥皂厂	建筑群	化学原料和化学制品制造业
8		江汉区	南洋大楼	1917年	位于汉口中山大道六渡桥、民众乐园旁边,是与黄鹤楼、红楼并称的三大名楼之一。为"南洋兄弟烟草公司"汉口分公司所在地,是现存唯一国共合作的中央政府所在地。现为全国重点文物保护单位	单体建筑	烟草制品业
9		硚口区	福新面粉厂	1918年	位于硚口区宗关铁桥北村,是当时中南地区最大的面粉厂,现为市级文物保护单位	建筑群	食品制造业
10		江岸区	和利汽水厂	1918年	位于岳飞街44号,生产的和利汽水是当时最畅销的汽水饮料。建筑外观带有殖民时期的建筑风格,现为省级文物保护单位	单体建筑	食品制造业
11		武昌区	第一纱厂办公楼旧址	1919年	位于武昌位于临江大道(蓝湾俊园小区内),是当时华中地区第一大纱厂,建筑外观具有典型的欧式风格,现为省级文物保护单位	单体建筑	纺织业
12		江岸区	亚细亚火油公司	1924年	位于天津路1号,建筑外观属折衷主义式建筑,现为市级文物保护单位	单体建筑	化学原料和化学制品制造业
13		硚口区	南洋烟厂	1926年	位于硚口区仁寿路与硚口路交口京汉大道北侧,是当时武汉产量最大的烟厂,建筑外观为欧式古典风格	建筑群	烟草制品业
14		江岸区	邦可面包房	1930年	位于汉口老城区鄱阳街"八七会议"会址东北侧。是俄租界较大的面包房,现与"八七会议"会址共同列为全国重点文物保护单位	单体建筑	食品制造业
15		江岸区	赞育汽水厂	1937年	位于洞庭街103~105号,是武汉冷饮行业史上首家采用机器制作汽水的冷饮厂,也是抗日战争胜利前,武汉乃至湖北最大的两家机制汽水厂之一。建筑外观属折衷主义式建筑,现为省级文物保护单位	单体建筑	食品制造业
16	新中国成立初期国民经济恢复和社会主义工业全面建设时期	汉阳区	武汉市第一棉纺织厂	1951年	位于汉阳汉南路东段,厂址原为张之洞时期创办的汉阳铁厂,是我国自己兴建的第一批大型国营纺织企业之一,也是武汉市建成的第一个大型工厂	建筑群	纺织业
17		汉阳区	汉阳钢铁厂(汉钢转炉车间旧址)	1952年	位于汉阳龙灯堤特1号,是"一五"时期建设钢铁工业企业,现存的工业建筑、附属构筑物极具代表性,且保存较好,现为市级文物保护单位	建筑群	黑色金属冶炼和压延加工业
18		硚口区	武汉轻型汽车厂办公楼	1953年	位于硚口区韩家墩街道古五社区古田五路17号,该处建筑为苏式建筑风格,具有当时工业办公建筑的典型特征,现为市级文物保护单位	单体建筑	铁路、船舶、航空航天其他运输设备制造业

续表

序号	发展阶段	区位	名称	建厂时间	主要特色	保护类别	工业类型
19	新中国成立初期国民经济恢复和社会主义工业全面建设时期	武昌区	武汉重型机床厂（大门）	1954年	位于中北路108号，是"一五"时期国家投资新建的156个重点项目之一，大门具有苏式建筑风格，保存完整，现为市级文物保护单位	构筑物	黑色金属冶炼和压延加工业
20		武昌区	武汉重型机床厂（厂房）	1954年	位于中北路108号，是"一五"时期国家投资新建的156个重点项目之一，该厂房跨度大，是重工业建筑的典型代表	单体建筑	黑色金属冶炼和压延加工业
21		江岸区	武汉肉类联合加工厂	1954年	位于汉口堤角江岸路12号，为苏式建筑风格，保存完整。是当时全国第一座规模最大，技术先进的肉类联合加工厂	建筑群	食品制造业
22		青山区	青山红房子	1955年	集中分布于红钢城片和红卫路片，有十六个街坊。是反映"一五"时期工业文化遗产的典型代表，是城市总体规划中十片历史地段之一	建筑群	黑色金属冶炼和压延加工业
23		武昌区	武汉锅炉厂	1956年	位于石牌岭，是"一五"时期国家重点工程之一，是"武字头"企业典型	单体建筑	通用设备制造业
24		硚口区	武汉绒印厂	1956年	位于硚口区古田路，前身为湖北省供销合作社织染厂，是织、染、漂、印的联合配套企业，武汉市重点骨干厂家。厂房建筑较有特色	建筑群	纺织业
25		硚口区	武汉铜材厂	1958年	位于古田一路28号，已有部分厂房改造为硚口民族工业博物馆。	建筑群	黑色金属冶炼和压延加工业
26		武昌区	武汉市毛纺织厂	1958年	位于武昌徐家棚至任家路一带，是在"大跃进"时期集中建设的纺织工业，是中心城区现存唯一的纺织类厂房	单体建筑	纺织业
27		汉阳区	汉阳特种汽车制造厂	1959年	位于汉阳区汉南路西段，厂址原为张之洞创办的汉阳兵工厂旧址，是"二五"时期武汉市汽车行业代表企业	建筑群	铁路、船舶、航空航天和其他运输设备制造业
28		汉阳区	鹦鹉磁带厂	1960年	位于汉阳龟北路1号，是全国磁记录产品的重点骨干企业。	建筑群	通信设备、计算机及其他电子设备制造业
29	深化改革和快速发展时期	武昌区	武汉电视机总厂	1980年	位于中北路114号，其生产的莺歌彩电是20世纪80年代全国知名产品	单体建筑	通用设备制造业

附表2　　　　　　　　　　武汉市推荐工业遗产名单

等　级	序　号	名　称	备　注
一级工业遗产	1	汉口既济水塔	国家重点文物保护单位
	2	邦可面包房	国家重点文物保护单位
	3	南洋大楼	国家重点文物保护单位
	4	汉口电灯公司	省级文物保护单位
	5	和利汽水厂	省级文物保护单位
	6	赞育汽水厂	省级文物保护单位
	7	亚细亚火油公司	市级文物保护单位
	8	平和打包厂旧址	市级文物保护单位
	9	宗关水厂	市级文物保护单位
	10	福新面粉厂	市级文物保护单位
	11	汉阳铁厂矿砂码头旧址	市级文物保护单位
	12	第一纱厂办公楼旧址	省级文物保护单位
	13	武汉重型机床厂（大门）	市级文物保护单位
	14	武汉轻型汽车厂办公楼	市级文物保护单位
	15	汉阳钢铁厂（汉钢转炉车间旧址）	市级文物保护单位
二级工业遗产	1	武汉肉类联合加工厂	
	2	武汉铜材厂	
	3	青山红房子	
	4	南洋烟厂	
	5	武汉重型机床厂（厂房）	
	6	鹦鹉磁带厂	
三级工业遗产	1	太平洋肥皂厂	
	2	武汉市第一棉纺织厂	
	3	江岸车辆厂（芦汉铁路江岸机厂）	
	4	汉阳特种汽车制造厂	
	5	武汉锅炉厂	
	6	武汉电视机总厂	
	7	武汉绒印厂	
	8	武汉市毛纺织厂	

附录十四　黄石市工业遗产保护条例

（2016年8月30日黄石市第十三届人民代表大会常务委员会第三十三次会议通过，2016年9月14日湖北省第十二届人民代表大会常务委员会第二十四次会议批准）

目　录

第一章　总则
第二章　普查与认定
第三章　保护与利用
第四章　法律责任
第五章　附则

第一章　总　则

第一条　为了加强对工业遗产的保护，传承工业文明，弘扬历史文化，根据有关法律、法规，结合本市实际，制定本条例。

第二条　本市行政区域内工业遗产的普查、认定、保护和利用，适用本条例。

对已认定为文物的工业遗产的保护，文物保护法律法规另有规定的，按有关规定执行。

第三条　本条例所称工业遗产，是指具有历史、科技、文化、艺术、社会等价值的工业文化遗存。

工业遗产包括物质工业遗产和非物质工业遗产。物质工业遗产包括厂房、矿场、作坊、仓库、办公用房、码头桥梁道路等运输基础设施、居住教育休闲等附属生活服务设施以及其他构筑物等不可移动的物质工业遗存，还包括机器设备、生产工具、工业产品、办公用品、生活用品、历史档案、商标徽章以及文献、手稿、影音资料、图书资料等可移动的物质工业遗存。非物质工业遗产包括生产工艺流程、手工技能、原料配方、商号、经营管理、企业文化等工业文化形态。

第四条　工业遗产的保护应当遵循科学规划、分类管理、有效保护、合理利用的原则。

第五条　各级人民政府领导本行政区域内的工业遗产保护工作。

各级文物行政主管部门对本行政区域内的工业遗产保护实施监督管理。

发展和改革、经济和信息化、国有资产监督管理、规划、科学技术、财政、城乡建设、国土资源、环境保护、公安、交通运输、城市管理、旅游、人民防空、房地产管理、工商行政管理、统计、档案管理等相关部门，在各自职责范围内，负责有关的工业遗产保护工作。

工业遗产所在地的村（居）民委员会应当协助有关部门做好工业遗产的保护工作。

第六条　市、县（市）文物行政主管部门应当会同规划行政主管部门组织编制工业遗产保护专项规划，报本级人民政府批准。县（市）工业遗产保护专项规划应当报市文物行政主管部门备案。

工业遗产保护专项规划应当纳入本级国民经济和社会发展规划、城市总体规划。

第七条 市、县（市、区）人民政府应当将工业遗产保护经费列入本级财政预算，保证日常管理和专项保护工作的需要。

国有工业遗产保护单位的事业性收入应当专门用于工业遗产保护，任何单位和个人不得侵占、挪用。

鼓励社会公众捐助本市工业遗产保护事业。其中，捐助资金应当接受财政、审计部门和捐助人的监督。

第八条 各级人民政府及其有关部门应当加强工业遗产保护的宣传教育，提高社会公众对工业遗产价值的认知以及欣赏水平，增强全社会保护工业遗产的自觉性。

鼓励单位和个人参与工业遗产保护，依法对破坏或者危害工业遗产的行为进行劝阻、检举或者控告。

对有突出贡献的单位或者个人，由市、县（市、区）人民政府给予表彰。

第二章 普 查 与 认 定

第九条 市人民政府设立工业遗产保护专家委员会（简称"专家委员会"）。专家委员会由文物、工业、历史、文化、科技、规划、建筑、旅游和法律等方面的专业人士组成，为市、县（市、区）人民政府普查和认定工业遗产等有关事项提供咨询意见。

第十条 市文物行政主管部门负责制订工业遗产普查和认定的具体办法，并组织实施。

第十一条 工业遗产的普查应当定期开展，由县（市、区）人民政府明确相关机构具体负责。

普查机构及其工作人员应当通过文字、图画、照片、影像等形式，对工业遗产的外观特征、遗址保存状况和工艺流程等情况进行登记、建档，并妥善保存普查资料。对普查中涉及的国家秘密、商业秘密或者个人隐私，应当履行保密义务。

任何单位和个人不得虚报、迟报、瞒报、拒报、伪造、篡改普查资料。

第十二条 文物行政主管部门会同相关部门，根据工业遗产普查的结果，进行保护价值与类别的评估。

第十三条 工业遗存所有权人、使用人以及其他单位和个人，可以向文物行政主管部门申报或者推荐工业遗产。

第十四条 文物行政主管部门应当会同相关部门在评估、申报或者推荐的基础上，提出工业遗产建议名录，征求所有权人、使用人以及社会公众意见后，经专家委员会评审，报本级人民政府批准公布。

对已认定为文物的工业遗存，可以按照前款规定，认定为工业遗产。

第十五条 符合下列条件之一的工业遗存，可以依法认定为工业遗产：

（一）在一定时期内具有稀缺性，在全国或者本省具有较大影响力的；

（二）同一时期在全国或者本省同行业内具有代表性或者先进性，商标、商号全国著名的；

（三）设施设备先进、代表性建筑本体尚存、建筑格局完整或者建筑技术领先，并具有时代特征和工业风貌特色的；

（四）与重要历史进程、历史事件、历史人物有关或者承载民族认同、地域归属感，具有明显集体记忆和情感联系的；

（五）反映本地采掘、冶炼、加工、制造等工业发展历史，对本地经济社会发展产生过重要推动作用的；

（六）与本地著名工商实业家群体有关的工业企业、名人故居以及公益建筑等；

（七）其他具有较高价值的。

第十六条　对于不可移动的工业遗产，根据它们的历史、科技、文化、艺术、社会等价值，可以分别由市、县（市、区）人民政府确定为市级工业遗产保护单位、县级工业遗产保护单位。

对于工业遗产集中成片、工业风貌保存完整、能反映出某一历史时期或者某种产业类型的典型风貌特色、有较高历史价值的区域，可以由市人民政府列为工业遗产保护区，进行整体保护与利用。

第三章　保护与利用

第十七条　工业遗产的所有权人或者使用人为工业遗产的保护责任人，按照谁使用、谁负责、谁保护、谁受益的原则，负责工业遗产的检测评估、防护加固、持续监测、修缮整治、安全防卫等日常维护管理工作。

市、县（市、区）文物行政主管部门应当向社会公示工业遗产保护责任人，并定期对工业遗产的保护情况进行检查评估。

第十八条　对价值较高的工业遗产，文物行政主管部门可以与保护责任人签订工业遗产保护协议，约定工业遗产保护责任和享受补助等事项。

工业遗产保护责任人不具备相应能力的，可以委托文物行政主管部门维护管理。

第十九条　工业遗产保护单位、工业遗产保护区自核定公布之日起一年内，由相应的人民政府划定保护范围和建设控制地带，设立标识、界桩等保护设施，并保持其完好。

对前款规定以外的其他工业遗产，所在地县（市、区）文物行政主管部门应当指导工业遗产保护责任人做好分类、登记、修复和保管等工作。

第二十条　禁止下列破坏或者危害工业遗产的行为：

（一）盗窃、哄抢、私分或者擅自迁移、拆除工业遗产。

（二）在工业遗产或者保护设施上涂污、刻划、张贴、攀登。

（三）存放易燃、易爆、放射性、腐蚀性等危害工业遗产安全的物品。

（四）擅自移动、拆除、损坏保护标识、界桩和其他工业遗产保护设施。

（五）违规倾倒、堆放垃圾或者排放污水。

（六）违规采矿、采砂、采石、取土、打井、挖建沟渠池塘、深翻土地等改变地形地貌的行为。

（七）擅自进入未开放区域。

（八）在禁止拍摄的区域或者对禁止拍照的工业遗产进行拍摄、拍照。

（九）其他有损于工业遗产保护的行为。

第二十一条　工业遗产保护单位保护范围内不得实施与保护工作无关的建设工程或者爆破、钻探、挖掘等作业，不得葬坟、修墓或者立碑。

因特殊情况需要进行建设工程或者爆破、钻探、挖掘等作业的，应当保证工业遗产保护单位的安全，并经核定公布该工业遗产保护单位的人民政府批准。其中，县（市、区）人民政府公布的工业遗产保护单位，在批准前应当征得市文物行政主管部门同意。

第二十二条 在工业遗产保护单位保护范围和建设控制地带内从事旅游或者其他生产经营活动，或者在建设控制地带内实施建设工程，应当符合工业遗产保护专项规划，不得危害工业遗产安全、破坏历史风貌和环境风貌。

实施建设工程的设计方案应当经文物行政主管部门同意后，报规划行政主管部门批准。

尚在进行生产经营活动的工业遗产保护单位，在妥善保护的前提下，可以继续进行相关生产经营活动。

第二十三条 对危害工业遗产保护单位安全、破坏工业遗产保护单位历史风貌和环境风貌的建筑物、构筑物，所在地人民政府应当及时调查处理，必要时，由市、县（市、区）人民政府依法对该建筑物、构筑物予以征收、拆除。

第二十四条 工业遗产的修缮应当符合工业遗产保护要求，并提前征求文物行政主管部门的意见。修缮时，文物行政主管部门应当给予指导，保护责任人应当建立修缮档案。

第二十五条 鼓励工业遗产在妥善保护的前提下，与文化创意产业、博览科学教育、旅游生态环境等相结合，建设创意产业园、主题博物馆、主题文化广场、遗址公园等，促进工业遗产的集中展示和合理利用。

第二十六条 鼓励工业遗产保护责任人将工业遗产向公众开放。国有工业遗产、接受政府补助的非国有工业遗产应当适度开放，供公众参观。

鼓励民间依法收藏工业遗产。价值较高的可移动工业遗产，可以由博物馆、图书馆、科技馆和档案馆等予以征集收藏、陈列展示。

第二十七条 鼓励开展工业遗产的学术研究和交流，挖掘工业遗产价值，推动工业遗产再利用。

第四章 法 律 责 任

第二十八条 对违反本条例的行为，法律法规有规定的，从其规定。

第二十九条 违反本条例第七条第二款规定，改变国有工业遗产保护单位事业性收入用途的，对直接负责的主管人员和其他直接责任人员依法给予行政处分。

第三十条 违反本条例第十一条第二款、第三款规定的，由文物行政主管部门责令改正或者采取其他补救措施；属于国家机关工作人员的，对直接负责的主管人员和其他直接责任人员依法给予行政处分。

企业事业单位或者其他组织违反本条例第十一条第三款规定的，文物行政主管部门可以对其并处1万元以下的罚款；情节严重的，并处1万元以上5万元以下的罚款。

第三十一条 违反本条例第二十条规定的，由文物行政主管部门或者公安机关给予警告，并责令停止违法行为、限期恢复原状或者采取其他补救措施；有违法所得的，没收违法所得；造成损失的，依法承担赔偿责任；逾期不恢复原状或者不采取其他补救措施的，文物行政主管部门可以指定有能力的单位代为恢复原状或者采取其他补救措施，所需费用由违法者承担。

其中，违反第一项、第三项、第五项、第六项、第九项规定，情节较轻的，对单位并处 2000 元以上 1 万元以下的罚款，对个人并处 200 元以下的罚款；情节较重的，对单位并处 1 万元以上 5 万元以下的罚款，对个人并处 200 元以上 1000 元以下的罚款；造成严重后果的，对单位并处 5 万元以上 20 万元以下的罚款，对个人并处 1000 元以上 5000 元以下的罚款。

违反第二项、第四项、第七项、第八项规定的，可以并处 200 元以下的罚款；情节较重的，并处 200 元以上 500 元以下的罚款。

第三十二条 违反本条例第二十一条第一款、第二十二条第一款规定的，由文物行政主管部门或者公安机关责令停止违法行为，限期恢复原状或者采取其他补救措施；有违法所得的，没收违法所得；造成损失的，依法承担赔偿责任；造成严重后果的，并处 5 万元以上 20 万元以下的罚款。

第三十三条 违反本条例第二十一条第二款、第二十二条第二款、第二十四条规定的，由相应的文物行政主管部门责令限期改正。

第三十四条 工业遗产保护责任人无正当理由拒不依法履行日常维护管理义务，由文物行政主管部门责令改正，拒不改正的，由文物行政主管部门代为维护管理，所需费用由保护责任人承担。

第三十五条 各级人民政府及其工作人员不履行工业遗产保护职责，对直接负责的主管人员和其他直接责任人员依法给予行政处分。

第三十六条 文物行政主管部门及其工作人员，有下列行为之一的，对直接负责的主管人员和其他直接责任人员依法给予行政处分；构成犯罪的，依法追究刑事责任：

（一）不履行职责或者发现违法行为不予查处，造成严重后果的；

（二）擅自借用或者非法侵占国有工业遗产的；

（三）因不负责任造成工业遗产损毁或者流失的；

（四）贪污、挪用工业遗产保护经费的。

第三十七条 公安机关、工商行政管理部门、城乡建设、规划和其他国家机关及其工作人员，违反本条例规定滥用职权、玩忽职守、徇私舞弊，造成工业遗产损毁或者流失的，对直接负责的主管人员和其他直接责任人员依法给予行政处分；构成犯罪的，依法追究刑事责任。

第三十八条 人民法院、人民检察院、公安机关和工商行政管理部门等对依法没收的工业遗产，应当登记造册，妥善保管。结案后，应当在三个月内无偿移交文物行政主管部门。

第五章 附 则

第三十九条 本条例自 2017 年 1 月 1 日起施行。

参 考 文 献

[1] 国际工业遗产保护联合会. 下塔吉尔宪章 [M]. 北京：中国社会科学出版社，2003.

[2] 莫里斯·哈布瓦赫. 论集体记忆 [M]. 毕然，郭金华，译. 上海：上海人民出版社，2002.

[3] 迈克尔·洛. 工业遗产保护与开发 [M]. 姜楠，译. 桂林：广西师范大学出版社，2018.

[4] 埃莉诺·奥斯特罗姆. 公共服务的制度建构 [M]. 上海：上海三联书店，2000.

[5] 工业和信息化部工业文化发展中心. 工匠精神——中国制造品质革命之魂 [M]. 北京：人民出版社，2016.

[6] 王新哲，孙星，罗民. 工业文化 [M]. 北京：电子工业出版社，2016.

[7] 刘光明. 工业文化 [M]. 北京：经济管理出版社，2015.

[8] 徐苏斌，青木信夫，王玉茹. 国际化视野下中国的工业近代化研究 [M]. 北京：中国城市出版社，2021.

[9] 青木信夫，徐苏斌，吴葱. 工业遗产信息采集与管理体系研究 [M]. 北京：中国城市出版社，2021.

[10] 青木信夫，徐苏斌. 工业遗产价值评估研究 [M]. 北京：中国城市出版社，2021.

[11] 徐苏斌，青木信夫. 工业遗产保护与适应性再利用规划设计研究 [M]. 北京：中国城市出版社，2021.

[12] 徐苏斌，青木信夫，王琳. 从工业遗产保护到文化产业转型研究 [M]. 北京：中国城市出版社，2021.

[13] 刘伯英. 中国工业遗产：调查，研究与保护——2017年中国第八届工业遗产学术研讨会论文集 [D]. 北京：清华大学出版社，2019.

[14] 徐有威，陈东林. 小三线研究论丛（第一辑）[M]. 上海：上海大学出版社，2010.

[15] 徐有威，陈东林. 小三线研究论丛（第二辑）——小三线建设与国防现代化 [M]. 上海：上海大学出版社，2016.

[16] 徐有威，陈东林. 小三线研究论丛（第三辑）——小三线建设与城乡关系 [M]. 上海：上海大学出版社，2017.

[17] 徐有威，陈东林. 小三线研究论丛（第四辑）——后小三线时代与档案资料 [M]. 上海：上海大学出版社，2018.

[18] 徐有威，陈东林. 小三线研究论丛（第六辑）——三线建设研究者自述 [M]. 上海：上海大学出版社，2021.

[19] 徐有威，陈东林. 小三线研究论丛（第七辑）——上海小三线建设中回忆录 [M]. 上海：上海大学出版社，2021.

[20] 彭小华. 品读武汉工业遗产 [M]. 武汉：武汉出版社，2013.

[21] 刘抚英. 工业遗产保护——筒仓活化与再生 [M]. 北京：中国建筑工业出版社，2017.

[22] 吕建昌. 当代工业遗产保护与利用研究：聚焦三线建设工业遗产 [M]. 上海：复旦大学出版社，2020.

[23] 彭南生，严鹏. 工业文化研究（第1辑）——工业遗产：理论与实践 [M]. 北京：社会科学文献出版社，2018.

[24] 彭南生，严鹏. 工业文化研究（第2辑）——纪念改革开放四十年：中国工业的大转型 [M].

北京：社会科学文献出版社，2018.

[25] 彭南生，严鹏．工业文化研究（第3辑）——工业旅游与工业研学：文化内涵和教育意义［M］．北京：社会科学文献出版社，2020.

[26] 严鹏．富强竞赛——工业文化与国家兴衰［M］．北京：电子工业出版社，2017.

[27] 严鹏．富强求索——工业文化与中国复兴［M］．北京：电子工业出版社，2016.

[28] 严鹏，陈文佳．工业文化遗产：价值体系，教育传承与工业旅游［M］．上海：上海社会科学院出版社，2021.

[29] 陈文佳，严鹏．工业文化基础［M］．北京：电子工业出版社，2019.

[30] 郑培凯，李磷．文化遗产与集体记忆［M］．桂林：广西师范大学出版社，2014.

[31] 皮明庥，邹进文．武汉通史·晚清卷（上、下）［M］．武汉：武汉出版社，2006.

[32] 汪敬虞．中国近代工业史资料［M］．北京：人民出版社，2012.

[33] 祝慈寿．中国近代工业史［M］．重庆：重庆出版社，1989.

[34] 代鲁．汉冶萍公司史研究［M］．武汉：武汉大学出版社，2013.

[35] 李志宏，王文清，梁东．武汉工业发展研究［M］．武汉：武汉大学出版社，2010.

[36] 邹蔚，梁东．武汉城市圈制造业发展研究报告［M］．武汉：武汉理工大学出版社，2015.

[37] 左峰．中国近代工业化研究［M］．上海：上海三联出版社，2011.

[38] 张京成，刘利永，刘光宇．工业遗产的保护与利用——"创意经济时代"的视角［M］．北京：北京大学出版社，2013.

[39] 罗钢，刘象愚．文化研究读本［M］．北京：中国社会科学出版社，2000.

[40] 陆地．建筑的生与死：历史性建筑再利用研究［M］．南京：东南大学出版社，2004.

[41] 徐延平，徐龙梅．南京工业遗产［M］．南京：南京出版社，2012.

[42] 舒绍雄，李社教，刘恒，等．黄石矿冶工业遗产研究［M］．武汉：湖北人民出版社，2012.

[43] 骆高远．寻访我国"国保"级工业文化遗产［M］．杭州：浙江工商大学出版社，2013.

[44] 许东风．重庆工业遗产保护利用与城市振兴［M］．北京：中国建筑工业出版社，2014.

[45] 朱寿朋．光绪朝东华录［M］．北京：中华书局出版社，2016.

[46] 刘金林．黄石工业遗产科普旅游研究［M］．北京：光明日报出版社，2016.

[47] 邵龙，张伶伶，冯珊．中东铁路工业文化景观资源系统整合与景观重塑［M］．北京：中国建筑工业出版社，2016.

[48] 哈静，徐浩铭．鞍山工业遗产保护与再利用［M］．广州：华南理工大学出版社，2017.

[49] 哈静，李超，解思雨．沈阳经济区工业遗产空间格局［M］．广州：华南理工大学出版社，2017.

[50] 张笃勤，侯红志，刘宝森．武汉工业遗产［M］．武汉：武汉出版社，2017.

[51] 李志英，宋健．北京工业遗产研究［M］．北京：北京师范大学出版社，2018.

[52] 郑慧，尹晓琳，张闯．多元视域下的中国工业文化［M］．北京：中国文联出版社，2019.

[53] 胡攀．工业遗产保护与利用的理论与实践研究——来自重庆的报告［M］．成都：四川大学出版社，2019.

[54] 尚海永．新型城镇化工业遗产保护与再利用［M］．北京：社会科学文献出版社，2019.

[55] 杨洪建，王伟．中国工业遗产故事：南京长江大桥故事［M］．南京：南京出版社，2019.

[56] 李海静，王彩霞．中国工业遗产故事：钱塘江大桥故事［M］．南京：南京出版社，2019.

[57] 黄河，李婕．中国工业遗产故事：重庆钢厂故事［M］．南京：南京出版社，2019.

[58] 刘向东．中国工业遗产故事：开滦煤矿故事［M］．南京：南京出版社，2019.

[59] 于海漪．中国工业遗产故事：大生纱厂故事［M］．南京：南京出版社，2019.

[60] 北宜，赵元书．中国工业遗产故事：北京印钞公司故事［M］．南京：南京出版社，2019.

[61] 闻觅．中国工业遗产故事：永利碱厂故事［M］．南京：南京出版社，2019.

[62] 杨向昆．中国工业遗产故事：金陵制造局故事［M］．南京：南京出版社，2019.

［63］ 杨玲，纪丽君．中国工业遗产故事：京张铁路故事［M］．南京：南京出版社，2020．

［64］ 金文妍．中国工业遗产故事：胶济铁路故事［M］．南京：南京出版社，2020．

［65］ 李玉．中国工业遗产故事：轮船招商局故事［M］．南京：南京出版社，2020．

［66］ 程薇薇，王伟．中国工业遗产故事：永利铔厂故事［M］．南京：南京出版社，2020．

［67］ 徐保安，刘佳欣．中国工业遗产故事：张裕酿酒公司故事［M］．南京：南京出版社，2020．

［68］ 汤可可．中国工业遗产故事：茂新面粉厂故事［M］．南京：南京出版社，2020．

［69］ 胡穗，肖中云，张冬毛．寻访水口山工业文化遗产［M］．长沙：湖南师范大学出版社，2020．

［70］ 贾艳飞．基于生产单元的工业遗产保护方法研究［M］．武汉：华中科技大学出版社，2020．

［71］ 张柏春，方一兵．中国工业遗产示例：技术史视野中的工业遗产［M］．济南：山东科学技术出版社，2020．

［72］ 彭苏萍，汪秋菊，董爽，等．废弃矿山：工业遗产旅游战略研究［M］．北京：科学出版社，2020．

［73］ 丁小珊．国家工业遗产：洞窝水电站研究［M］．上海：上海交通大学出版社，2021．

［74］ 孟璠磊，刘伯英，王路．中国工业遗产史录（北京卷）［M］．广州：华南理工大学出版社，2021．

［75］ 于磊．工业遗产科技价值评价与保护研究——基于近代六行业分析［M］．北京：中国建筑工业出版社，2021．

［76］ 俞可平．全球治理引论［J］．马克思主义与现实，2002（1）．

［77］ 单霁翔．关注新型文化遗产——工业遗产的保护［J］．中国文化遗产，2006（4）．

［78］ 单霁翔．关于保护工业遗产的思考［J］．新华文摘，2006（16）．

［79］ 刘伯英，李匡．工业遗产的构成与价值评价方法［J］．建筑创作，2006（9）．

［80］ 刘伯英，杨伯寅．重庆工业博物馆的概念规划和建筑设计［J］．工业建筑，2014，（9）．

［81］ 刘伯英．对工业遗产的困惑与再认识［J］．建筑遗产，2017（1）．

［82］ 李蕾蕾．逆工业化与工业遗产旅游开发：德国鲁尔区的实践过程与开发模式［J］．世界地理研究，2002（3）．

［83］ 徐凯希．湖北三线建设的回顾与启示［J］．湖北社会科学，2003（10）．

［84］ 郭凤典，朱鸣．德国鲁尔工业区整治经验及启示［J］．理论月刊，2004（7）．

［85］ 王清．二十世纪德国对技术与工业文化遗产的保护及其在博物馆化进程中的意义［J］．科学文化评论，2005（6）．

［86］ 王兴伦．多中心治理：一种新的公共管理理论［J］．江苏行政学院学报，2005（1）．

［87］ 陆邵明．关于城市工业遗产的保护和利用［J］．规划师，2006（10）．

［88］ 季玉群．中国工业遗产旅游开发的市场机制分析［J］．东南大学学报，2006（1）．

［89］ 刘抚英，邹涛，栗德祥．德国鲁尔区工业文化遗产保护与再利用对策考察研究［J］．世界建筑，2007（7）．

［90］ 刘抚英，邹涛，栗德祥．后工业景观公园的典范——德国鲁尔区北杜伊斯堡景观公园考察研究［J］．华中建筑，2007（11）．

［91］ 易福才，涂天向．新中国成立后十七年武汉工业建设论述［J］．中共党史研究，2007（5）．

［92］ 邢怀滨，冉鸿雁，张德军．工业遗产的价值与保护初探［J］．东北大学学报（社会科学版），2007（1）．

［93］ 许健．时空中的色彩变幻——北杜伊斯堡景观公园工业遗产改造［J］．城市环境设计，2007（5）．

［94］ 骆高远．我国的工业遗产及其旅游价值［J］．经济地理，2008（1）．

［95］ 张毅杉，夏健．塑造再生的城市细胞——城市工业遗产的保护与再利用研究［J］．城市规划，2008（2）．

[96] 阙维民. 世界遗产视野中的中国传统工业遗产 [J]. 经济地理, 2008, 28 (6).

[97] 王星光, 贾兵强. 国外历史文化遗产保护机制及其对我国的启示 [J]. 广西民族研究, 2008 (1).

[98] 王慧, 韩福文. 试论政府在东北工业遗产保护与旅游利用中的作用 [J]. 城市发展研究, 2009 (7).

[99] 李镭. 从798工厂的变迁谈工业遗产的保护与再利用 [J]. 山西建筑, 2009 (12).

[100] 李莉. 浅论我国工业遗产的立法保护 [J]. 人民论坛, 2011 (2).

[101] 李爱芳, 叶俊丰, 孙颖. 国内外工业遗产管理体制的比较研究 [J]. 工业建筑, 2011 (1).

[102] 李代峰. 贵州三线建设文化品牌建设研究 [J]. 中外企业家, 2016 (5).

[103] 葛平发, 王树栋. 从环境保护和生态主义的观点探讨景观设计——以中山岐江公园为例 [J]. 中国环境管理, 2010 (3).

[104] 刘凤凌, 褚冬竹. 三线建设时期重庆工业遗产价值评估体系与方法初探 [J]. 工业建筑, 2011, 41 (11): 54-59.

[105] 崔向东, 于富业. 阜新工业文化遗产保护与利用创新模式研究 [J]. 中国名城, 2011 (4).

[106] 林崇熙. 工业遗产的核心价值与特殊机基 [J]. 城市建筑, 2012 (3).

[107] 楼小燕. 工业遗产保护与文化创意产业发展互动效应研究——以杭州为例 [J]. 东方企业文化, 2012 (17).

[108] 张松, 李宇欣. 工业遗产地区整体保护的规划策略探讨——以上海市杨树浦地区为例 [J]. 建筑学报, 2012 (1).

[109] 肖本林, 王红英, 饶景月. 武汉市工业旅游发展前景及规划 [J]. 美术大观, 2012 (1).

[110] 宗轩. 工业建筑遗产与更新研究——半岛1919的前世与今生 [J]. 城市建筑, 2012 (3).

[111] 苏玲, 卢长瑜. 面向城市的工业文化遗产保护——以南京工业文化遗产保护为例 [J]. 中国园林, 2013 (9).

[112] 黄雅琨. 在旧城改造中传承历史文化——以汉口大智门火车站地区规划改造为例 [J]. 建设科技, 2013 (3).

[113] 吴晨, 李瑞静. 台湾地区城市复兴过程中工业遗产的保护与再利用 [J]. 北京规划建设, 2013 (2).

[114] 易新涛, 叶均. 工业遗产保护中的政府责任 [J]. 湖北工业大学学报, 2013 (3).

[115] 王雷, 赵少军. 浅谈工业遗产的保护与再利用——以中国工业博物馆为例 [J]. 中国博物馆, 2013 (3).

[116] 陈凡, 吕正春, 陈红兵. 工业遗产价值向度探析 [J]. 科学技术哲学研究, 2013, (5).

[117] 范晓君, 徐红罡. 广州工业遗产保护与再利用特点及制度影响因素 [J]. 中国园林, 2013 (9).

[118] 王高峰. 美国工业遗产保护体系形成的若干因素探讨 [J]. 科学技术哲学研究, 2014 (3).

[119] 谢涤湘, 褚文华. 工业遗产再利用与文化创意产业发展研究——以广州T.I.T创意园为例 [J]. 四川建筑科学研究, 2014 (4).

[120] 孙浩, 郭洋, 唐志强, 等. 国外如何保护工业文化遗产 [J]. 决策探索, 2014 (12).

[121] 曾琤. 校园环境建设的立意创新——以武汉大学东湖水厂旧址景观改造为例 [J]. 安徽建筑, 2015 (3).

[122] 程萍. 工业文化遗产保护: 政府文化管理中的新课题 [J]. 前线, 2015 (9).

[123] 苏小涵. 中国沈阳工业博物馆工业文化遗产的保护利用及发展前景浅析 [J]. 辽宁工业大学学报 (社会科学版), 2015 (1).

[124] 向铭铭, 李果, 喻明红. 绵阳三线建设工业遗产资源状况及保护模式 [J]. 山东工业技术, 2015 (12).

[125] 刘红婴. 论"国家遗产制度"的建立 [J]. 遗产与保护研究, 2016 (2).

参考文献

[126] 张琪. 工业遗产的价值共享机制探索——以美国洛厄尔保护实践为例 [J]. 国际城市规划，2016 (3).

[127] 单路. 工业遗产保护机制的浅层分析——以 1865 晨光文化创意产业园为例 [J]. 建筑与文化，2016 (6).

[128] 陈海霞，彭涛. 人类学视野下的三线工业文化遗产保护研究 [J]. 四川职业技术学院学报，2017 (5).

[129] 丁利兰，付玉冰. 川北三线工业建筑遗产保护与再利用研究 [J]. 绿色建筑，2017 (5).

[130] 蒲培勇. 三线建设城市工业遗址文化景观研究 [J]. 开发研究，2017 (4).

[131] 梁爽，王国乾，韩懿玢，等. 川北三线建设工业遗产的构成及特征 [J]. 工业建筑，2017 (3).

[132] 杨谦君. 文化产业视角下的工业遗产价值实现 [J]. 天水师范学院学报，2017 (2).

[133] 徐策. 城市更新下工业遗产的文化重塑——以广钢公园设计为例 [J]. 环境与发展，2017 (3).

[134] 彭雷霆，何璐. 武汉建设国家中心城市过程中工业文化遗产的保护与再利用——以汉阳龟北路工业文化遗产为例 [J]. 文化软实力研究，2017，2 (3)：74-82.

[135] 章明. 城市滨水工业文化遗产廊道转型研究 [J]. 城市建筑，2017 (22)：3.

[136] 徐拥军，王露露. 工业遗产保护开发研究：述评与趋势 [J]. 学术论坛，2017，40 (4)：142-149.

[137] 乔治. 工业遗产的价值链重构与景观活化——以西北第一印染厂半坡国际艺术园区改造为例 [J]. 中国园林，2017 (10).

[138] 尚海永. 文化遗产视角下工业档案整理与保护研究 [J]. 遗产与保护研究，2018 (1).

[139] 于丹，姜昱. STS 视域下的工业遗产多维价值分析及保护路径探析——以本溪湖工业遗产群保护性开发为例 [J]. 理论界，2018 (3).

[140] 马雨墨，周岚，韩强. 国家工业遗产认定方式探究——从专业视角推动决策的尝试 [J]. 遗产与保护研究，2018 (3).

[141] 崔新生. 工业遗产规划和设计大纲——工业遗产保护，国家工业文化战略实施和价值应用 [J]. 遗产与保护研究，2018 (5).

[142] 尹国民，王晓彦. 深度挖掘和传承工业文化遗产 放大工业文化功能及社会价值——国务院国资委首次发布中央企业工业文化遗产名录 [J]. 企业文明，2018 (7).

[143] 韩强，安幸，邓金花. 中国工业遗产保护发展历程 [J]. 工业建筑，2018 (8).

[144] 陈坤，王雅婷. "文化自信"视域下四川工业文化遗产的品牌塑造研究 [J]. 产业与科技论坛，2018 (19).

[145] 傅贻忙，文斌，李涛. 国内外工业文化遗产开发典型案例研究 [J]. 现代商业，2018 (3).

[146] 佟玉权，何军. 工业景观遗产形态及文化价值评析——兼论沈阳铁西工业遗产的保护 [J]. 遗产与保护研究，2018 (11).

[147] 佟玉权. 工业文化的承继性与工业遗产保护 [J]. 徐州工程学院学报（社会科学版），2019 (1).

[148] 艾智科. 文化何在：中国工业遗产保护的反思 [J]. 东南文化，2019 (3).

[149] 田菲，孙怡. 工业遗产文化创意旅游发展研究——以唐山市启新 1889 文化创意产业园为例 [J]. 经济研究导刊，2019 (11).

[150] 江畔，邵龙. 中东铁路工业文化景观体系保护规划研究 [J]. 城市发展研究，2019 (5).

[151] 张健健，克里斯托夫·特威德. 工业文化传承视域下的工业遗产更新研究——以英国为例 [J]. 建筑学报，2019 (7).

[152] 胡惠林. 文明转型：中国工业文化遗产与城市文化空间再造论纲——城市文化经济与政策的现代议程 [J]. 东岳论丛，2019 (8).

[153] 归吉官，罗婷婷. 文化基因重塑语境下我国工业遗产档案开发的障碍分析与对策思考 [J]. 北京档案，2020 (5).

[154] 宋世华，沈一，陈一．工业文化传承语境下的成都工业遗产景观更新实践研究［J］．风景园林，2020（7）．

[155] 王志标．工业文化资源类型及其形成因素分析：以涪陵为例［J］．三峡大学学报（人文社会科学版），2020（5）．

[156] 孙志伟．东北工业文化旅游深度融合开发探究［J］．辽宁工业大学学报（社会科学版），2020（6）．

[157] 郑红京，胡穗，文庭孝，等．文化行走视阈下的图书馆工业文化遗产资源挖掘与价值再塑［J］．高校图书馆工作，2021（1）．

[158] 柳春清．遗产资源创新新时代高校思政课改革的实践［J］．文化产业，2021（9）．

[159] 陈立勇．大庆工业遗产保护利用对策研究［J］．大庆社会科学，2021（2）．

[160] 卢菲菲．吉林工业文化遗产再利用背景下高校产教融合发展策略［J］．长春理工大学学报（社会科学版），2021（3）．

[161] 刘昱晓．城市工业文化遗产保护与再利用策略研究［J］．文化产业，2021（17）．

[162] 严鹏，孙星，陈文佳．工业遗产：一个面向未来的论纲［J］．东方学刊，2021（3）．

[163] 钱鹏鸣．三线建设工业文化遗产的价值阐发：从"遗物"保护到"遗志"传承［J］．攀枝花学院学报，2021（5）．

[164] 谭圆媛，李悦．数字技术在工业文化遗产保护中的应用研究——以汉阳铁厂为例［J］．工业设计，2021（9）．

[165] 韩晗，李卓．论红色工业遗产的技术史价值与保护开发路径［J］．决策与信息，2021（10）．

[166] 韩晗．"双碳"目标下城市工业空间转型的优化策略与选择路径——以工业遗产保护更新为视角［J］．上海师范大学学报（哲学社会科学版），2021（6）．

[167] 韩晗．城市治理与工业遗产管理关系平衡机制研究——基于全国工业遗产数据库建设路径的思考［J］．城市发展研究，2021（2）．

[168] 赵政原．日本地方城市振兴视角下的工业遗产转型机制：以北九州市为例［J］．现代城市研究，2021（11）．

[169] 王波，任文龙．江苏省工业遗产保护与再生研究［J］．江苏社会科学，2021（5）．

[170] 王燕，王新宇．城市工业遗产"触媒式"更新策略研究——以常州戚机厂为例［J］．装饰，2021（7）．

[171] 汪秋菊，周佳丽，布和，等．国外废弃矿区工业遗产旅游研究进展［J］．科技导报，2021（13）．

[172] 陈萍．工业遗产基地的重构与设计［J］．建筑经济，2021（7）．

[173] 黄渊基，郑毅，刘欢．基于旅游体验和昂普分析的城市工业旅游开发——以湖南省株洲市为例［J］．城市发展研究，2021（6）．

[174] 羊烨，李振宇．工业遗产改造中共享策略对城市可持续更新影响的研究［J］．工业建筑，2021，51（3）：8-14．

[175] 韩宇．老工业城市的再生之路：洛厄尔的转型路径［J］．厦门大学学报（哲学社会科学版），2021（2）．

[176] 吕建昌，李舒桐．工业文物阐释与工业文化传播的思考——以工业博物馆为视角［J］．东南文化，2021（1）．

[177] 曹福然．工业遗产话语变迁的模式、成因及演化分析——以英国世界遗产铁桥峡谷为例［J］．东南文化，2021（1）．

[178] 刘静，何捷，徐苏斌．中国近代城市工业时空演变分析［J］．城市规划，2021（9）．

[179] 毛琳箐，姜乖妮，张琰．水工业遗产的保护与更新——基于石家庄既有水塔的调查［J］．城市问题，2021（1）．

[180] 寇怀云．工业遗产技术价值保护研究［D］．上海：复旦大学，2007．

参考文献

[181] 许东风. 重庆工业遗产保护利用和城市振兴 [D]. 重庆：重庆大学，2012.

[182] 梁登. 中国矿业遗迹分类与评价研究 [D]. 北京：中国地质大学，2017.

[183] 彭飞. 我国工业遗产再利用现状及发展研究 [D]. 天津：天津大学，2017.

[184] 翁春萌. 武汉近代工业发展与城市形态变迁研究（1861—1937）[D]. 武汉：武汉大学，2017.

[185] 曹宇. 黄石矿冶文化景观研究 [D]. 武汉：华中科技大学，2019.

[186] 于磊. 工业遗产科技价值评价与保护研究 [D]. 天津：天津大学，2019.

[187] SSU-YU TENG, JOHN. K. Fairbank：China's Respongse to The West-a Documentary Survey，1839-1923 [M]. Boston：Havard University Press，1954.

[188] SCHULZ, K. B. New governance and industry culture [J]. Notre Dame Law Review，2013，88 (5)：2515-2550.

[189] PIZAM, A. PINE, R. MOK, C. et al. Nationality vs industry cultures：which has a greater effect on managerial behabior? [J]. International Journal Hospitality Management，1997，16 (2)：127-145.

[190] JORDAN, L. A. Tourism, culture and the creative industries：Exploring the linkages [J]. Journal of Eastern Caribbean Studies，2012，37 (3-4)：1-5.

[191] Marilyn Peter Neaverson. Industrial Archaeology：Principles and Practice. London：Routledge，1998，36 (2)：160-177.

[192] Jean-Yves Andrieux. Le Patrimoine Industriel [J]. Paris：Presses Universitaiers de France：1992，32 (2)：175-180.

[193] Patrick Dambron. Patrimoine Industriel & Developpement Local [J]. Paris Editions Jean Delaville，2004 (8)：117-124.

[194] Eleanor Conlin Casella, James Symonds. Industrial Archaeology：Future Directions [J]. Springer Science，2005 (60)：105-119.